스포츠심리학

SPORT PSYCHOLOGY

저자소개

류호상

미국 University of Georgia 철학박사, 영남대학교 체육학부 명예교수, 한국스포츠심리학회 명예회장
한국연구재단 전문위원

최재경

영남대학교 이학박사, 스포츠심리상담사(2급), 영남대학교 외래교수, 한국예술유치원 자문위원

손준호

영남대학교 이학박사, 스포츠심리상담사(2급), 영남대학교 · 수성대학교 외래교수

추연경

영남대학교 이학박사, 스포츠심리상담사(1급), 영남대학교 · 대구과학대학교 외래교수,
TOP멘탈코칭 스포츠심리연구소 대표

스포츠심리학

발행일 | 2020년 2월 28일 3판 2쇄
2025년 2월 18일 3판 3쇄

지은이 | 류호상 최재경 손준호 추연경
펴낸이 | 최외출
펴낸곳 | 영남대학교출판부
출판등록 | 1975년 9월 5일 경산 제16-1호

주소 | 경북 경산시 대학로 280
전화 | 053) 810-1802~4 · **FAX** 053) 810-4722
홈페이지 | book.yu.ac.kr

ISBN 978-89-7581-813-4 93690

이 도서의 국립중앙도서관 출판시도서목록(CIP)은
서지정보유통지원시스템 홈페이지(http://seoji.nl.go.kr)와
국가자료공동목록시스템(http://www.nl.go.kr/kolisnet)에서
이용하실 수 있습니다.(CIP제어번호: CIP2020003699)

스포츠심리학

SPORT PSYCHOLOGY

류호상 · 최재경 · 손준호 · 추연경 지음

pegasus

머리말

현대사회에서 스포츠 활동은 사람들의 정서적 불안을 해소하고 심리적 안정과 자신감을 높여서 삶의 질 향상에 도움을 줄 수 있다. 최근에 선진국은 물론 우리나라에서도 엘리트 선수의 경기력 향상 및 일반인의 정신건강 증진을 위한 목적으로 심리적 훈련이 각광을 받고 있다.

스포츠심리학을 좀 더 쉽고 명료하게 이해시킬 수 있는 교재개발의 필요성에 따라 몇 년 전부터 자료 수집을 시작한 것이 교재를 집필하게 된 동기였다. 그리고 첫 교재에서 약속했듯이 독자들의 지적과 제안을 받아들이고 최근의 문헌들을 추가하여 개정판을 출간하게 되었다. 그러나 이번의 출간 후에도 여전히 미흡한 부분들을 보완하고, 새로운 정보들을 받아들여 몇 년 후에는 더 좋은 교재로 개정할 것을 또 약속한다.

저자로서 하나의 바람이 있다면 독자들이 이 책을 읽으면서 마음을 열고 진지하게 스포츠심리학에 관심을 가지도록 부탁드리고 싶다. 또한 이 교재가 학생, 선수, 지도자, 상담사들에게 스포츠와 운동심리학에 대한 올바른 이해와 적용에 대해서 진정으로 함께 고민하는 계기가 되기를 희망한다.

끝으로 항상 사랑과 용기를 보내주시는 김홍대 교수님, Dishman 교수님, 및 지도학생들과 함께 개정판 출간의 기쁨을 나누고 싶다. 그리고 이 교재를 집필하는 과정에 학술적 자문을 해주신 여러 교수님들께도 감사의 뜻을 표한다.

2020년 2월

지은이

차 례

머리말 • 5

제1장 스포츠심리학의 소개

1. 스포츠심리학이란? • 12
2. 스포츠심리학의 발달 • 14
3. 스포츠심리학의 학회 및 학술활동 • 17
4. 스포츠심리학자의 역할 • 18
5. 스포츠심리학의 연구방법 • 19

제2장 성격과 스포츠 행동

1. 성격의 정의 • 26
2. 성격에 대한 이론 • 29
3. 성격의 측정 • 32
4. 스포츠와 성격 연구 • 36

제3장 불안과 스포츠 수행

1. 불안 관련 용어들의 정의 • 44
2. 불안의 발생 요인과 과정 • 47
3. 불안의 측정 • 50
4. 각성과 운동수행의 관계 • 53
5. 스포츠와 불안 연구 • 62

제4장 수행향상과 각성조절 전략

1. 각성을 낮추는 전략 • 68
2. 각성을 높이는 전략 • 76

제5장 수행향상과 인지적 전략

1. 심상훈련 • 82
2. 인지행동중재 프로그램 • 88
3. 목표설정 • 90
4. 자화 • 93
5. 사고정지와 집중 • 95

제6장 스포츠와 동기

1. 동기의 개념 • 100
2. 동기의 관점 • 101
3. 동기 이론 • 102

4. 스포츠 참가동기 • 109
5. 동기의 속성 • 111
6. 성취동기와 경기력 • 112
7. 동기유발 전략 • 113

제7장 스포츠와 귀인행동

1. 귀인의 모형 • 118
2. 귀인과 심리적 행동 • 121
3. 귀인 결과와 행동 • 122
4. 스포츠 귀인 연구의 적용 • 123
5. 귀인 훈련의 지침 • 125

제8장 스포츠와 공격성

1. 공격성의 정의 • 128
2. 공격성 원인에 대한 이론 • 129
3. 공격성의 측정 • 131
4. 스포츠와 공격 행위 • 133
5. 공격을 유발시키는 요인 • 135
6. 공격을 억제시키는 방안 • 137

제9장 스포츠와 응집력

1. 응집력의 정의 • 142
2. 응집력의 측정 • 143

3. 집단과 수행의 관계 • 145
4. 응집력의 결정요인 • 147
5. 응집력과 운동수행의 관계 • 150
6. 응집력을 높이는 방안 • 152

제10장 스포츠와 리더십

1. 리더십의 정의 • 158
2. 리더십의 이론 • 159
3. 효과적인 리더십의 구성요소 • 167
4. 스포츠 리더십과 문화 • 170

제11장 과훈련과 탈진

1. 탈진과 관련된 용어들의 정의 • 174
2. 탈진의 원인 • 176
3. 탈진의 증상 • 178
4. 탈진의 모델 • 181
5. 탈진의 측정 • 185
6. 스포츠와 탈진 • 186
7. 탈진의 예방과 처치 • 188

제12장 선수부상과 재활심리

1. 선수부상과 병인학 • 194
2. 부상에 의한 심리적 반응 • 197

3. 재활과정 중의 경고 신호 • 200
4. 재활과 회복과정을 설명하는 이론적 모델 • 201
5. 부상 치료와 회복을 위한 심리적 전략 • 204

제13장 운동과 심리적 건강

1. 운동과 항불안 • 210
2. 운동과 항우울증 • 213
3. 운동의 정신건강 증진효과 기전 • 215
4. 운동과 성격 변화 • 221
5. 운동과 인지기능 향상 • 223
6. 운동과 기분 변화 • 225
7. 보조 치료수단으로서 운동 • 227

제14장 운동실천

1. 운동을 하는 이유 • 238
2. 운동을 하지 않는 이유 • 241
3. 운동실천에 영향을 미치는 요인 • 242
4. 운동실천을 높이는 전략 • 246
5. 운동실천을 높이기 위한 지침 • 249

제1장

스포츠심리학의 소개

스포츠나 운동 상황에서는 심리와 관련된 문제들이 수없이 많다. 스포츠 활동에 참여하는 사람들은 어떻게 하면 긴장을 낮추고 집중을 높여 경기력을 향상시킬 것인가에 관심이 있다. 생활체육 지도자들은 건강을 증진하기 위해 운동을 시작한 일반인들을 어떻게 하면 동기를 유발시켜 지속적으로 참여시킬 수 있을 것인가에 관심을 갖는다. 이처럼 스포츠심리학은 운동과 스포츠에 참여하는 사람들의 정서와 행동에 관련된 지식을 탐구하는 분야로 매우 다양한 주제들을 다룬다. 특히 현장의 문제들을 해결하는데 필요한 정보를 제공해주기 위해서 노력하는 실천학문이라고 할 수 있다. 이 장에서는 스포츠과학(체육학)의 한 하위영역으로 급속한 발전을 지속하고 있는 스포츠심리학을 소개하면서 그것의 정의, 역사, 역할, 연구방법 등에 대해 알아본다.

제1장
스포츠심리학의 소개

1. 스포츠심리학이란?

스포츠란 제도화된 규칙에 의해 운영되는 인간의 경쟁적인 신체활동을 말하며, 심리학이란 인간의 정신과정과 정신구조에 대한 과학적 분석으로 정의된다. 같은 맥락에서 스포츠심리학(sport psychology)은 스포츠 및 운동 상황에서 인간 및 인간행동을 과학적으로 연구하고 그 지식과 정보를 현장에 보급하는 것이라고 할 수 있다. 현재 이 분야에서 활동하고 있는 학자들이 내린 스포츠심리학에 대한 정의들을 정리하면 〈표 1-1〉과 같다.

표 1-1. 스포츠심리학의 정의

Martens(1980)	스포츠 심리학자들이 연구하는 것
Morgan(1981)	신체활동을 통해 일어나는 심리적 효과들에 대한 연구
Gill(1986)	스포츠에서 인간행동의 문제에 해답을 제공하려는 스포츠과학의 한 분야
Anshel(1994)	스포츠참가 상황의 인간행동의 연구
Weinberg & Gould(1995)	스포츠와 운동에 관련된 인간행동의 과학적 연구

1) 스포츠심리학을 보는 견해

스포츠심리학을 이해하는 데는 두 관점이 있는데, 하나는 일반심리학의 한 하위영역으로 보는 견해이고, 다른 하나는 체육학의 한 하위영역으로 보는 견해이다. 스포츠심리학을 일반심리학의 하위영역으로 보는 관점은 일반심리학의 원리를 스포츠와 운동상황에 적용하는 응용심리학의 하나로 간주하는 것이다. 전통적으로 스포츠심리학은 일반심리학의 하위영역에 포함되지 못하였지만, Smith(1989)는 최근에 일반심리학에 진입할 준비가 되어있다고 주장하였다. 스포츠심리학이 유럽에서 일반심리학의 전문영역으로 간주된 것과, 1986년 미국심리학회(American Psychological Association)의 47번째 분과로 인정을 받은 것이 증거에 해당된다.

스포츠심리학을 체육학의 하위영역으로 보는 입장은 주로 체육학 분야의 학자들로부터 제기되었다. Henry(1981)는 스포츠심리학은 일반심리학의 지식을 신체활동 상황에 적용하는 것이 아니고, 나름대로의 특정분야를 독립적으로 탐구하는 것이라고 주장하였다. 현재 대부분의 스포츠심리학자들이 이 관점을 지지하고 있고, 최근에는 일반심리학자들이 스포츠심리학을 배우러 온다는 사실에 주목할 필요가 있다(Gill, 1997).

2) 스포츠심리학의 최근 동향

스포츠심리학은 전통적으로 운동선수를 연구대상으로 경기력 향상에 목적을 둔 연구를 해 왔다. 그러나 1990년도를 전후하여 두 가지의 현저한 변화가 일어났다. 첫째, 스포츠심리학의 지식과 정보를 이론 중심에서 현장에 보급하는 데 목적을 둔 응용스포츠심리학이 급속히 부각되고 있다. 따라서 스포츠심리학은 과학적 연구와 실천이란 두 측면을 모두 포함한다고 할 수 있다. 지금까지 스포츠심리학자와 현장의 지도자들은 신뢰의 관계를 유지하지 못했다. 그러한 원인은 학자들이 과학적 연구결과를 지나치게 신뢰하는 반면, 감독이나 코치들은 경험으로 축적된 지식에 비중을 두었기 때문이다. 스포츠심리학은 과학적 지식과 현장 경험이 합쳐졌을 때 진가가 발휘될 수 있다. 둘째, 운동의 심리적 효과, 운동의 정신건강 증진(불안, 우울증 등), 운동실천(exercise adherence) 등과 같은 주제로 일반인들을 대상으로 하는 연구, 즉 운동심리학(exercise psychology)에 대한 관심도 매우 확대되고 있다(류호상, 1997). 따라서 이 분야의 보다 정확한 명칭은 스포츠 및 운동심리학이다. 단지 스포츠심리학이 먼저 시작되었고, 운동심리학까지 포함하는 통합적 명칭으로 스포츠심리학을 택하고 있다.

근자에 와서 운동심리학을 건강운동심리학으로 부르자는 일부의 주장이 있으나, 영어해석이나 용어의 간결성 측면에서 부적절하고, 체육학 안에서 다른 하위 영역(예, 운동생리학)들과의 일치성을 이루는 측면에서도 운동심리학이 바람직하다고 본다. 체육학의 다른 하위영역인 운동생리학은 초기에 경기력 향상에 관련된 연구를 주로 하여 스포츠생리학으로 불리다가, 근래에 운동의 심장병, 고혈압, 당뇨병 등의 성인병 예방과 치료효과에 대한 연구에 중점을 두면서 운동생리학으로 바뀌었다. 운동심리학도 건강을 주 관심사로 한다는 측면에서 운동생리학과 방향이 일치하므로 잠재력이 매우 크고, 장래에는 통합적 명칭으로 운동심리학이 스포츠심리학을 대신할 지도 모른다.

2. 스포츠심리학의 발달

스포츠심리학이 정식 학문분야로 인정을 받기 시작한 것은 최근 40여 년 전부터다. 그러나 스포츠심리학의 기원은 20세기 이전으로 훨씬 거슬러 올라가야 한다. Weinberg와 Gould(1995)는 스포츠심리학의 발달을 태동기, Griffith기, 준비기, 학문적 발달기, 현재의 다섯 단계로 나누어 설명하였다. 여기서는 그 시대별 특징과 학자들의 활동을 살펴본다.

1) 태동기(1895–1920)

미국 인디애나(Indiana) 대학교 심리학과 교수 Norman Triplett(1898)은 '관중이 자전거 타기 수행에 미치는 영향'의 연구를 통해 개인보다 단체로 사이클 경기를 하면 기록이 더 좋아지는 이유를 규명하였다. 이것이 스포츠심리학 분야에 최초의 연구로 간주되었고, 이를 통해 북미에서의 스포츠심리학은 1890년대에 태동되었다고 할 수 있으며, Gill(2000)도 스포츠심리학의 학문적 발달이 1890년대 초 서구의 심리학 또는 스포츠과학 연구에서 시작되었음을 밝히고 있어 이 가설을 지지하고 있다. 태동기의 학자들은 반응시간, 운동학습의 원리, 스포츠와 성격 등 주로 스포츠와 운동학습에 필요한 심리적 요소를 탐색하는 연구에 많은 관심을 가졌었다.

2) Griffith기(1921–1938)

스포츠심리학의 아버지 Coleman Griffith(1925)가 미국 일리노이(Illinois)대학교에서 최초로 스포츠심리학 실험실을 만들고, 경기심리학(psychology of athletics)이라는 과목을 처음으로 강의하였다. 또한 미국 최초의 코치 아카데미(coaching academy)를 설립하는데 앞장을 섰으며, 시카고 컵스(Chicago Cubs) 야구팀에서 심리상담자의 역할과 함께 노틀댐(Notre Dame) 대학교 미식축구 선수들을 위해 팀의 사기를 높이는 방법에 대해 연구를 하기도 했다. 그의 주된 연구는 반응시간과 성격이 경기력에 미치는 영향, 불안과 흥분으로 생기는 근육의 이완과 수축 등이었다. 그 외에 심리학적 지식을 이용하여 코칭심리학(1926)과 경기심리학(1928) 등의 전문서적을 발간하는 등 이론과 실제적 측면에서 많은 업적을 남겼다. 그러나 후학을 양성하지 못해 스포츠심리학이 30년 동안 정체되어 1960년대까지 잠복상태가 되었다.

3) 준비기(1939–1965)

캘리포니아 버클리(Berkeley)대학교 교수 Franklin Henry는 체육학(스포츠·운동과학)의 입장에서 운동기술의 심리적인 측면을 과학적으로 연구하는데 커다란 공헌을 하였다. 또한 Griffith와 달리 많은 후진을 양성하였고, 새로이 교과과정을 개편하고 체계화하여 현재 체육학이라 불리는 학문의 모태를 마련하였다. 이 시기에 Warren Johnson은 경기 전의 불안이 축구 선수보다 레슬링 선수의 경기력에 더 부정적인 영향을 미친다는 연구를 미국의 체육학회지 "Research Quarterly"에 발표하였다. 이것을 스포츠심리학으로 분류되는 최초의 정규논문이라고 주장하는 사람도 있다.

4) 발달기(1966-1977)

1960년대에 이르러 체육학이 하나의 학문영역으로 자리를 잡으면서 스포츠심리학은 운동학습(motor learning)과 분리되어 독립된 한 분야로 자리를 잡았다. 이 시기에 운동학습 연구자들이 운동기술 학습의 기제, 연습조건, 피드백, 타이밍 등에 관심을 갖고 연구를 수행한 반면, 스포츠심리학자들은 주로 성격, 불안, 자아존중감 등이 운동수행에 미치는 영향을 연구하였다. 이 시기 동안에는 스포츠 현장에 대한 관심이 증가하였고, 특히 국제적인 스포츠심리학 전문학회가 많이 설립되었다.

5) 현재(1978-현재)

근대에 이르러 여러 올림픽대회를 거치면서 스포츠가 대중화되었고, 각종 언론매체들이 스포츠심리학의 적용 가능성과 필요성에 관심을 가지기 시작하였다. 미국 올림픽위원회는 1984년에 스포츠심리학자문위원회(Sport Psychology Advisory Board)를 신설하여 선수들의 경기력을 향상시키고자 시도한 것이 좋은 예가 된다. 스포츠심리학의 이론과 지식의 현장 적용에 관련된 연구들을 수록한 학회지들도 활발하게 발간되었고, 체육학뿐만 아니라 임상심리나 상담심리 전공자들도 스포츠심리학에 관심을 보이기 시작하였다. 이러한 추세는 스포츠심리학이 미국심리학회(APA) 47분과로 등록된 사실에서 입증된다. 최근에는 응용스포츠심리학진보연합(Association for the Advancement of Applied Sport Psychology)에서 '스포츠심리상담전문가'의 자격기준을 마련하고 인정하기에 이르렀으며, 또한 한국스포츠심리학회는 2004년부터 '스포츠심리상담사' 자격제도를 도입하여 시행해 오고 있다.

3. 스포츠심리학의 학회 및 학술활동

1) 국제스포츠심리학회(ISSP, 1965)

세계 스포츠심리학자간의 정보교류를 목적으로 설립되었다. 학술대회는 4년마다 열리고, 현재까지 국제스포츠심리학회지(International Journal of Sport Psychology, 1970)를 발행하고 있다.

2) 북미스포츠심리학회(NASPSPA, 1965)

스포츠와 신체활동의 심리적 탐구를 목적으로 조직되었다. 하위분과로 스포츠심리학, 운동학습, 운동제어, 운동발달을 두고 있다. 가장 오래된 조직으로서 운동·스포츠심리학회지(Journal of Exercise & Sport Psychology, 1979)를 발행하고 있다.

3) 유럽스포츠심리학회(FEPSAC, 1967)

유럽지역의 스포츠심리학자들이 중심이 되어 창설되었다. 매 4년마다 유럽지역을 순방하며 학술대회를 개최한다.

4) 아시아남태평양스포츠심리학회(ASPASP, 1989)

일본, 호주, 한국, 중국 등 아시아 남태평양 국가의 스포츠심리학자들이 창설하였다. 매 4년마다 국가를 순방하며 학술대회를 개최한다. 2003년의 회의가 서울에서 개최되었다.

5) 응용스포츠심리학진보연합(AAASP, 1985)

이론을 넘어 실제에 적용될 수 있는 연구를 하자는 입장으로 결성하여 운동심리학, 수행향상, 사회심리학의 세 분과를 두고 있다. 매년 정기학술대회를 통해 현장 적용에 관련된 연구들이 발표되고 있고, 응용스포츠심리학회지(Journal of Applied Sport Psychology, 1989)를 발행한다.

6) 국제심상훈련학회(ISMT, 1989)

스웨덴의 Unesthhal과 캐나다의 Orlick의 주도로 창설된 학회이다. 심상훈련의 이론 및 실천과 관련된 연구발표와 웍샵을 중심으로 매 4년마다 개최한다.

7) 한국스포츠심리학회(KSSP, 1989)

한국스포츠심리학회는 북미스포츠심리학회와 같이 스포츠심리학과 운동학습, 운동제어, 운동발달 분야를 하위분과로 포함하고 있다. 매년 정기적인 학술발표회와 웍샵을 통해 지식과 정보를 교환하고 있으며, 한국스포츠심리학회지(Korean Journal of Sport Psychology, 1990)를 발행한다. 이 학회지는 한국체육학회지보다 먼저 학술진흥재단에 등재되어 우수한 학술논문들이 게재되고 있다.

8) 스포츠심리학자(The Sport Psychologist, 1987)

스포츠심리학의 지식이 현장의 코치와 선수들에게 전달되도록 응용연구와 현장적용 사례들을 수록하여 년 4회 발간하는 학술지이다.

4. 스포츠심리학자의 역할

스포츠심리학자들의 역할에 대하여 스포츠지도자들의 관심이 날로 증대하고 있다. 현대의 스포츠심리학자들은 주로 세 분야에서 일하고 있다. 그것은 연구, 교육, 그리고 상담으로서 각각의 역할들을 간략히 논의해 본다.

1) 연구자

스포츠심리학의 연구자는 일반심리학이나 체육학에서 박사를 취득하고 연구에 종사하는 사람들이다. 대다수가 대학교에 재직하고 있으면서 스포츠심리학의 이론을 검증하고 지식을 창출하는 연구자 역할을 한다. 학회에서 논문발표를 통하여 토론하고, 학술지에 논문을 게재하여 새로운 지식을 전달하기도 한다.

2) 교육자

현재 대다수의 스포츠심리학자들은 대학에서 체육관련 학과에 소속되어 학부와 대학원생을 대상으로 스포츠심리학, 운동학습, 운동제어, 운동발달 등의 교과목을 강의한다. 이들은 주로 스포츠심리학 개론을 포함하여 심상, 스트레스 대처 전략 등의 심리적 기술을 지도한다. 또한 이들은 대부분이 연구자의 역할을 동시에 수행한다.

3) 상담자

선수나 운동참가자에게 상담의 역할을 하는 것이다. 연수교육 후 자격증을 취득하면 심리치료사, 팀 자문위원, 임상운동사, 코치로서 상담의 역할을 할 수 있을 것이다. 선수에게 심리적 기술을 지도하여 경기력 향상을 도모하기도 하고, 부상과 같은 개인적인 문제나 어려움을 해결해 줄 수도 있다. 미국의 경우 올림픽위원회에 스포츠심리학 전문상담요원을 두고 있다. 우리나라에서도 매우 소수의 스포츠심리학자들이 국가대표선수의 경기력 향상을 위해 상담의 역할을 수행하고 있다. 최근에 한국스포츠심리학회에서는 스포츠심리상담사 자격증 제도를 마련하여 스포츠 현장에서 요구되는 다양한 심리적 문제를 해결하기 위해 노력하고 있다.

5. 스포츠심리학의 연구방법

스포츠심리학은 스포츠 및 운동 상황에서 인간의 행동을 과학적으로 연구하는 것이라고 하였다. 이러한 목적을 이루기 위해서 스포츠심리학 연구자는 체육학은 물론 심리학 분야에 걸쳐 넓은 지식을 갖추고 연구방법을 이해해야 한다. 여기서는 스포츠심리학에서 사용되는 대표적인 연구방법들을 소개한다. 이 방법들은 각각의 장단점을 가지고 상호 관련되어 있기 때문에 어느 한 방법이 가장 좋다고 말할 수는 없다(김성옥, 2000).

1) 양적 연구

양적 연구(quantitative research)는 숫자로 자료를 수집하여 변인사이의 관계가 의미가 있는지 검증하기 위해 통계적인 절차를 이용한다. 양적 연구에는 실험 연구, 준실험 연구, 조사 연구 등이 있다.

■ 실험 연구

실험 연구(experimental study)는 독립변인을 조작하여 종속변인과의 인과관계를 규명하는 연구방법이다. 예를 들어, 심상훈련이 농구 자유투에 미치는 영향을 규명하는 연구에서 실험 집단에게는 몇 주간의 심상훈련을 시키고, 같은 기간 동안 심상훈련을 하지 않은 통제 집단과 서로 비교할 수 있다. 이 때 독립변인은 심상훈련의 유무이고, 종속변인은 자유투 점수가 된다. 독립변인 외에 종속변인에 영향을 미치는 변인을 가외변인이라고 하는데, 실험연구에서는 조건(집단)별로 동일한 상황을 유지하여 가외변인을 잘 통제하는 것이 중요하다. 실험에서 가외변인을 통제하기 위해 위약투여나 무선할당 등의 방법을 사용한다.

■ 준실험 연구

준실험 연구(quasi-experimental study)는 실험실이 아닌 현장에서 실험이 이루어지므로 가외변인의 통제가 어렵다. 그러나 실험연구가 불가능한 스포츠 현장에서 변인간의 인과관계를 효과적으로 규명할 수 있는 장점이 있다. 예컨대 성격유형이 운동실천(exercise adherence)에 미치는 영향에 대한 연구가 이에 속한다. 이 경우 성격유형은 독립변인으로 사실상 조작이 불가능하다. 따라서 연구 참여자를 A형과 B형으로 나누어 운동 프로그램에 출석한 기간을 측정하여 비교할 수 있다. 성별(남, 여)도 준실험에서 자주 사용하는 변인이다.

■ 조사 연구

조사 연구(survey research)는 인간의 사고, 의견, 감정을 보다 직접적으로 조사하기 위해 고안되었다. 즉 설문지, 전화, 면접 등의 방법을 이용하여 의식을 이해하려는 연구방법이다. 모집단을 대표하는 표본을 이용하나 면접 등의 방법을 통해 자료를 수집한다. 통제된 실험실보다 더 포괄적이고 깊이 있는 정보를 수집할 수 있고, 구성원의 행동과 상호작용을 자연스럽게 기록할 수 있는 장점도 있다. 그러나 관찰자의 편견으로 사실을 편파적이고 선택적으로 기록할 위험성이 있다. 따라서 참여관찰을 할 때는 여러 사람이 한 팀으로 훈련하여 기록을 모아 사용하는 것이 바람직하다.

2) 질적 연구

질적 연구(qualitative research)는 숫자가 없는 자료를 사용한다는 의미에서 나온 용어이다. 이 연구는 참가자의 관점에서 보다 심층적이고 상세한 정보를 얻기 위한 목적으로 행해진다. 양적 연구와 다르게 질적 연구에서는 연구자가 연구대상자와 상호작용적 관계를 맺고, 귀납적 방법으로 자료를 분석한다. 여기에는 면접법, 참여관찰법, 사례연구 등이 있다.

■ 면접법

면접법(interview)에는 질문의 구조화된 정도에 따라 구조화 면접, 반구조화 면접, 비구조화 면접으로 분류된다. 구조화 면접은 사전에 정해진 면접지를 이용하는 표준화된 면접이고, 반구조화 면접은 상황에 따라 질문의 순서나 방법을 바꾸는 면접이며, 비구조화 면접은 질문 내용이 매우 자유스럽기 때문에 심층면접이라 한다. 이 방법은 면접 그 자체뿐만 아니라 양적 연구를 보완하는 기법으로 스포츠심리학에서 잘 사용된다(정청희와 김병준, 1999).

■ 참여관찰법

참여관찰(participant observation)은 연구자가 직접 현장에 가서 관찰이나 면접 등의 방법을 통해 자료를 수집한다. 통제된 실험실보다 더 포괄적이고 깊이 있는 정보를 수집할 수 있고, 연구대상자의 행동과 상호작용을 자연스럽게 기록할 수 있는 장점도 있다. 그러나 관찰자의 편견으로 사실을 편파적이고 선택적으로 기록할 위험성이 있다. 따라서 참여관찰을 할 때는 한 팀으로 교육과 실습을 거쳐 기록을 모아 사용하는 것이 바람직하다.

■ 사례 연구

사례 연구(case study)는 특정 상황을 대상으로 수집된 풍부한 질적 자료를 근거로 현상을 기술하려는 목적에서 이루어진다. 운동 프로그램에서 중도 탈락한 사람을 대상으로 동기유발의 효과를 관찰한다면 스포츠심리학에서 수행될 수 있는 사례 연구의 한 예가 될 수 있다. 이 방법은 시간과 노력이 많이 요구되어 비경제적이고, 연구대상이 소수이기 때문에 일반화시키기에 어려운 단점들을 보유하고 있다. 또한 주관적 해석이 많아 비과학적이라는 비판을 들을 수도 있다. 그러나 과학적인 연구 못지않게 중요한 정보를 제공하는 것도 사실이다.

참고문헌

김성옥(2000). *스포츠행동의 심리학적 기초.* 도서출판 태근.

류호상(1997). 스포츠심리학의 현황과 미래방향. **한국스포츠심리학회지**, 8(1), 101-117.

정청희, 김병준(1999). *스포츠심리학의 이해.* 도서출판 금광.

정청희(1994). *스포츠심리학의 개관.* 한국스포츠심리학회편, 스포츠심리학(pp. 1-9). 태근문화사.

한명우, 김병준, 허정훈, 류호상, 홍길동, 송우엽, 박진훈, 육동원, 장덕선, 정용각, 박진성(2005). 스포츠심리상담사 자격연수 평가와 발전을 위한 구상. **한국스포츠심리학회지**, 16(4), 229-243.

Cox, R.H. (1998). *Sport Psychology.* WCB McGraw-Hill.

Gill, D.L. (2000). Psychological dynamics of sport and exercise. Champaign, IL: Human Kinetics.

Gill, D.L. (1986). *Psychological dynamics of sport.* Champaign, IL: Human Kinetics.

Gill, D.L. (1997). History of sport and exercise psychology. In J. Massengale & R. Swnson (Eds.), *History of exercise and sports science.* Champaign, IL: Human Kinetics.

Griffith, C.R. (1926). *Psychology of coaching.* New York: Scribners.

Griffith, C.R. (1928). *Psychology of athletics.* New York: Scribners.

Martens, R. (1980). About smocks and jocks. *Journal of Sport Psychology, 1,* 94-99.

Morgan, W.P. (1981). Psychophysiology of self-awareness during vigorous physical activity. *Research Querterly for Sports and Exercise, 17,* 94-100.

Smith, R.E. (1989). Scientific issues and research trends in sport psychology. In J. S. Skinner, C. B. Corbin, D. M. Landers, P. E. Martin, & C. L. Wells (Eds.), *Future directions in exercise and sport science research* (pp.23-38). Chamapign, IL: Human Kinetics.

Triplett, N. (1898). The dynamogenic factors on pacemaking and competition. *American Journal of Psychology, 9,* 507-553.

Weinberg, R.S., & Gould, D. (1995). *Foundations of sport and exercise psychology.* Champaign, IL: Human Kinetics.

제2장

성격과 스포츠 행동

한 개인의 성격을 이해하는 것은 자신에게나 다른 사람에게 매우 중요한 정보가 될 수 있다. 대인관계를 적절히 하여 사회생활을 잘 할 수 있고, 성격에 맞는 전공이나 직업을 잘 선택할 수도 있을 것이다. 스포츠심리학자들은 스포츠 활동에 적합한 성격 특성과 스포츠 활동을 통하여 길러질 수 있는 성격 특성을 찾아내려고 노력해 왔다. 예컨대 스포츠 분야에서 선수들의 성공이 그들의 성격 유형에 의해 예측될 수 있을까? 선수들을 선발하는데 성격검사 결과를 이용해야 하나? 어떤 동호인들은 생활체육에 지속적으로 잘 참여하는데 어떤 사람들은 중도에 그만두는 이유는 무엇인가? 비록 1970년대 이전에 주로 수행되긴 했지만 스포츠와 성격의 관계를 조사한 연구들의 수는 매우 방대하다. 이처럼 연구 수가 많다는 사실은 스포츠 및 운동 상황에서 성격의 역할이 크다는 것을 의미한다. 이 장에서는 성격의 정의, 성격의 측정 방법, 성격 연구의 결과, 성격검사 지식의 이용방법 등에 대해 살펴본다.

제2장
성격과 스포츠 행동

1. 성격의 정의

많은 학자들이 성격(personality)을 정의하려고 노력해 왔지만 그 범위가 광범위하고 복잡하여 일관된 정의를 찾기는 어렵다. 성격에 대해 Hollander (1967)는 "개인을 유일하게 만드는 심리적 특성들의 총체"라고 했고, Eysenck (1970)는 "환경에 독특하게 적응하도록 하는 한 개인의 성품, 기질, 지성 등의 안정적인 체계"라고 정의하였다. 비슷한 맥락에서 Weinberg와 Gould (1995)는 성격은 "남과 구분되고 독특한 존재로 변별해 주는 심리적 특성들의 총합"이라고 정의한 바 있다. 성격심리학에서 제시하는 일반적 성격의 개념은 개인의 특징 있는 행동과 사고를 결정하는 개인 내의 심리·생리체제의 역동적 조직이라고 설명하고 있다. 이는 인간의 심리적인 측면과 신체적인 측면의 양면을 모두 성격 형성에 포함시키는 것이다.

1) 성격의 특징

성격을 연구하는 학자들의 정의는 다양하지만 그 속에는 공통적인 몇 가지의 특징이 있다.

■ 독특성

독특성(distinctiveness)은 남과 구별되는 개인 고유의 특별한 성질과 특성을 말한다. 독특성은 성격심리학자들이 성격의 특징을 정의할 때 가장 많이 일치되는 요인이다.

■ 일관성

일관성(consistency)은 시간이나 상황에 따라 잘 변화되지 않는 행동특성을 의미한다. 그러나 최근에 성격은 개인이 처한 상황의 특수성에 따라 큰 영향을 받는다는 주장이 제기되기도 하였다.

■ 경향성

성격에 대한 대부분의 정의를 보면 그 구성요소가 구체적으로 나열되어 있지 않다. 어떤 상황에서 개인들 간에 반응방식이 서로 다른 것은 성격의 경향성(tendency) 때문이다.

2) 성격의 구조

성격의 구조는 성격을 이해하는 데 많은 도움을 준다. Hollander(1967)와 Martens(1975)는 성격을 심리적 핵, 전형적 반응, 역할 행동의 세 수준으로 나누어 설명하였다(그림 2-1).

■ 심리적 핵

심리적 핵(psychological core)은 인간의 기본적 가치, 태도, 관심, 동기 등을 포함하며, 유전적 요소가 강하여 내적이고 일정하다. 이는 성격의 핵심 부분을 이루고 있으며, 진정한 개인의 모습을 가리킨다. 성격 구조의 가장 심층부에 위치하여 외부 환경에 의해 거의 영향을 받지 않는다.

■ 전형적 반응

두 번째 층에 위치하여 환경에 적응하기 위해서 외부 세계에 반응하는 양식을 말한다. 즉 전형적인 반응(typical behavior)은 환경과의 상호작용에서 학습된 것으로 볼 수 있다. 예를 들면, 어떤 사람이 가식적인 행위를 하지 않는다면 그 사람의 전형적인 반응은 심리적 핵과 동일하다. 예컨대 A라는 사람이 모든 형태의 상황조건에 긴장된 반응을 보인다면 그 사람은 심리적으로 불안한 사람이라고 결론을 내릴 수 있다. 대개 심리적 핵을 밝혀내기가 어렵기 때문에 성격검사지로 전형적 반응을 측정하여 심리적 핵을 유추한다.

■ 역할 행동

역할 행동(role-related behavior)은 가장 밖에 위치한 층으로 개인이 사회적 역할에 따라 취하는 일정한 행동을 말한다. 즉, 개인이 사회적 상황을 지각하고 여기에 기초를 둔 행동이다. 인간은 환경에 적응하기 위해 역할과 관련된 다른 행위를 보이므로 역할 행동은 전형적 반응이 아니며 심리적 핵도 반영하지 않는다. 따라서 역할 행동은 성격의 가장 표면적이고 변화가능한 부분을 나타내고 있다. 예컨대 한 선수의 성격에 대한 평가가 그 선수의 감독과 아내 사이에는 다를 수 있다.

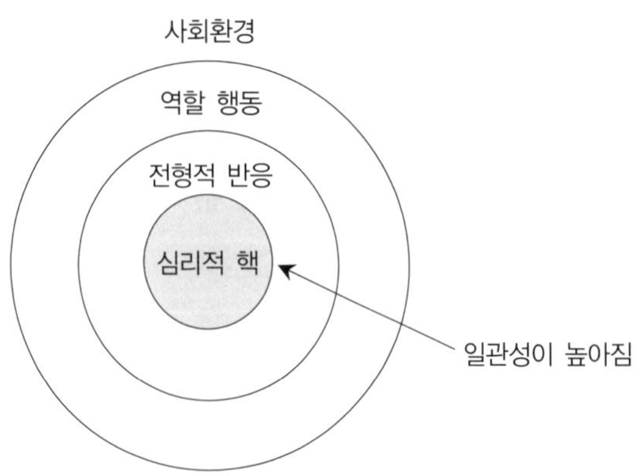

그림 2-1. 성격의 구조

2. 성격에 대한 이론

1) 체형 이론

체형 이론(body type theory)은 체격, 체형, 체질 등에 근거하여 성격을 분류하는 이론이다. 미국의 심리학자 Sheldon(1942)은 성격 특성에 관련된 3가지의 체격유형을 내배엽, 중배엽, 외배엽으로 분류하였다. 그리고 체형은 대체로 유전적으로 결정되며, 행동의 일관성을 갖게 하는 요인의 역할을 한다고 했다.

■ 내배엽형

내배엽형(endomorphy)은 둥글고 부드러우며 내장이 발달한 사람으로 내장긴장성(viscerotonia)으로 나타나며, 먹고 즐기는 것을 좋아하고 낙천적인 성격을 나타낸다.

■ 중배엽형

중배엽형(mesomorphy)은 골격과 근육이 발달한 사람으로 신체긴장성(somatotonia)으로 나타나며, 운동과 모험을 좋아하고 자기 주장적인 성격을 나타낸다.

■ 외배엽형

외배엽형(ectomorphy)은 가늘고 길며 뼈가 섬세하고 근육이 발달하지 못한 반면 감각이 민감한 사람으로 두뇌긴장성(cerebrotonia)으로 나타나며, 행동과 태도의 신중성을 보이고 감정을 억제하며 사교성이 부족한 성격을 가진다.

2) 정신분석 이론

정신분석 이론(psychodynamic theory)은 내적으로 깊이 존재하고 있는 근원적인 욕구나 동기가 무엇인지 규명하려는 시도이다. 선구자는 Sigmund Freud(1856-1939)로서 인간의 무의식적 동기를 깊이 관찰하여 성격을 설명하려 하였다. 프로이드 학파의 주장에 따르면 다음의 세 요소가 상호작용하여 성격이 형성된다고 했는데, 이들의 관계는 항상 변화하며 갈등관계에 있다는 것이다.

■ 원초아

원초아(Id)는 성격의 생물학적 요소로서, 성욕이나 분노 같은 성격의 무의식적이고 본능적인 핵심으로 쾌락을 추구하는 구조체이다. 비합리적이고, 비도덕적, 맹목적이어서 사고하지 않고 단지 원하고 행동하는 경향이 강하다.

■ 자아

자아(Ego)는 성격의 심리적 요소로서, 원초아의 맹목적인 충동을 통제하고 초자아 및 외부 현실세계 사이에서 교통순경의 역할을 한다. 합리적으로 사고하며 욕구를 충족시키기 위해 계획을 세우는 등 현실원리에 의해 지배된다.

■ 초자아

초자아(Superego)는 성격의 사회적 요소로서, 무엇이 옳고 그르며 좋고 나쁜지에 대해 판단한다. 전통적인 가치와 사회적 이상을 대변하고 현실적이기 보다는 이상적이다. 원초아의 충동을 억제하고 자아를 설득해서 현실적인 목표를 도덕적인 목표로 대치시키려한다. 초자아는 개인적인 양심, 내적인 도덕 규범으로서 부모나 사회로부터 영향을 받는다.

3) 현상학적 이론

현상학적 이론(phenomenological theory)은 개인의 현상학 즉, 개인이 어떻게 상황을 지각하고 해석하는가에 관심을 두고 있다. 인간의 기본 욕구 5단계 위계(생리적 욕구 → 안전 욕구 → 애정 욕구 → 존경 욕구 → 자아실현 욕구)를 바탕으로 인본주의적 입장에서 접근한다. 인간은 본능적 욕구 개념을 넘어 성장과 자아실현을 향한 긍정적 본질을 소유하고 있다는 관점에서 성격을 설명하려고 시도하였다. 즉 개인이 어떻게 사상을 지각하고 해석하는가에 관심을 두고 있으며 본능적 욕구 개념 대신 지성과 이성을 더욱 강조하고 있다.

그림 2-2. 성격의 갈등이론

4) 특성 이론

특성 이론(trait theory)은 성격이 행동의 일관성, 공통성, 그리고 개인차를 낳게 하는 것으로 타고난 특성에 의해 설명된다는 것이다. 따라서 성격은 유전적인 것이기 때문에 환경에 영향을 잘 받지 않고 지속하는 성향을 가지고 있다는 관점이다. 특성 이론의 장점은 검사지를 통하여 쉽게 객관적으로 성격을 측정해 낼 수 있다는 것이다.

5) 사회학습 이론

사회학습 이론(social learning theory)은 인간의 행동은 사회적 환경과 주어진 상황에 의해 결정된다는 주장이다. 따라서 경험이 주요한 요인이며 특성 이론과는 반대의 입장을 취한다.

6) 상호작용 이론

상호작용 이론(interaction theory)은 인간의 행동은 타고난 특성과 사회적 환경의 상호작용을 통해서 결정된다는 관점이다. 두 변인을 동시에 고려할 때 행동유형을 보다 잘 이해할 수 있다는 관점으로 일반적으로 학자들이 인정하고 있는 견해이다.

인간의 성격을 이해하기 위해서 여러 이론들이 제시되었지만 유전적 특성과 환경의 상호작용에 의해 영향을 받는다는 것이 일반적 믿음이다. 교육학에서는 성격이 유전보다는 학습에 더 많이 영향을 받는다고 주장한다. 그러나 인간의 행동을 예측하려고 시도했던 많은 연구들의 공통점은 오차, 즉 설명이 불가능한 것에 의해서 행동은 가장 큰 영향을 받는다는 것이다. 결국 사람의 성격이나 심리를 파악하기는 매우 어렵다는 것이 현재의 해답이라고 할 수 있다.

3. 성격의 측정

1) 평정척도

평정척도(rating scale)는 관찰자가 여러 질문을 준비하여 피험자의 반응정도에 따라 평정하는 방법이다. 이 방법은 주로 관찰법과 면담법으로 수행할 수 있으며, 객관적 검사로는 알 수 없는 질문에 응답한 이유와 응답의 맥락을 구체적으로 알아낼 수 있는 장점과 주관적 판단을 이용하여 등급을 정하므로 비과학적인 단점이 있다. 따라서 관찰에 필요한 훈련을 통하여 일관성을 유지하는 것이 중요하다. 방법이 적절하고 체계적으로 이루어지면 신뢰도와 타당성을 높일 수 있으므로 좋은 방법이 된다.

2) 투사법

투사법(unstructured projection procedures)은 피험자의 반응을 간접적인 방법으로 분석하여 성격을 측정한다. 과거에 많이 사용하였으나 신뢰성, 객관성, 타당성이 낮아 근래에는 잘 사용하지 않고 있다. 대표적인 투사법으로 로샤검사(Rorschach Test)와 주제통각검사(Thematic Apperception Test)가 있다.

■ 로샤검사

로샤검사(Rorschach test)는 피험자가 잉크가 쏟아진 모양이 무엇으로 보이는지를 검사하여 그 사람의 성격이나 정신내부의 상태를 알아내려는 방법이다. 나름대로 해석하고 그 반응을 이용해서 감정적 반응을 검사한다. 욕구를 찾아내기 위한 시도지만 비현실적인 면이 있다.

■ 주제통각검사

주제통각검사(thematic apperception test)는 로샤검사 보다는 명확한 그림을 사용하지만 원리는 같다. 피험자가 인물, 상황 등 애매한 장면이 그려져 있는 19장의 카드를 보고 과거, 현재, 미래에 대한 이야기를 하게하여 나타나는 단서를 가지고 검사자가 평가하는 방법이다.

그림 2-3. 로샤검사와 주제통각검사의 예

3) 검사지법

검사지법(structured questionnaire)은 최근까지도 일반심리학과 스포츠심리학에서 사용되고 있다. 이 검사지법은 피험자에게 직접 질문을 함으로써 성격을 수량화해서 알아보는 방법으로 성격특성과 성격상태를 구분하여 측정하였다.

특성은 잘 변하지 않는 개인의 전형적인 행동양식을 의미하며, 상태는 환경의 영향을 받는 행동을 의미한다. 예를 들어, 모든 상황에서 불안을 느끼면 특성불안이고, 특수한 상황에서 불안을 느끼면 상태불안이 된다. 객관적인 심리도구들이 다양하게 개발되어 성격연구에 사용되었다.

■ Minnesota Multiphasic Personality Inventory(MMPI)

정신질환을 분석하여 치료에 이용하기 위한 검사지이다. 적어도 16살 이상의 나이에 6년의 교육을 받은 사람이 검사 받을 수 있다. 12개의 심리요인, 즉 건강염려(hypochondriasis), 우울증, 병적흥분(hysteria), 성경향(masculinity vs feminity), 편집증(paranoia), 정신분열증(schizophrenia: 감정과 사고가 환각상태가 되어 행동과 상황의 불일치를 보이는 증상) 등을 측정한다.

■ California Psychological Inventory(CPI)

MMPI를 변형하여 정상인들의 교제성향(사교성)을 검사한다. 총 16개의 요인으로 주도성, 사교성, 책임감, 자기억제, 순응, 독립, 융통성, 성경향 등을 측정한다.

■ Edwards Personal Preference Schedule(EPPS)

정신분석 이론을 토대로 성인이 갖고 있는 15개의 욕구(분노, 성욕, 인 내, 연합, 변화, 군림, 성취욕 등)를 측정한다.

■ Cattell Sixteen Personality Factor Questionnaire(16PF)

일반심리학 분야에서 가장 세련되고 건전하며 과학적인 검사지로 인정을 받았다. 특성 이론의 입장에서 배려성, 지성, 양보성, 명랑성, 수줍음, 현실성, 보수(개혁)성, 사회성, 불안 등의 16개 요인을 측정한다.

■ Eysenck Personality Invertory(EPI)

인간의 성격을 2차원, 즉 내성적 대 외성적, 안정적 대 불안정적으로 나누어 성격을 측정한다.

■ Athletic Motivation Inventory(AMI)

스포츠심리학 분야에서 개발된 검사지이다. 경기력에 직접적으로 영향을 미칠 수 있는 여러 심리적 특성들(욕구, 분노, 단호성, 책임감, 리더십, 자신감, 감정조절, 강인성, 신념 등)을 측정한다.

■ Profile of Mood States(POMS)

스포츠분야에서 가장 많이 사용되는 검사지 중의 하나이다. 상황에 따라 바뀌는 일시적(state)이거나 일반적인 심리적 특성(trait) 여섯 요인(긴장, 우울, 분노, 활력, 피로, 혼동)을 측정한다.

정서상태검사지
(The Profile of Mood States)

다음의 단어들은 사람의 느낌을 서술한 형용사들입니다.
각 항을 주의 깊게 읽고 오늘을 포함하여 지난 주(평소)에 귀하가 느끼는 감정상태를 표시하시오.

긴장하다________	우울하다________	불안하다________
활기차다________	피곤하다________	혼란스럽다________

0 = 전혀 그렇지 않다 1 = 가끔 2 = 적당히 3 = 조금 그렇다 4 = 아주 그렇다

성격검사 시행 지침(APA, 1985)

- 검사의 원리와 측정오차를 이해해야 한다.
- 검사자의 한계를 알아야 한다.
- 응답자에게 설명과 피드백을 제공해야 한다.
- 응답자의 비밀을 보장해야 한다.
- 개인 내적 접근을 하며 타인과 비교는 금물이다.
- 선수선발의 목적으로는 이용할 수 없다.

4. 스포츠와 성격 연구

스포츠 활동에 참여하는 사람들의 성격이 어떤가에 대한 관심은 스포츠심리학 분야에서 중요한 부분을 차지한다. 선수는 일반인과 다른 성격 특성을 가지고 있는가? 스포츠 종목에 따라 선수들의 성격은 다른가? 어떤 성격의 선수가 성공하는가? 스포츠 활동에 참여하면 바람직한 성격이 형성되는가? 과거 연구들을 토대로 이러한 질문에 대한 해답을 제시하기는 쉽지 않다. 이러한 질문들은 모두 스포츠 활동과 성격사이의 관계를 규명하는 문제와 관련이 있다.

1) 선수와 일반인의 성격

스포츠심리학에서 가장 활발히 진행된 성격연구의 주제는 선수와 일반인간의 성격차이에 관한 것이었다. Schurr, Ashley와 Joy(1977)는 선수가 일반인에 비해 독립적이고, 객관적이며, 불안이 낮다고 보고하였다. Morgan(1980)의 연구에서는 선수가 일반인에 비해 외향적이고, 불안수준이 낮다는 결과가 나타났다. 그 외에도 선수가 일반인보다 지적이며(Hardman, 1973), 자신감이 높고, 경쟁적이며, 사회성이 탁월하다(Cooper, 1969)는 보고도 있었다. 그러나 선수를 어떻게 정의하느냐에 따라 결과가 다르게 나타날 수 있으므로 다른 연구들과 비교하는 것은 금물이다. 따라서 지금까지의 연구들은 대체로 선수는 일반인과 성격이 다르고 선수의 성격이 일반인보다 좋은 듯 하지만 그렇게 분명하지는 않다.

2) 스포츠 종목과 성격 특성

스포츠는 종목별로 독특한 경기형태를 취하고 있다. 육상과 수영같이 개인스포츠가 있는가 하면 1인으로 성립될 수 없는 단체경기도 있다. 성격이 소속된 집단에서의 생활경험이나 행동양식이 습관화됨으로써 이루어진다는 관점에서 볼 때 종목에 따라서 선수들의 성격특성에 차이가 있을 수 있을 것이다.

Kroll과 Creshaw(1970)는 레슬링과 미식축구 선수들은 비슷한 성격을 가진 반면, 체조와 태권도 선수는 서로 다른 성격 특성을 가지고 있다고 하였다. Schurr, Ashley와 Joy(1977)는 단체경기 선수가 개인경기 선수에 비해 불안이 높고, 의존심이 강하며, 외향적이라는 주장을 하였다. 또한 접촉경기 선수는 비접촉경기 선수보다 독립적이고 이기심이 적다고 하였다. 한편 소영호, 정주호(2010)는 개인종목 선수가 단체종목 선수보다 완벽주의 성향이 강한 성격을 나타낸다고 하였으며, 이러한 성격적 특성으로 인해 운동 스트레스가 높다고 보고하였다. 이처럼 연구결과들은 스포츠 종목에 따라 성격 차이가 있음을 보여 주었다.

3) 선수 포지션과 성격

한편 선수 포지션 간에도 어떤 성격적 차이가 있는지에 대해 매우 소수의 연구가 수행되었다. Schurr, Rubble, Nisbet과 Wallace(1984)는 라인스맨들은 판단력과 지각력에서 백필더 선수들과 다름을 발견하였다. 또한 라인스맨들은 조직성과 실제적 성격이 두드러진 반면, 백필더들은 유연하고 적응적이라고 했다. 배구에서 세터는 공격수나 블로커에 비교해서 주의집중 범위가 넓고 내적이었지만 성격에서는 차이가 없는 것으로 나타났다(Cox, 1987). 럭비선수를 대상으로 포지션에 따라 정신건강과 심리적 경기기술에 차이가 있는지를 조사한 연구(류호상 등, 2005)에서도 오직 활력에서 하프백진이 포워드진이나 백스진보다 높았고 심리경기기술에서는 차이가 없었다. 최근의 럭비전술이 전원공격, 전원수비의 방향으로 가고 있는 것이 포지션 간에 심리적 특성의 차이가 없는 한 이유로 거론되었다.

위의 주제들에 대한 연구에서 불일치한 결과들이 도출되었기 때문에 명확한 결론을 내릴 수는 없었다. 중요한 이유의 하나는 정의 문제라 할 수 있다. 즉 연구마다 선수에 대한 정의를 학교 대표, 교내대항 경기(intramural), 혹은 스포츠 클럽활동의 참여자 등으로 다르게 선정하여 비교 분석하였다. 또 다른 하나는 인과 문제인데 선수활동을 통하여 특정의 성격에 형성되었는지, 아니면 특정의 성격을 가진 선수가 특정 종목의 선수가 되었는지 밝혀지지 않고 있다.

4) 우수선수와 비우수선수의 성격

위의 주제들과는 달리 우수 선수와 비우수 선수간의 성격비교 연구에서는 매우 현저하면서도 일관된 차이가 나타났다. Morgan(1979)은 장거리 달리기, 레슬링, 사이클 선수를 대상으로 우수 선수의 특성을 비우수 선수로부터 확실히 구분하면서 약 70%까지 예측이 가능하다고 주장하였다. Silva, Shultz, Haslam과 Murray(1981) 또한 신체조건이나 체력검사를 제외한 심리검사지만 가지고 우수 선수들과 비우수 선수들의 특성을 약 80%정도 구분할 수 있으며, 생리적 데이터를 추가하면 93%까지 예측을 높일 수 있다고 주장하였다.

이러한 연구들에 주로 사용된 대표적 심리검사지는 무드상태프로파일(the Profile of Mood States)이었다. 우수선수들은 수행에 긍정적인 영향을 미치는 활력요인에서 높은 점수를 보였고, 부정적 요인인 긴장, 우울, 분노, 피로, 혼동에서는 낮은 점수를 보였다. 그러나 비우수 선수들은 우수 선수들에 비교하여 활력은 오히려 낮은 점수를 보였고, 부정적 심리 요인들에는 높은 점수를 보이고 있다. 우수 선수들이 보인 여섯 요인들의 그래프 형상이 빙산과 비슷한 모양을 하고 있다고 하여 바로 빙산 윤곽(iceberg profile) 이라고 부른다(그림 2-4). 실제로 많은 연구들이 우수 선수들의 성격 특성은 빙산 윤곽의 형태로 나타났다.

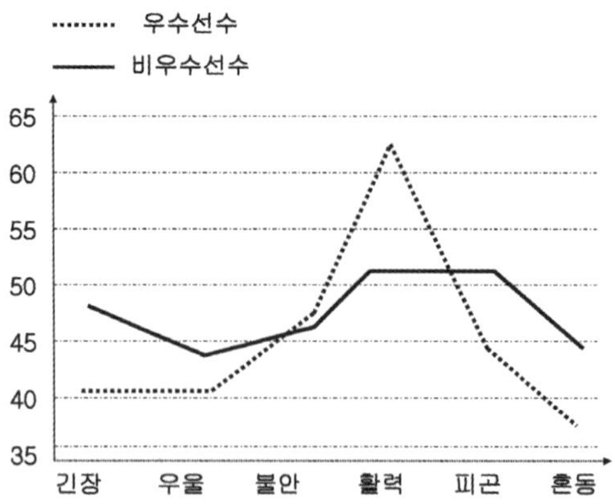

그림 2-4. 우수선수와 비우수 선수의 성격

이러한 현상에 대해 Silva(1984)는 선수들의 기능이 향상됨에 따라 그 성격이 유사해지기 때문이라고 설명하였다. 초보 수준에서 선수들의 성격은 서로 이질적이지만 피라미드식(초보 → 중·고교 → 대학 → 국가대표 → 올림픽 → 엘리트)의 상층으로 올라갈수록 선발의 과정을 거치면서 알맞은 성격 특성들이 강화되거나, 특정의 성격 특징을 가진 사람만이 남게 된다는 것이다. 따라서 방해가 되는 특성들은 소멸되거나 이러한 특성을 가진 사람들은 도태된다. 이것이 바로 엘리트 선수들은 성격 윤곽이 비슷하고, 초보 수준의 선수들 성격과는 뚜렷한 차이가 있는 이유라고 하였다.

5) 여자 선수의 성격

여자 선수를 대상으로 한 연구들을 종합할 때 남자 선수와는 다른 결과가 관찰되었다. 그 이유는 연구방법과 연구설계가 서로 달랐기 때문으로 추측하고 있다. Williams(1980)는 여자 선수들은 일반 여자들과 성격이 달랐고, 일반 남자나 남자 선수들과 같은 성격, 즉 단호성, 목적의식, 주도성, 독립성, 적극성, 지성이 높은 특징을 가지고 있다고 했다. 우수 선수 대 비우수 선수에 대한 연구에서는 남성을 대상으로 한 연구들과 일치했다. 최재경(2011)은 여자 선수가 남자 선수에 비해 예민하고 불안을 많이 느끼며, 이러한 성격적 특성으로 운동스트레스를 많이 받을 수 있다고 보고하였다. 따라서 스포츠 현장에서 여자 선수의 성격을 파악하는 것이 선수 지도와 관리에 있어서 매우 중요한 부분이 되고 있다.

6) 규칙적인 운동과 성격형성

운동심리학(exercise psychology) 입장에서 Morgan(1985)은 규칙적인 운동을 하면 불안은 낮아지고 자신감과 행복감은 증가하여 정신건강이 좋아진다고 하였다. Blumenthal, Emery, Walsh, Cox, Kuh, Williams와 Williams(1988)도 12주간의 유산소 운동은 성격이 급하고 화를 잘 내어 건강에 해로운 A형(Type A)의 행동을 감소시켜 주고, 심폐계 반응도 낮춘다고 보고하였다. Sonstroem

(1986)은 규칙적으로 운동을 하면 자아존중감도 향상된다고 하였다. 그 이유는 참여자가 자신의 노력으로 체력이 향상되고, 그 향상이 자신의 능력으로 해석한 것이 자아개념에 긍정적으로 작용하였기 때문이라고 주장하였다.

7) 긍정론자와 회의론자의 대립

과거 스포츠 분야의 성격연구자들 사이에는 긍정론자와 회의론자간의 대립이 있었다(Morgan, 1980). 긍정론자(credulous group)들은 성격검사의 결과를 선수의 성공을 예측하는데 사용하자는 입장이었고, 회의론자(skeptical group)들은 선수의 성공을 예측하는데 성격검사의 가치를 최소화하자는 주장이었다. 최근에 와서 성격은 선수 성공을 예측하는 하나의 요인으로 작용은 하지만 높은 관련을 가지고 있는 것은 아니라는 사실이 밝혀지면서 거의 사라졌다. 이 장에서 가장 중요한 점은 성격검사 결과를 선수선발에 사용해서는 안되고, 단지 특별한 경우에 참고할 수 있다는 것이다. 선수선발을 위해서는 신장 같은 신체 조건, 근력이나 지구력 같은 체력 요인, 심리적 요인을 함께 고려하는 것이 바람직하다. 그 외 과거의 경험, 코치의 주관적 평가, 해부학적 특성, 운동학적 평가, 인구사회학적인 특성들도 함께 참고하면 선수 성공을 판단하는데 정확성을 더욱 높일 수 있을 것이다.

참고문헌

류호상, 조성철, 정연택(2005). 럭비선수의 포지션별 심리적 특성 비교. **코칭능력개발지, 7**(1), 203-209.

소영호, 정주혁(2010). 대학 운동선수의 완벽주의 성향과 운동스트레스 및 목표성향과의 관계. **한국체육학회지, 49**(4), 237-247.

최재경(2011). **고등학교 운동선수의 성격유형과 운동스트레스 및 탈진의 관계.** 미간행 박사학위논문. 영남대학교 대학원.

Blumenthal, J.A., Emery, C.F., Walsh, M.A., Cox, D.K., Kuh, C.M., Williams, R.B., & Williams, R.S. (1988). Exercise training in healthy type A middle aged men: Effects on behavioral and cardiovascular responses. *Psychosomatic Medicine, 50,* 418-433.

Cooper, L. (1969). Athletics, activity, and personality: A review of the literature. *Research Quarterly, 40,* 17-22.

Cox, R.H. (1987). Relationship between psychological variables with player position and experience in women's volleyball. Unpublished manuscript.

Eysenck, H.J. (1960). The structure of human personality, London: Metheun.

Hardman, K. (1973). A dual approach to the of personality and performance in sport. In H.T. A. Whiting, K. hardman, L.B., & M.G. Jones (Eds.), *Personality and performance in physical education and sport.* London: Kimpton.

Hollander, E.P. (1967). *Principles and methods of social psychology.* New York: Holt.

Kroll, W., & Creshaw, W. (1970). Multivariate personality profile analysis of four athletic groups. In G.S. Keyon (Ed.), *Contemporary psychology for sport:* Second International Congress of Sport Psychology. Chicago: The Athletic Institute.

Martens, R. (1975). The paradigmatic crisis in American sport psychology. Sportwissenschaft, 5, 9-24.

Morgan, W.P. (1979). Prediction of performance in athletics. In P. Klavora & J.V. Daniel (Eds.), *Coach, athlete, and the sport psychologist* (pp.173-186). Champaign, IL: Human Kinetics.

Morgan, W.P. (1985). Affective beneficence of vigorous physical activity. *Medicine and Science in Sports and Exercise, 17,* 94-100.

Morgan, W.P. (1980). The trait psychology controversy. *Research Quarterly for Exercise and Sport, 51,* 50-76. Schurr, K.T., Ashley, M.A., & Joy, K.L. (1977). A multivariate analysis of male athlete characteristics: Sport type and success. Multivariate Experimental Clinic Research, 3, 53-68.

Schurr, K.T., Rubble, V. E., Nisbet, J., & Wallace, D. (1984). Myers-Briggs type inventory characteristics of more and less successful players sheeldom on and American football team. *Journal of Sport Behavior, 7,* 47-57

Sheldon, W. H. (1942). The varieties of temperament. New York: Harper & Bros.

Silva, J.M. (1984). Personality and sport performance: Controversy and challenge. In J.M. Silva. III & R.S. Weinberg(Eds.), *Psychological foundations of sport.* Champaign, Illinois: Human Kinetic Publishers.

Silva, J.M., Shultz, B.B., Haslam, R.W., & Murray, D. (1981). A psychological assessment of elite wrestlers. *Research Quarterly for Exercise and Sport, 52,* 348-358.

Sonstroem, R.J. (1986). Exercise and self-esteem. *International Journal of Psychology, 17,* 123-134.

Weinberg, R.S., & Gould, D. (1995). *Foundations of sport and exercise psychology.* Champaign, IL: Human Kinetics.

Williams, J.M. (1980). Personality characteristics of the successful female athlete. In W. F. Straub (Ed.), *Sport psychology: An analysis of athlete behavior(2nd ed.),* Ithaca, NY: Mouvement Publications.

제3장

불안과 스포츠 수행

어떤 선수가 연습 때는 잘하다가 경기에 나서면 불안 때문에 시합을 망치는 경우를 흔히 본다. 이처럼 경쟁적 스포츠 활동에 참여하면 높은 긴장과 불안을 경험할 수 있다. 스포츠 경기에서 느끼는 각성이나 불안은 선수들이 그 경기를 어떻게 지각하고 판단하는가에 달려 있다. 각성의 원인은 무엇이고 최상의 수행을 위한 적정의 각성수준은 어떠한지를 밝히는 것은 스포츠지도자나 선수에게 현실적으로 매우 중요한 일이다. 이 장에서는 불안과 관련된 유사 용어들을 개념적으로 정의하고, 이들은 서로 어떠한 관련을 가지며, 수행에는 어떤 영향을 미치는지에 대해서 알아본다.

제3장

불안과 스포츠 수행

1. 불안 관련 용어들의 정의

지금까지 문헌들은 각성(arousal), 불안(anxiety), 스트레스(stress)를 개념적으로 구분하지 않고 사용하는 경향이 있었다. 이들의 개념적 차이를 구별할 수 있어야 각성과 수행의 관계를 이해하는데 도움이 된다.

1) 각성

각성은 깊은 수면에서 높은 흥분에 이르는 연속선상에서 변화하는 생리적, 심리적 활성화를 의미한다. 즉 전혀 흥분이 안된 상태로부터 극도로 상태에서부터 극도로 흥분된 상태의 어딘가에 위치에 있는 특정 순간의 동기의 강도 측면을 의미한다. 어떤 과제를 해결하기 위해 에너지가 많이 동원된 상태를 높은 각성(예, 입사 면접시험)이라고 하고, 그 반대의 경우를 낮은 각성(예, 따뜻한 날 창가에서 조는 것)이라고 할 수 있다. 각성 수준이 높아지면 심리적으로 활력이 높아지고 심박수, 호흡수, 혈압 등도 증가한다.

2) 불안

불안이란 불쾌한 정서 반응으로 자율신경계의 각성을 유발 시킬 수 있는 정서의 부적응 상태라고 말할 수 있다. 다시 말해 불안은 긴장, 초조, 걱정, 염려 등으로 표현되는 부정적인 정서 상태를 의미하며, 불안해지면 각성수준은 당연히 높아진다. 불안은 상태불안(state anxiety)과 특성불안(trait anxiety)으로 구분된다.

■ 상태불안

상황에 따라 변하는 정서 상태로 주관적, 의식적으로 느끼는 염려나 긴장감을 말한다. 상태불안은 순간순간마다 변화하며 임박한 상황에서 지각된 위협에 비례하여 변동한다. 예를 들면, 번지점프대에 올라갈 때는 불안 수준이 별로 높지 않았지만, 올라가서 아래를 내려 본 순간 불안이 급격하게 상승할 수 있다. 상태 불안은 다시 인지 상태불안과 신체 상태불안으로 구분될 수 있다.

- 인지 상태불안: 상황에 따라 변하는 걱정이나 부정적 생각
- 신체 상태불안: 상황에 따라 변하는 지각된 생리적 반응

표 3-1. 불안과 유사 용어들의 정의

개 념	정 의
각 성	깊은 수면에서 높은 흥분에 이르는 연속선상에서 변화하는 생리적, 심리적 활성화
불 안	신체적 각성상태를 수반하는 긴장, 초조, 걱정, 염려 등으로 표현되는 부정적인 정서 상태
상 태 불 안	각성을 수반하는 상황에 따라 변하는 초조함, 걱정, 우려 등의 부정적인 정서 상태
특 성 불 안	개인의 동기나 후천적으로 습득된 행동경향이며, 성격의 한 측면으로 상태불안에 영향
인지적 상태불안	상황에 따라 변하는 걱정이나 부정적인 생각
신체적 상태불안	상황에 따라 변하는 지각된 생리적 반응

■ 특성불안

객관적 위협의 강도와 관계없이 상태불안을 나타내는 개인의 동기나 후천적으로 습득된 행동경향이며, 성격의 한 측면으로 상태불안에 영향을 미친다. 예컨대 축구선수의 페널티킥 상황에서 특성불안이 높은 선수는 특성 불안이 낮은 선수에 비해 더 높은 상태불안 반응을 보인다.

3) 스트레스

Selye(1974)의 정의에 의하면 스트레스는 외부의 자극에 의하여 유기체 내에서 일어나는 모든 반응의 총화라고 밝혔으며, Spielberger(1987)는 개인의 정서적 반응을 야기시키는 물리적, 심리적 환경이라고 말하였다. 다시 말해 스트레스는 중요한 의미를 갖는 상황에서 욕구를 충족시키지 못할 때 나타나는 신체적, 정서적, 환경적 부조화 상태로 나타난다. 정서반응에 따라 스트레스는 다시 유해스트레스(distress)와 쾌적스트레스(eustress)로 세분될 수 있다(그림 3-1).

■ 유해 스트레스

감당할 수 없거나 기분을 상하게 하는 부정적 스트레스를 말한다. 걱정과 불안을 야기하는 자극이며 생리적 반응을 야기한다. 우리가 일상에서 사용하는 스트레스라는 말은 보통 이것을 지칭한다.

■ 쾌적 스트레스

가볍고 조절이 가능하여 감정과 지적 발달에 도움이 되는 긍정적 스트레스를 말한다. 흔히 기쁜 정서반응을 야기하는 자극이며 생리적 흥분을 수반한다. 결혼, 승진, 복권 당첨 등의 극적인 기쁨은 쾌적 스트레스의 좋은 예가 된다.

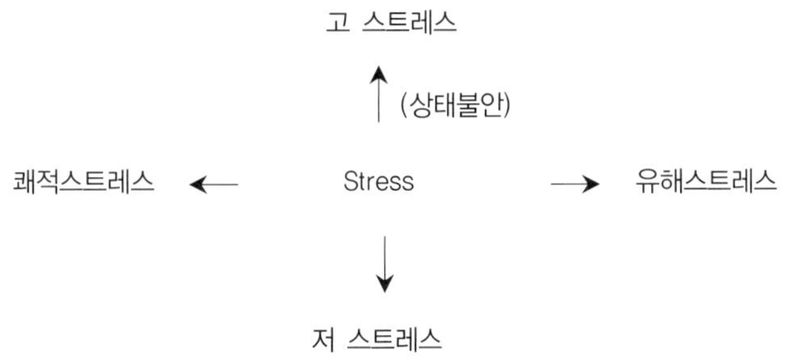

그림 3-1. 스트레스의 개념적 모형(Seyle, 1983)

2. 불안의 발생 요인과 과정

McGrath(1970)에 의하여 스트레스는 환경의 요구에 대응하지 못했을 때 중대한 결과가 초래되는 상황에서 환경의 요구와 개인의 반응능력간의 실제적인 불균형이라고 정의되었다. 그는 스트레스가 발생하는 과정을 "환경의 요구 → 위험의 지각 → 스트레스 반응 → 행동 결과"의 4단계로 나누어 설명하였다. 이 모형은 스트레스에 의한 불안은 환경에서 오는 불안을 개인이 어떻게 인지(해석)하느냐에 달려있음을 강조하였다.

Martens와 그의 동료들(1982)도 다음의 도식을 통하여 스트레스에서 상태불안에 이르는 과정을 설명하였다. (그림 3-2)에 나타나 있듯이, 객관적 요구는 선수가 직면하고 있는 경쟁적 상황이기 때문에 하나의 자극으로 볼 수도 있다. 경쟁적 상황을 위협으로 느끼는지 아닌지는 개인의 주관적 평가에 달려있고, 이것에 특성불안이 영향을 미친다.

객관적 요구 (자극) → 위협 (중재자) → 상태불안 (반응)

그림 3-2. 스트레스의 과정(Martens, 1982)

이 모형도 경쟁적 상황에 대처하는 자신의 능력이 부족하다고 인지하면 유해스트레스가 일어난다고 설명하여 McGrath(1970)의 설명과 같은 맥락에 있다.

1) 스트레스 요인

우리의 삶은 수많은 스트레스 요인들로 둘러 쌓여 있다. 조기 퇴직, 재정 궁핍, 동료나 상사와의 불화, 승진 시험, 고부 갈등 등이 건강에 영향을 미친다. 선수들은 실패의 두려움, 경제적 상황, 재능에 대한 회의, 대인관계, 부상 등으로 많은 스트레스를 겪을 수 있다. 스트레스 요인을 상황적 요인과 개인적 요인으로 구분하여 설명하면 다음과 같다(그림 3-3).

■ 상황적 요인

스트레스를 야기하는 상황적 요인에는 결과의 불확실성과 결과의 중요성이 있다. 결과의 불확실성이 높을수록 불안 수준이 높아질 것이다. 이 때 성공확률이 50%에 가까운 상황일수록 불확실성이 높은 것으로 간주된다. 두 번째 스트레스 요인은 시합의 중요성으로 임박한 경기가 자체 평가전인지 아니면 대표선발전인지에 따라 불안 반응은 다르게 나타나는 경우가 좋은 예가 된다.

■ 개인적 요인

어떤 상황에서 불안을 높이는 개인적 요인으로 특성 불안이 있다. 특성불안은 상태불안과 정상관의 관계를 가지고 있다. 즉, 특성 불안이 높은 선수는 낮은 선수에 비해서 경기를 보다 위협적인 것으로 해석하여 높은 상태불안을 나타내게 할 것이다. 특성불안과 함께 자아존중감도 개인적 요인으로 작용할 수 있다.

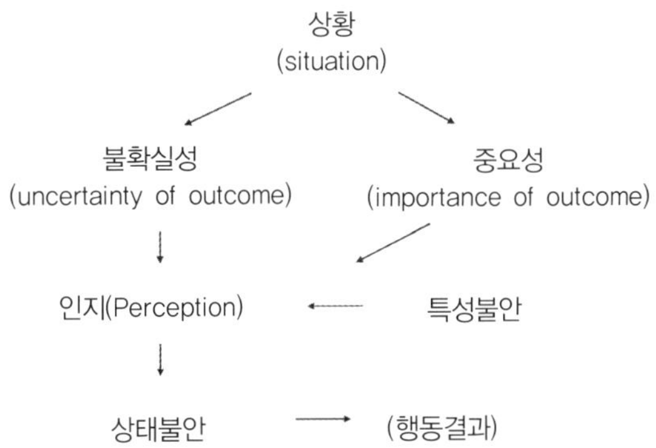

그림 3-3. 상태불안의 발전과정(Martens 등, 1990)

2) 스트레스 진행 과정

흔히 스트레스를 불안과 동의어로 사용한다. 그러나 스트레스는 하나의 자극이며, 불안은 그것에 대한 하나의 반응에 해당한다. 환경(상황)을 인지함에 있어 타고난 성격의 여하에 따라 상태불안은 다를 수 있다. 또한 상황이 아무리 긴박하더라도 인지과정에서 자신이 낮게 평가하면 상태불안을 낮출 수 있다. 높게 인지할수록 스트레스에 의한 반응, 즉 상태불안은 높아진다. 상태불안의 수준에 따라 결과가 다르게 나타날 수 있다. 자신감으로 재도전을 원할 수도 있고, 두려워 회피할 수도 있다. 행동결과는 다시 인지에 영향을 미쳐 순환적이라고 볼 수 있다. 상태불안이 너무 심하거나 장시간 지속되면 심·혈관 질환을 야기할 수도 있다.

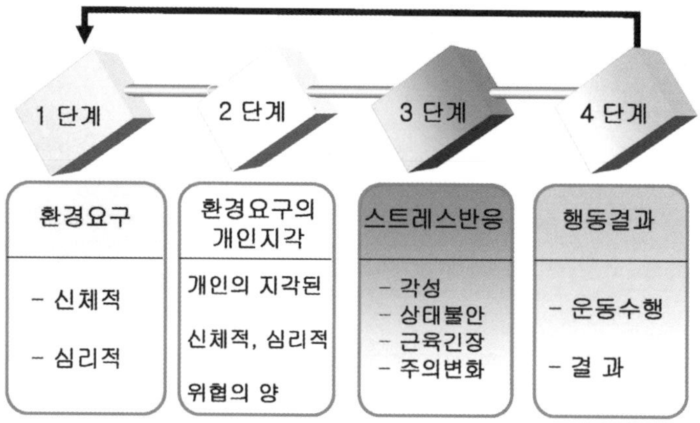

그림 3-4. 스트레스 과정(McGrath, 1970)

3. 불안의 측정

불안측정에 대한 스포츠심리학자들의 입장에 있어서 Landers는 검사지에만 의존하지 말고 장비를 이용하여 보다 객관적으로 측정하자는 주장을 하였다. 뇌전도, 심전도, 근전도, 피부저항, 발한율, 심박수, 혈압, 안면근육, 생화학 반응 등을 예로 거론하였다. Martens는 스포츠 현장에서 장비로 측정하기가 어렵고, 비용도 비싸서 비현실적이므로 불안 검사지를 활용하자는 주장을 한 바 있다. 스포츠심리학분야에서 사용할 수 있는 측정 방법에는 다음과 같은 것들이 있다.

1) 생리적 척도

우리 몸은 불안해 지면 호흡과 순환기능이 빨라지고, 혈액은 내장이나 소화기에서 뇌나 사지로 재분배되어 환경의 변화에 대응한다. 이 변화를 투쟁

(fight) 또는 도피반응(flight response)이라고 하며, 이 때는 카테콜라민과 호르몬의 수치, 심박수, 혈압, 피부전도가 상승한다. 이 측정검사에는 뇌전도(EEG), 심전도(EKG), 근전도(EMG), 피부저항(GSR), 발한율(psalm sweat) 등이 있다.

2) 행동적 척도

행동으로 나타나는 불안증상을 측정하는 방법으로 스포츠 현장에서 쉽게 사용 가능하다. 예를 들어, 목(근육) 경직, 소변, 발한, 떨림, 발 구르기, 주의 산만(집중결여), 건망증 등의 행동적 증상을 측정할 수 있다.

3) 심리적 척도

불안을 측정하기 위해서 자기보고식(self-report) 방법이 흔히 사용된다. 자기보고식 방법은 현장에서 편리하게 사용할 수 있다는 장점으로 불안 측정방법으로 널리 사용되고 있다.

표 3-2. 불안의 심리적 척도

구분	척도
특성불안	■ Taylor Manifest Anxiety Scale(TMAS) MMPI에서 불안에 관련된 항목만 추출해서 만든 검사지로 Yes와 No로 답하는 형식 ■ Spielberg Trait Anxiety Inventory(TAI) 특성불안에 관련된 20개 문항에 4단계 평정척도(전혀, 가끔, 자주, 항상)로 검사하는 방법 ■ Sport Competition Anxiety Test(SCAT) TAI를 변형한 검사지로 스포츠 경쟁을 위협적으로 지각하여 느끼는 불안 정도를 측정. 스포츠심리학에서 경쟁특성불안을 연구하는데 많이 사용
상태불안	■ Activation-Deactivation Checklist(AD-ACL) 4개의 독립항목(일반적 활성, 일반적 비활성, 고활성, 비활동-수면)에 대한 문항들에 4단계 평정척도(정말 그렇다, 약간 그렇다, 잘 모르겠다, 그렇지 않다)로 검사 ■ **APQ 삽입 필요** ■ Spielberger State Anxiety Inventory(SAI) APQ와 대조적으로 행동적 측면에서 느끼는 자신의 감정이 어떤가를 20개 문항으로 측정. 4단계 평정척도이며 성인과 어린이용으로 구분하여 검사

- Competitive State Anxiety Inventory(CSAI)
  SAI에서 스포츠에 관련된 10문항만 추출하여 개발. 스포츠심리학 분야에서 가장 많이 사용되고 있는 검사지
- Competitive State Anxiety Inventory–II(CSAI–II)
  SAI보다 좀 더 다양한 각도의 경기상황에서 일어날 수 있는 불안상태를 측정. 생리반응, 인지, 자신감 세 가지로 분류하여 선수의 불안상태를 27개 문항에 4단계 평정척도로 검사

표 3-3. 불안의 행동적 증상 기록지 일부(행동적 척도)

행동적 증상	시 간			
	평소 연습시	시합 30분전	시합 5분전	시합 10분후
목이 뻣뻣하다	———	———	———	———
땀을 많이 흘린다	———	———	———	———
초조하다	———	———	———	———
가슴이 두근거린다	———	———	———	———
화장실에 가고싶다	———	———	———	———
몸이 떨린다	———	———	———	———

표 3-4. 스포츠 경쟁불안 검사2(SCAI-2)의 문항 일부(심리적 척도)

다음 문장을 읽고 현재 자신의 느낌을 문장 오른쪽에 있는 적합한 숫자에 V표를 하시오. 옳고 그른 답이 있는 것이 아니며, 한 문장에 너무 많은 시간을 보내 생각하지 말고 현재의 느낌을 나타내는 숫자에 표시해 주십시오.				
	전혀 아니다	약간 그렇다	상당히 그렇다	아주 많이 그렇다
1. 이번 시합에 신경이 쓰인다.	□	□	□	□
2. 초조하다	□	□	□	□
3. 마음이 가볍다.	□	□	□	□
4. 자신감에 대하여 의문을 갖는다.	□	□	□	□
5. 마음이 편하다.	□	□	□	□

4. 각성과 운동수행의 관계

어느 정도의 각성이 수행에 도움이 되는지 심리학자들에 의해 둘의 관계를 설명하는 여러 가지 이론들이 제시되었다. 먼저 과거에 많이 이용되었던 욕구(추동) 이론과 역U 이론을 검토하고, 최근에 제시된 최적범위 이론, 다차원 이론, 격변 이론, 반전 이론 등에 대해 논의한다.

1) 욕구 이론

Hull(1943)에 의하여 제기되고 Spence와 Spence(1966)에 의해 수정된 욕구 이론(drive theory)은 각성이 높아질수록 경기력이 좋아진다는 설명이다(그림 3-5). 욕구가 높을수록 유기체는 더 많은 심리적, 신체적 에너지를 필요로 하기 때문에 이 이론은 욕구를 각성 수준으로 보았다. 각성을 높이는 타인의 존재가 수행자의 기술수준이 높거나 쉬운 과제를 수행할 때는 수행에 도움을 주지만, 수행자가 초보자이거나 복잡한 과제를 수행하는 조건에서는 방해가 된다는 관점이다.

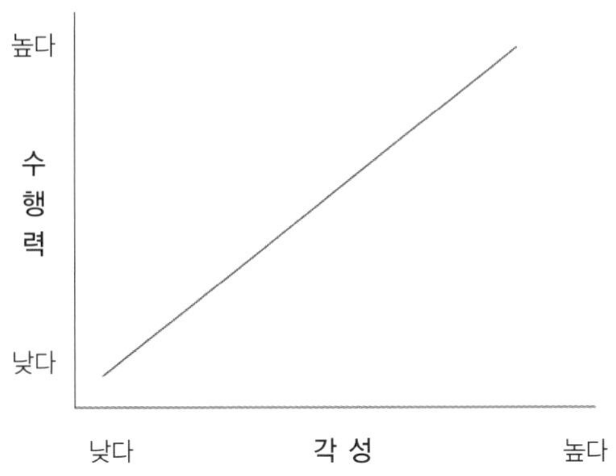

그림 3-5. 욕구 이론의 그래프

이 이론은 단순 과제나 학습이 잘된 과제에서는 적합할지 모르나, 복잡한 기술이 필요한 과제에서는 설명을 하지 못하는 단점이 있다. 또한 극도의 긴장 상황에서는 수행이 저조해지는 것을 설명하는데 한계가 있어서 많은 지지를 얻지는 못했다. 따라서 스포츠 상황에서 각성과 수행의 관계를 설명하기에 부적합하다고 지적된 바 있다(그림 3-5).

2) 역U 이론

역U 이론(Inverted U theory)은 Yerkes와 Dodson(1908)에 의해 제안되었다. 이 이론은 각성 수준이 상승함에 따라 수행도 서서히 상승하다가 각성이 적정 수준을 넘어서면 서서히 하강할 것이라고 가정한다(그림 3-6). 즉 각성이 아주 낮거나 높으면 수행에 방해가 되고 각성이 적당할 때 최고의 수행을 가져온다는 가설로 적정수준 이론(optimal level theory)이라고도 한다. 수행곡선이 마치 U자를 거꾸로 놓은 듯한 형상을 하고 있어 이 이름이 붙여졌다. 이 이론은 후에 나오는 단서활용 이론(Nideffer, 1976)으로도 설명될 수 있다.

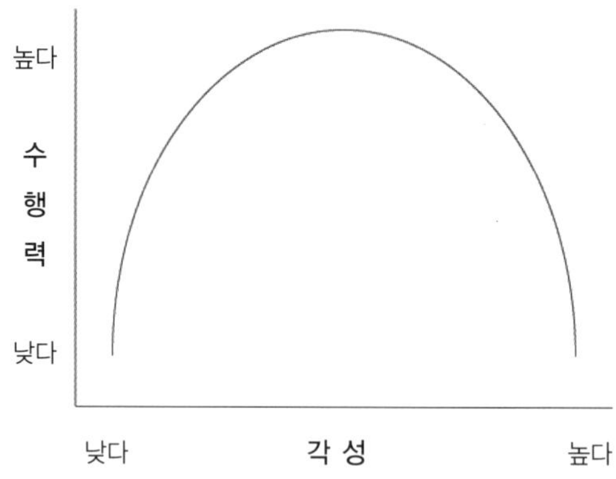

그림 3-6. 역U 이론의 그래프

스포츠 상황에서 이 이론은 욕구 이론보다 타당성이 있는 것으로 평가되었다. 그러나 적정수준이 어디에 있는지를 찾기가 어렵다는 것이 단점으로 지적된다. 그리고 역U 이론을 적용할 때는 기술 수준과 과제의 복잡성이 고려되어야 한다.

■ 역U 이론과 기술수준

숙련자에게 요구되는 최적의 각성상태는 초보자보다 높다. 숙련자는 동작을 자동적으로 수행하지만 초보자는 동작을 하나씩 의식적으로 처리하기 때문이다. 따라서 최상의 수행을 위해서 숙련자는 초보자보다 높은 각성을 필요로 한다(그림 3-7).

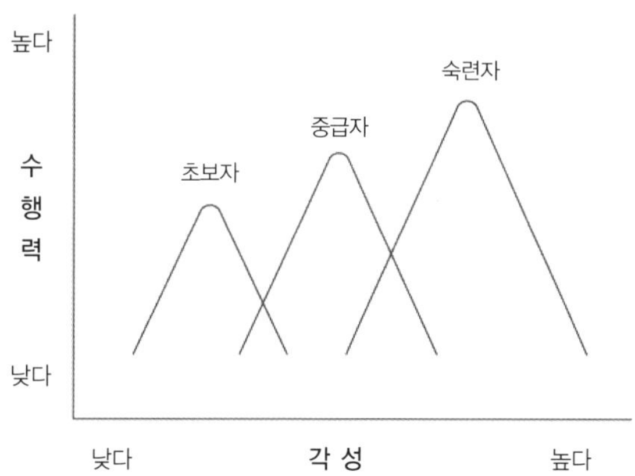

그림 3-7. 역U 이론과 기술수준과의 관계

■ 역U 이론과 과제의 복잡성

과제의 성격에 따라 필요한 주의의 범위가 다르기 때문에 각성 수준도 과제에 따라 달라랴 한다. 복잡한 기술을 수행할 때는 처리해야할 정보가 많으므로 단순한 과제를 수행할 때보다 각성 수준을 낮추어야 한다(그림 3-8). 예컨대 골프 퍼팅은 벤치 프레스를 수행할 때보다 낮은 각성을 필요로 하는 것이다. 경기 종목에 따른 적당한 각성수준을 제시한 (표 3-5)는 이해에 도움을 줄 수 있다.

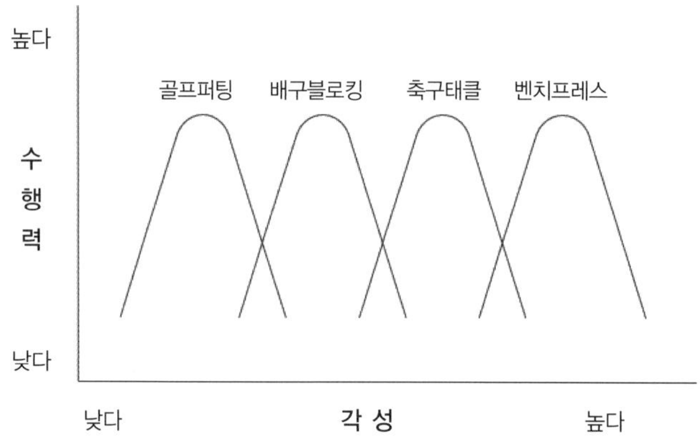

그림 3-8. 역U 이론과 과제성격의 관계

표 3-5. 경기종목별 적정 각성수준(정청희와 김병준, 1999)

각성 수준	운동 기술
1	양궁, 퍼팅, 자유투, 페널티킥
2	투구, 펜싱, 테니스, 다이빙
3	복싱, 유도, 농구, 체조
4	멀리뛰기, 높이뛰기
5	단거리, 턱걸이, 윗몸일으키기

3) 단서활용 이론

Easterbrook(1959)이 제안한 단서활용 이론(cue utilization theory)에 따르면 인간의 뇌는 정보처리능력에 한계가 있고, 각성이 지나치면 처리할 수 있는 정보의 양이 감소한다고 한다. 따라서 각성이 적당할 때 불필요한 정보는 잊고 필요한 정보만 가지고 경기에 임할 수 있다. 그러나 각성이 지나치면 수행에 필요한 정보까지 잊을 수 있다는 것이다(그림 3-9).

예를 들어, 골프경기의 퍼팅에 있어서 필요한 정보는 그린의 경사, 잔디의 상태, 바람의 방향 등이고, 불필요한 정보는 업무, 숙제, 시험, 약속 등이 될 수 있다. 각성이 높아지면 주의가 좁아지고 분산되어 주의집중에 방해가 될 뿐만 아니라 근육도 수축하게 된다. 근긴장에 변화가 일어나면 협응동작을 수행하기가 어려우므로 이 이론은 역U 이론을 지지하는 입장이다.

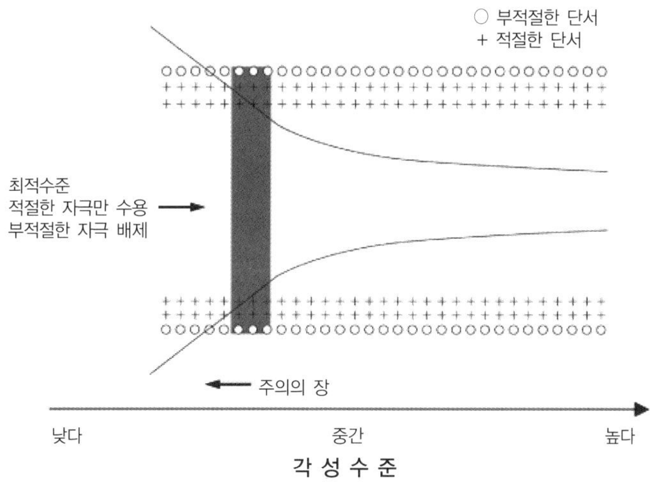

그림 3-9. 단서활용 이론의 그래프

4) 최적수행지역 이론

Hanin(1986)은 역U 이론의 대안으로 최적수행지역(zone of optimal functioning) 이론을 제안하였다. 이 이론은 선수들의 각성 수준은 개인차가 크기 때문에 최고의 수행을 발휘하는 데 반드시 특정 수준의 각성이 필요한 것이 아니라고 주장한다. 즉 개개 선수가 최고의 수행을 발휘할 때 자신만의 고유한 각성 수준이 있다는 이론이다(그림 3-10). 따라서 최상의 수행을 위해서는 특정 선수의 최고 수행 지역을 파악하고 있어야 한다는 것이다.

Weinberg와 Gould(1995)는 최적수행지역 이론과 역U 이론의 비교에서 다음과 같은 두 가지 측면의 차이가 있음을 밝히고 있다. 첫째, 적정 각성수준은 각성의 연속선상에서 항상 중앙이 아닐 수 있고, 개인에 따라 차이가 있을 수도 있다. 둘째, 최적의 각성수준은 한 점이기보다는 범위로 표시된다.

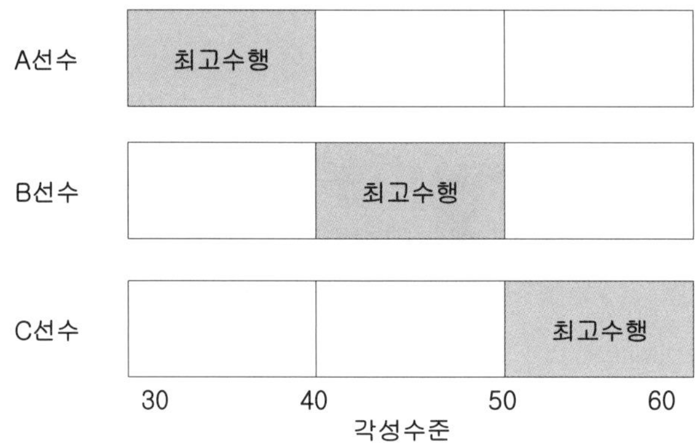

그림 3-10. 최적수행지역 이론을 설명하는 그림

5) 다차원불안 이론

앞 절에서 불안은 단일 차원이 아니라 인지불안과 신체불안으로 구분된다고 논의하였다. 다차원불안(multidimensional anxiety) 이론은 두 차원이 발생 요인이 다르고 수행에도 서로 다르게 영향을 미치기 때문에 다른 관점에서 조명해야 한다는 것이다(그림 3-11). 즉 신체 불안(somatic anxiety)은 역U 형태로 수행에 영향을 미치지만, 인지 불안(cognitive anxiety)은 주의를 분산시키고 부적절한 단서에 주의를 기울이는 특성이 있기 때문에 수행에 절대적으로 부정적인 영향을 미친다는 것이다(Burton, 1988).

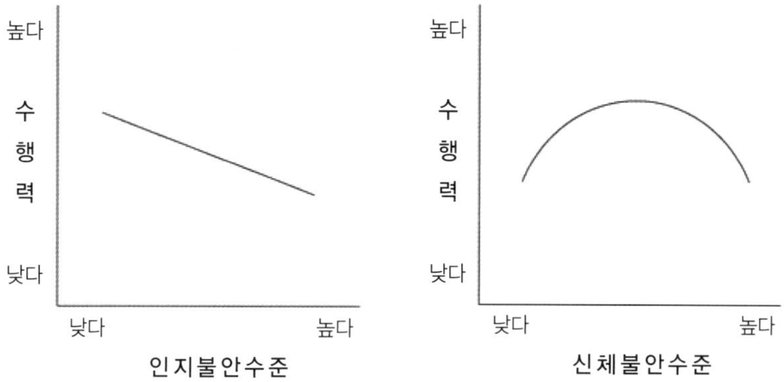

그림 3-11. 다차원불안 이론의 그래프

6) 격변 이론

Hardy(1990)가 제안한 격변(catastrophe) 이론은 역U 이론과 유사한 측면이 있지만, 생리적 각성과 인지 불안의 역동적 관계에 따라 수행이 달라진다는 주장이다. 즉 인지불안이 낮을 때는 역U 관계가 형성되나, 인지불안 수준이 높아지면 수행의 급격한 추락이 발생한다는 이론이다. 또한 이 이론은 수행의 급격한 추락 후에 불안이 감소되면 수행이 점차로 회복되는 것이 아니고 급작스럽게 상승할 수 있다고 본다. 경기가 급박해 지면서 한 선수가 기대 이하 수준의 경기력을 나타내다가, 어떤 계기를 통하여 빠르게 경기력을 회복하는 것이 이 경우에 속한다.

이 이론은 경기상황에서 수행을 인지적 각성과 생리적 각성의 상호작용의 결과로 해석하여 다차원이론보다 실제의 불안 상황을 좀 더 타당하게 설명할 수 있다. 그러나 이러한 복잡성 때문에 선수를 대상으로 이론을 검증하기가 어려운 단점이 있다(그림 3-12).

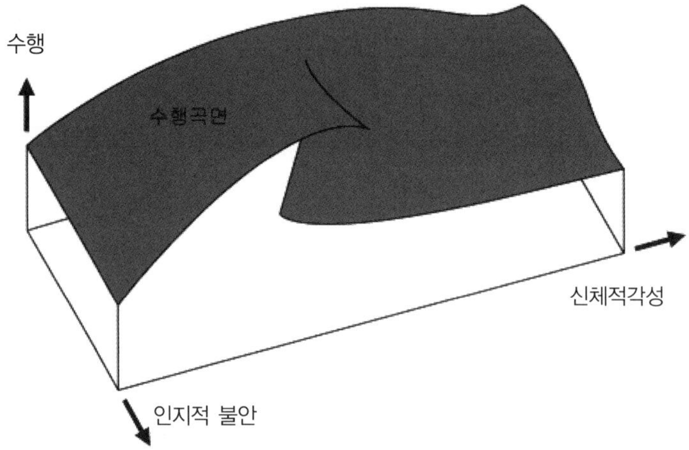

그림 3-12. 격변 이론의 그래프

7) 전환 이론

전환(reversal) 이론을 제안한 Kerr(1987)는 자신이 각성수준을 어떻게 해석하느냐에 따라 각성과 정서의 관계가 달라지므로 수행은 각성의 고저에 관계없이 개인의 주관적인 정서(인지적 평가)에 의해 결정된다고 주장하였다. 예컨대 어떤 선수가 자신의 높은 각성수준을 두고 긍정적(흥분, 유쾌감)으로 평가하다가 몇 분 후에 부정적(불안, 불쾌감)으로 해석할 수 있다는 것이다. 마찬가지로 각성이 낮은 상태를 이완(좋은 상태)으로 생각하다가 몇 분 후에 지루함(좋지 않은 상태)으로 생각할 수 있을 것이라는 가정이다. 각성수준이 높아지면 대부분 불안을 느끼지만 익숙해지면 정반대의 흥분을 느낄 수도 있다는 이론으로 각성과 수행의 관계보다 각성과 정서의 관계를 중점적으로 다루었다(그림 3-13).

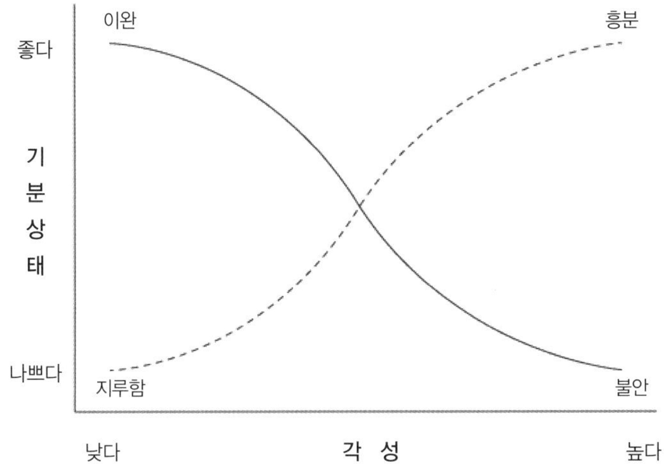

그림 3-13. 전환 이론의 그래프

8) 심리에너지 이론

반전 이론은 각성과 기분상태의 관계만을 설명했을 뿐 수행에 관한 내용은 거의 없었다. 심리에너지 이론을 제시한 Martens(1987)는 각성의 해석에 따라 운동수행이 달라진다고 했다. 각성을 긍정적으로 해석하면 긍정적 심리에너지가 발생하여 수행에 도움이 되고, 부정적으로 해석하면 부정적 심리에너지 때문에 수행에도 부정적 영향을 미친다고 한다. 따라서 긍정적 심리에너지가 높고 부정적 심리에너지가 낮을 때 최고의 수행을 발휘하며, 반대의 경우 최악의 수행을 보인다. 이론보다는 현장경험에 기초하고 있으므로 선수나 지도자에게 호소력이 있을 수 있다(그림 3-14).

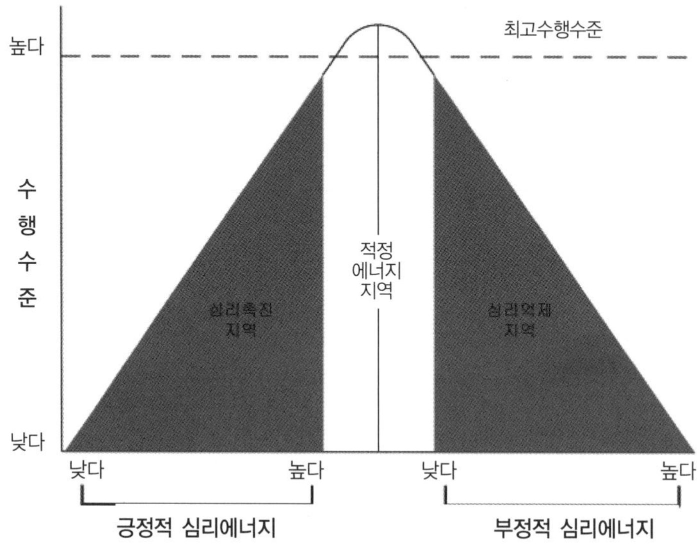

그림 3-14. 심리에너지 이론의 그래프

5. 스포츠와 불안 연구

스포츠 관련 분야에서 불안과 수행이 어떻게 관련되어 있는지를 과거 연구들을 중심으로 살펴본다.

1) 불안 생성의 요인

Fisher와 Zwart(1982)는 연구를 통하여 선수들의 불안은 다음의 요인들에 의해 생성된다고 주장하였다. 첫째, 자아 위협(ego threat)으로 주위 환경으로부터 평가가 예상될 때, 특히 지도자로부터 비난을 상상할 때 심하다고 했다. 불안이 지나치면 경기력 감소는 물론 선수생활의 지속에까지 영향을 미친다고 했다. 둘째, 긍정적 예상(positive anticipation)으로 결과를 예측하기 어려운 가운데 승리의 가능성이 있을 때 나타난다고 한다. 셋째, 부정적 결과에 대한 확실성(negative outcome certainty)으로 비슷한 수준의 팀으로부터 패배가 유력할 때 나타난다고 한다. 한편 Martens(1978)도 청소년 선수들이 운동을 포기(drop-out)하는 주된 이유는 패배에 대한 두려움과 고조된 불안감이라고 밝혀 스포츠에서 불안의 중요성을 강조하였다.

2) 경기 전 불안

레슬링 선수들의 시합 전 불안을 조사한 연구(Gould, Horn & Spreeman, 1983)가 경기에 임박할수록 상태불안이 상승하다가 경기가 시작되면 감소하는 반응이 나타남을 발견하였다. 이것을 역V(Inverted V) 반응이라고 불렀으며, 특성불안이 높은 선수는 같은 패턴으로 더 높은 상태 불안을 보이는 것도 발견하였다(그림 3-15).

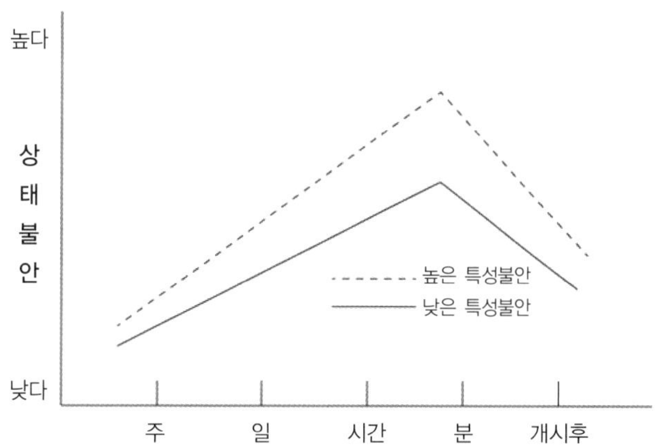

그림 3-15. 역V 반응의 그래프

Fenz(1975)도 스카이점프에 있어 경험자와 초보자를 대상으로 연구한 결과 위와 비슷한 결과를 발표하였다. 경험자들은 비행기 타는 순간에 상태불안이 최고조를 나타낸 반면, 초보자들은 뛰어내리기 직전에 최고의 상태불안을 나타내었다.

이러한 연구결과들을 현장에 적용할 때 지도자는 선수의 불안상승 곡선을 짧게 해야 할 필요가 있다. 예를 들어, 농구경기에서 자기 팀이 중요한 순간에 자유투를 얻었을 때, 작전타임을 요청하는 것은 바람직하지 않다. 같은 상황에서 상대팀이 작전타임을 요청하는 것은 선수의 불안을 높이기 위한 전략으로 이용될 수 있다. 테니스 경기에서도 규칙범위 안에서 리시브가 서브의 첫 서비스와 둘째 서비스 사이의 시간을 연장하여 상대의 불안을 높일 수 있다.

3) 스포츠와 비스포츠 활동의 상태불안 비교

스포츠 선수와 음악가들의 상태불안을 조사한 Simon과 Martens(1979)의 연구에서는 음악가들도 선수들 이상으로 높은 불안 반응을 나타냄을 발견하였다. 스포츠에서는 레슬링과 체조 같은 개인경기 선수들이 단체경기 선수들보다 높은 불안 반응을 보였고, 그러한 경향은 음악 연주가들 사이에서도 나타나 솔로 연주가 그룹 연주보다 수행 불안이 높았다(그림 3-16).

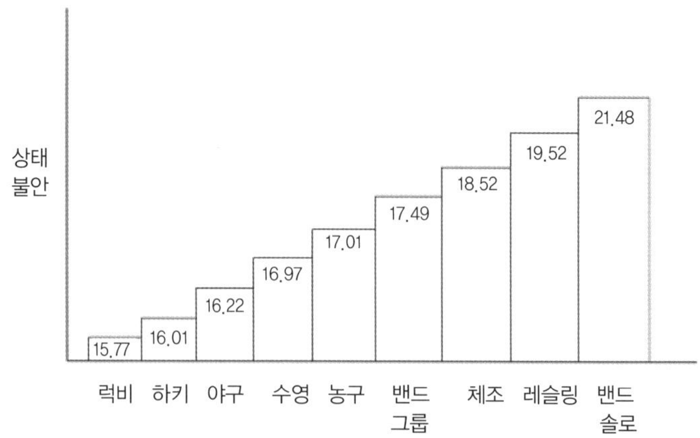

그림 3-16. 스포츠와 비스포츠 활동의 상태불안

참고문헌

정청희, 김병준(1999). *SPORTS 심리학의 이해.* 도서출판 금강.

Burton, D. (1988). Do anxious swimmers swim slower? Reexamining the elusive anxiety-performance relationship. *Journal of Sport & Exercise Psychology, 10,* 45-61.

Easterbrook, J.A. (1959). The effects of emotion on cue utilization and the organization of behavior. *Psychological Review, 66,* 183-201.

Fenz, W.D. (1975). Coping mechanism and performance under stress. In D.M. Landers (Ed.), *Psychology of sport and motor behavior,* 11, (pp.3-24). Penn State HPER Series, No. 10. University Park: Pennsylvania State University Press.

Fisher, A.C., & Zwart, E.F. (1982). Psychological analysis of athletes' anxiety responses. *Journal of Sport Psychology, 4,* 388-404.

Gould, D., Horn, T., & Spreeman, J. (1983). Source of stress in *junior elite wrestlers. Journal of Sport Psychology, 5,* 159-171.

Hanin, Y.L. (1980). A study of anxiety in sports. In W.F. Straub(Ed.), *Sport Psychology: An analysis of sport behavior.* Ithaca, NY: Mouvement.

Hardy, L. (1990). A catastrophe model of performance in sport. In J.G. Jones & L. Hardy(Eds.), *Stress and performance in sport* (pp.81-106). Chichester, England: Wiley.

Hull, C.L. (1943). *Principles of behavior.* New York: Appleton-Century-Crofts.

Kerr, J.H. (1987). Structural phenomenology and performance. *Journal of Human Movement Studies, 13,* 211-229.

Martens, R. (1982). *Sport competition anxiety test.* Champaign, IL: Human Kinetics Publishers.

Martens, R. (1987). *Coaches guide to sport psychology.* Champaign, IL: Human Kinetics.

Martens, R., Burton, D., Vealey, R.S., Bump, L.A., & Smith, D. (1990). *Development and validation of the competitive state anxiety inventory-2.* In R. Martens, R.S. Vealey, & D. Burton(Eds.), Competitive anxiety in sport (pp. 117-190). Champaign IL:

Human Kinetics Book.

McGrath, J.E. (1970). Major methodological issues. In J.E. Mcgrath (Ed.), *Social and psychological factors in stress*. New York: Holt, Rinehart, & Winston.

Nideffer, R.M. (1976). The inner athlete. New York: Crowell.

Simon, J.A., & Martens, R. (1979). Children's anxiety in sport and nonsport evaluative activities. *Journal of Sport Psychology,* 1, 160-169.

Spence, J.T., & Spence, K.W. (1966). The motivational components of manifest anxiety : Drive and drive stimuli. In C. D. Spielberger (Ed.), *Anxiety and behavior.* New York : Academic Press.

Weinberg, R. S., & Gould, D. (1995). *Foundations of sport and exercise psychology,* Champaign, IL : Human Kinetics.

Yerkes, R.M., & Dodson, J.D. (1908). The Relationship of Strength of Stimulus to Rapidity of Habit Formation. *Journal of Comparative Neurology and Psychology. 18,* 459-482.

제4장

수행향상과 각성조절 전략

운동수행에 적합한 체력적 요소와 그에 부합하는 신체적 기술을 갖추고 있어도 심리적 변인에 의하여 경기결과는 기대보다 나쁘게 나타날 수 있다. 특히 비슷한 수행능력을 지닌 상대와의 시합에서는 단순히 체력과 기술적 요소만으로는 승리를 거두기가 쉽지 않다. 따라서 최상의 수행을 위해서는 신체적 요소 외에도 심리적 변인들을 조절하는 것이 중요한 과제이며, 그 중 적절한 각성상태를 유지하는 것은 무엇보다 중요하다고 볼 수 있다. 부적절한 각성상태는 집중력 저하와 에너지 동원 등의 문제를 발생시키며 이는 결국 경기력 저하의 원인이 되기도 한다. 이렇듯 경기력 향상에 유의하게 영향을 미치는 각성상태는 자신의 최적 각성수준을 정확히 파악하여, 평소에 반복적 연습을 통해 시행하는 것이 효과적이다. 그러나 시간부족과 효과에 대한 불신 그리고 방법적인 문제에 대한 지식 부족 등의 이유로 소홀히 하는 경우가 많다. 이 장에서는 운동수행에 있어 선수들의 각성이나 불안을 낮추는 방법인 이완전략(relaxation strategy)과 각성수준을 높이는 다양한 심기향상(psyching-up) 전략들에 대하여 알아본다.

제4장
수행향상과 각성조절 전략

1. 각성을 낮추는 전략

경기시간이 가까워짐에 따라 각성수준(불안)이 높아지면 그것을 적정수준으로 낮추어야 한다. 단시간 내에 각성을 낮추고 이를 계속 유지하기 위해서는 평소 반복된 훈련과 함께 각성을 낮추기 위한 다양한 방법들에 대하여 숙지해 둘 필요성이 있다.

각성을 조절하는 방법에는 그 유발 원인에 따라 생리적 각성과 인지적 각성으로 나눌 수 있다. 생리적 각성은 외부에서 발생되는 공포, 두려움, 흥분 등의 자극에 의하여 신체적으로 각성하여 자율신경계가 반응하는 것을 말하며, 인지적 각성은 연산, 분석, 연상 등의 내부적 요인에 의해 중추신경계의 반응을 보이면서 동시에 자율신경계도 각성하는 것을 의미한다(Wear & Amster, 2000).

1) 점진적 이완훈련

스트레스 관리방법 중의 하나인 점진적 이완훈련(progressive relaxation training)은 미국의 Jacobson(1938)에 의해 처음 개발 된 이후 오랜 시간이 지난 현재에 있어서도 스포츠, 의학계 등의 다양한 분야에서 널리 쓰이고 있는 이완기법 중의 하나이다. 점진적 이완훈련은 자율신경계의 기능을 조절함으로써 스트레스를 완화시켜, 자율신경계 뿐만 아니라 중추신경계의 불안도 감소시키는 효과를 나타낸다. 이 방법의 기본 개념은 불안에 의한 근육의 긴장은 이완된 신체에서는 존재할 수 없기 때문에 관련된 골격근을 이완시킴으로써 불안을 완화시킨다는 것이다. 이것은 신체 각 부위의 근육군을 차례로 긴장시키고 이완시키는 일련의 과정으로 구성되며, 모든 근육군들이 완전히 이완될 때까지 실시한다. 긴장과 이완을 반복하면 근육의 긴장을 자각하고 긴장에 대한 민감도도 높일 수 있다.

일반적인 효과를 얻기 위해서는 하루에 한번 이상, 1회에 최소 20분 이상을 규칙적으로 시행해야 한다. 매일 1시간씩 3개월 정도 연습을 하면 근육이 긴장되었을 때 단시간 안에 의식적으로 이완시킬 수 있다. Nideffer(1981)에 따르면 이 방법으로 3~4달 훈련한 후에는 수 초안에 근육긴장과 불안을 낮출 수 있다고 한다. 이 기법은 이완반응을 야기하는 효과를 가지고 있지만, 경기력 향상은 각성을 조절하는 다른 인지적 수단들과 합쳐질 때 가능한 것으로 나타났다(Greenspan & Felts, 1989; Onestak, 1991). 추연경, 손준호(2016)의 연구에서도 점진적 이완훈련을 포함하는 심리기술훈련의 적용을 통해 선수의 경기력 향상을 가져왔다. 이 방법의 절차는 다음과 같다.

점진적 이완의 절차

- 조용한 장소에서 긴장을 풀고 편안히 앉거나 눕는다.
- 깊은 복식호흡을 시행하며 마음의 편안함을 느낀다.
- 긴장과 이완의 차이를 느낄 수 있도록 특정한 근육에 의도적으로 긴장 상태를 만든 후 10~20초 정도 유지한 후 서서히 이완시킨다.
- 부위별로 왼팔→오른팔→왼다리→오른다리→배→등→어깨→가슴→목→얼굴 순으로 실시한다.

2) 자율 훈련

자율 훈련(autogenic training)은 1930년대 초반에 독일의 정신병학자 Johannes Schultz에 의해 개발된 기법으로 이완상태에 도달하기까지의 연습에 많은 시간을 할애하여야 하기 때문에 북미에서는 각광받지 못하였으나, 유럽에서는 많이 사용되고 있는 이완기법 중의 하나이다. 이 방법은 자기 최면적 스트레스 이완요법으로서 점진적 이완과 유사하지만, 긴장과 이완 이외에 무겁고 따뜻하다는 개념까지 포함한 좀 더 섬세한 구성을 보이고 있다. 6단계의 심리 · 생리적(psycho-physiological) 절차를 매일 1~6회씩, 10~40분간 연습하면 적어도 4개월 후에는 수 분 내에 절차를 마치고 이완상태에 들어갈 수 있다고 한다. 훈련기간은 선수의 노력에 따라 줄어들 수 있고, 훈련프로그램도 자신에게 맞게 조절이 가능하다. 점진적 이완과 마찬가지로 자율 훈련이 이완반응을 야기할 수는 있으나, 그 하나만으로 경기력까지 향상시킬 수 있다는 연구결과는 드물다. 6단계의 방법은 다음과 같다.

자율 훈련의 절차

- 조용한 장소에서 긴장을 풀고 편안히 앉거나 눕는다.
- 깊은 복식호흡을 3~4회 시행하며 마음의 편안함을 느낀다.
- 각각의 단계를 마칠 때는 기지개를 하며 기분 좋게 깨어난다고 생각하면서 처음의 상태로 되돌아오는 것이 중요하다.
  - **1단계** : 선택된 부위에 의식을 집중하고 사지(四肢)와 목 그리고 어깨에 무거움을 느낀 뒤 이완시킨다.
  - **2단계** : 선택된 부위에 의식을 집중하고 사지(四肢)와 목 그리고 어깨에 따뜻함을 느낀 뒤 반드시 처음의 상태로 되돌아가도록 암시한다.
  - **3단계** : 심장에 의식을 집중하고, 규칙적이고 고르게 심장박동이 이루어지고 있음을 느낀 뒤 다시 처음의 상태로 되돌아가도록 암시한다.
  - **4단계** : 편안하고 점점 깊어지는 호흡에 집중한 뒤 다시 처음의 상태로 되돌아가도록 암시한다.
  - **5단계** : 배꼽을 중심으로 복부가 따뜻해짐을 느낀다.
  - **6단계** : 이마에 의식을 집중하고 이마가 서늘해지고, 머리가 상쾌해지는 것을 느낀다.

3) 명상

명상(瞑想)은 글자에 나타난 뜻을 그대로 해석한다면 '눈을 감고 고요하게 생각하는 것'을 의미한다. 장현갑(1996)은 명상을 객관적이고 평화롭지 못하고 자유롭지 못한 마음의 고통으로부터 벗어나 왜곡 없는 순수한 마음의 상태로 되돌아가는 것이 초월(transcendence)이며, 이것을 실천으로 옮기기 위한 것이 명상(meditation)이라고 정의하고 있다.

명상은 불교와 인도에서 발생한 바라문교(Veda) 등과 밀접한 관련을 가지고 발전되어 왔으며, 오늘날에 있어서는 스트레스 질병의 예방과 치료에도 사용되고 있다. 박지명(1992)에 따르면 명상은 생리적으로 산소의 소비와 이산화탄소의 생성, 그리고 혈액 내 유산염 농도를 줄이며, 뇌에서도 알파파와 세타파의 균형을 이루게 하여 긴장을 완화시킨다는 것이다. 명상도 이완반응은 불러오지만 경기력 향상과는 그다지 관계가 없는 것으로 과거 연구들이 밝히고 있다. 여러 가지 형태의 명상법 중 1959년 Maharishi Mahesh에 의해 미국에 도입 된 초월명상법(transcendental meditation)에 대한 방법은 다음과 같다.

명상법의 절차

- 조용한 환경에서 편안한 자세를 취한다.
- 마음을 열고, 머리로 상상을 한다.
- Sanskrit어로 된 옴(om)과 같은 진언(眞言)을 유성 혹은 무성으로 반복해서 소리 낸다.
- 의도적인 집중을 피하고 수동적 태도로 자연스럽게 명상에 들어간다.

4) 생체송환훈련

인간은 자율신경계의 기능도 조절할 수 있다(그림 4-1 참조). 생체송환 훈련(biofeedback training)은 피드백(feedback)을 통해 생리적 또는 자율신경계의 반응을 조절하도록 유도하는 훈련 방법이다. 즉, 장비에 나타난 수치를 이용해 선수 자신이 어떤 생각을 할 때 반응이 가장 낮아지는지를 발견하여 그것을 반복 연습하는 것이므로, 사람이 지각할 수 있는 것보다 훨씬 더 구체적이고 정확하게 신체내부 반응들을 감지할 수 있게 된다. 예를 들어, 어떤 선수가 긴장하여 분당 심박수가 130이 되었을 때 순간적으로 자신의 어머니를 생각하면 심박수가 내려감을 발견하였다. 그것을 반복 연습으로 숙달시켜 경기 전에는 장비 없이도 심박수와 불안을 낮추어 경기에 임하게 한다는 것이다. 이 훈련은 사고와 자율신경 반응의 관계를 알기 위해 심박계(heart watch), 근전도계(electromyograph: EMG), 뇌전도계(electroencephalogram: EEG) 외에도 비교적 간단한 도구인 체온계, 혈압계 등을 모니터로 활용할 수 있다.

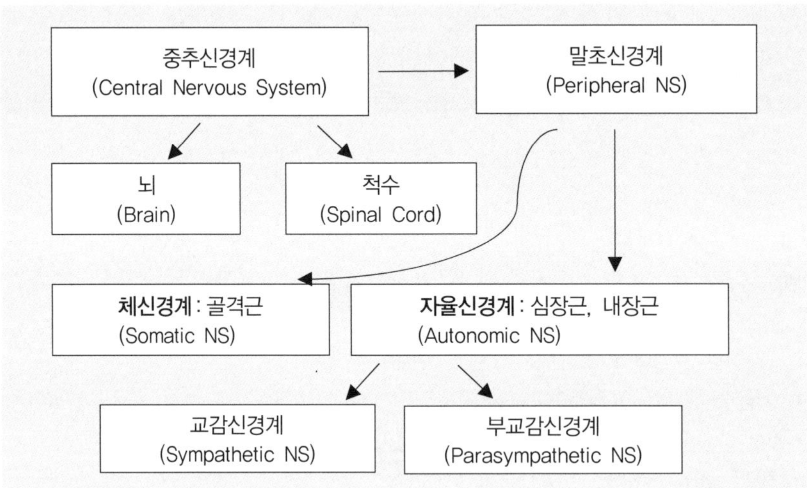

그림 4-1. 신경계의 구조

Zaichkowsky와 Fuchs(1988)의 생체송환훈련에 의한 효과를 다룬 과거 연구들을 종합적으로 분석한 고찰논문에서는 전체 83%의 연구가 생체송환 훈련을 통해 경기력뿐만 아니라 건강에도 도움이 되는 것으로 나타났다. 최근의 연구들(Petruzzello, Landers, & Salazar, 1991; Blumenstein, Bar-Eli, & Tenenbaum,

1995)도 생체송환훈련은 이완반응을 야기하는데 높은 효과를 가지고 있고, 선수의 경기력 향상에도 중등도의 효과가 있다는 주장을 하였다. 국내연구에서는 이봉건(2006)이 다양한 형태의 심리기술을 접목한 생체송환훈련 방법이 스트레스 감소에 뚜렷한 효과가 있다고 보고한 바 있다. 그러나 생체송환훈련에 대한 선수들의 집착이 높아지게 될 시에는 여러 가지 문제를 야기할 수도 있으므로, 훈련기법을 시행함에 있어 간헐적으로 피드백을 철회하여, 점진적으로 생체송환훈련에 대한 의존도를 낮출 수 있어야 한다(Daniels와 Landers, 1981).

5) 최면

최면(hypnosis)은 한 제안에 대한 무비평적 용인으로 정의된다. 스포츠 상황에서 특별한 경험을 통해 최고의 수행을 경험하였다면, 같은 경험을 다시 반복하기 위한 방법 중 하나로 최면을 사용한다(이강헌, 구우영, 정구인, 정용각, 2005).

최면은 자기최면과 타인최면으로 분류되는데, 특히, 자기최면은 자율훈련 및 명상과 여러 면에서 유사한 점이 많다. 최면에 걸리면 산소소비, 호흡률, 심박수가 하락하고 이완반응이 일어난다. 하지만 최면은 초능력적 상태를 나타내는 것이 아니므로, 자신이 행할 수 없는 범위라면 최면상태에서도 이루어질 수는 없다. 최면을 시행하는 단계는 아래와 같다. 그러나 예를 들어 야구선수에게 모든 공을 다 칠 수 있다는 식의 주문은 위험하며, "불안을 느끼지 않을 것이다" "네가 안타를 치면 우리 팀이 유리하다" 등의 말로 자신감을 높여주면서 되도록 긍정적인 주문을 한다. 특히 타인최면 시에는 반드시 훈련을 받고 자격증을 가진 사람이 실시해야 한다.

최면과 스포츠 경기력에 대한 연구들을 종합한 결론은 다음과 같이 요약될 수 있다. 첫째, 제안을 잘 받아들일수록 최면이 잘 걸린다. 둘째, 긍정적인 제안을 하는 것이 경기력을 향상시키는데 도움이 된다. 셋째, 각성을 조절하는 다른 수단들이 근력과 지구력을 더 효과적으로 증진시킨다. 넷째, 최면은 우수선수에게 도움을 주지만 비우수선수를 우수선수로 만들지는 못한다.

최면의 단계

- 최면을 받는 사람이 졸리게 되고 서서히 혼수상태가 된다.
- 최면 거는 사람의 여러 주문에 완전히 복종한다.
- 최면에 걸린 사람은 신체와 기분의 변화를 느낀다. 자기의 감정을 느끼고 이야기할 수 있고, 사고가 정상적이다.
- 의식이 돌아와 자신이 최면에 걸린 것을 안다.
- 경기력을 향상시키기 위해 경기 입장 전에 주문을 한다.

6) 체계적 둔감화

1950년대 Joseph Wolpe에 의해 개발 된 행동치료기법인 체계적 둔감화(systematic desensitization training)는 어떠한 사물이나 상황 등 불안을 야기시키는 자극에 대하여 반복적이고 체계적인 접근으로 불안에 대한 반응을 점진적으로 저하시켜 무감각해지게 하는 방법이다. 이는 스포츠현장에서도 접목할 수 있으며, 선수들로 하여금 불안을 발생시키는 대상에 대하여 가장 하위 단계에서부터 최고의 불안을 발생시키는 단계까지 10단계로 수준을 분류한 후, 단계적으로 접근하여 불안을 저하시키도록 훈련한다. 이러한 방법을 적용하기 위해서는 먼저 점진적 이완훈련이나 자율훈련등과 같은 이완기법을 습득해두어야 한다.

7) 모의 연습

경기 시작 2~6시간 전에 긴장을 풀기보다는 높은 강도로 경기를 모의 연습하는 것이다. 1960년대에 세계 배구를 주도하던 일본 국가대표 배구 팀은 경기 2시간 전에 코트에 나와 가벼운 워밍업이 아닌 실제 경기와 같은 연습을 한 후 경기에 임한 것이 예가 될 수 있다. 모의 연습으로 미리 각성을 높이면 경기 전에 오는 불안을 낮출 수 있다고 한다(Husak & Hemenway, 1986).

8) 즉석 이완

위에서 거론된 기법들과 더불어 스포츠 현장에서 이용할 수 있는 다른 방법들도 스트레스를 대처하는 데에 도움을 줄 수 있다. 선수들과의 상담을 통하여 Weinberg(1988)는 즉석이완 방법을 다음과 같이 제안하였다.

즉석 이완 기법

- 불안이 엄습할 때 웃어라.
- 경기 상황을 즐겨라.
- 연습 시 스트레스를 야기하는 상황을 설정하라.
- 서두르지 말고 침착해라.
- 과거와 미래는 생각하지 말고 현재에 집중하라.
- 사전에 우수한 경기운영계획을 준비하라.

9) 루틴

스포츠에서 루틴(routine)은 운동선수가 최대의 능력을 발휘하기 위해 수행 직전에 행하는 습관적 행동이나 일정한 동작을 의미한다. 과학적으로 계산된 자신만의 이 절차를 통하여 선수들은 긴장감은 낮추고, 자신감과 집중력은 높여 실제의 수행에 임할 수 있다. 테니스 서브 전 공 바운스, 수영 출발 전 스트레칭, 양궁과 사격에서의 호흡절차 등이 체계적인 루틴의 예들이 될 수 있다. 특히, 골프에서의 웨글(waggling)은 샷(shot) 직전에 손, 팔, 어깨의 긴장감을 풀어주어 자연스럽고 리듬감 있는 올바른 경로의 스윙이 되게 한다. 이러한 루틴이 항상 최고의 결과를 가져다주지는 않지만 수행의 일관성이 증가되어 성공의 가능성을 높여줄 수 있다.

2. 각성을 높이는 전략

스포츠 경기를 앞두고 각성수준이 낮은 경우는 극히 드물다. 그러나 심리적으로 경쟁하고자 하는 동기가 없거나 자신감이 너무 지나칠 때는 긴장하지 않으므로 생리적 활성화가 이루어지지 않는다. 생리적 각성 수준이 낮게 되면 활력이 없고 무기력해지며 불필요한 자극에 주의를 빼앗겨 집중에도 어려움이 생긴다. 따라서 이럴 때는 선수들의 각성을 증가시킬 필요가 있다. 선수들의 생리적 각성을 촉진시키는 수단에는 목표설정, 활력언어(pep talks), 게시판, 홍보활동, 팬후원, 자기 활성화 등이 있다. Gould(1983)는 그의 연구에서 많은 선수들이 이완과 심기향상의 개념도 모르고 잘못 사용하고 있는 실태를 보고하며, 전체 선수의 25%가 각성을 높여야 하는 시점에서 이완전략을 사용했음을 발견했다.

1) 목표설정

한 개인이 어떤 준비를 하느냐는 어떤 목표를 가지고 있느냐에 따라 결정된다. 따라서 목표설정(goal setting)은 선수 개인이나 팀의 각성을 높이기 위해 매우 필요한 방법이다. 이 때 "승리" 라는 결과목표보다는 수행목표의 설정이 각성을 높이는 좋은 방법일 것이다. 효과적인 목표를 설정하기 위해서는 장기목표와 단기목표를 따로 세워야 하고, 실현 가능한 목표를 설정하여, 세부적인 작전과 계획이 세워져야 한다. 그 외 지도자와 선수가 목표 진행과정을 함께 평가하는 것도 필수적으로 고려해야할 사항이다.

2) 활력언어

지도자나 팀 내에 존경받는 사람의 활력을 불러일으키는 말들(pep talks)은 선수들의 각성수준을 올리기 위해 흔히 사용하는 방법이다. 활력언어에 있어 필수적인 요소는 그 팀의 가장 부족한 점을 강조하는 것이다. 만약 상대팀을 가볍게 여기고 있다면 경기 전날 밤에 어떤 팀이든 거인 킬러(giant killer)가 될 수 있음을 상기시켜야 한다. 그 외 개인적 도전, 이야기, 시, 침묵, 추론, 억양 고조 등이 활력 언어에서 사용될 수 있다.

3) 게시판

게시판의 내용은 여러 면에서 활력언어의 내용과 비슷하다. 단지 그것들이 구술이 아닌 시각적으로 제시된다는 차이점이 있다. 선수들이 자주 왕래하는 탈의실이나 연습장 근처에 게시하는 것이 효과 면에서 좋다. 게시되는 내용은 반드시 항상 긍정적이고 동기를 높이는 생각이어야 한다. 예를 들어, "열심히 훈련해야 강해진다." 는 등의 캐치프레이즈(catch phrases)를 게시하면 효과적일 수 있다. 상대팀의 지도자나 선수가 자기 팀의 자존심을 건드리는 말 등을 게시해도 각성을 높일 수 있다. 팀 내 선수 각자의 개인적 임무를 게시할 수도 있다. 한 배구 팀을 예로 들어 개인적 임무를 게시한다면 (그림 4-2)처럼 할 수 있다.

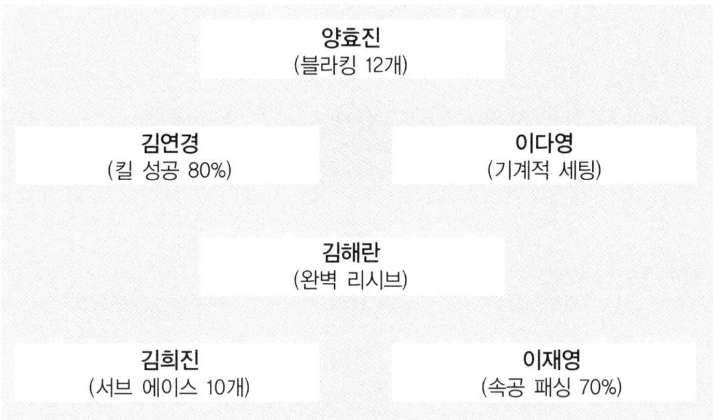

그림 4-2. 여자배구 국가대표팀의 선수별 목표를 제시한 게시의 사례

4) 홍보와 뉴스보도

학교나 지역 신문 혹은 다른 매스 미디어를 이용한 홍보는 팀의 기상을 높일 수 있다. 만약 선수들이 학생이나 지역의 팬들이 자기들을 지원하고 있다고 느끼면 각성이 높아지고 열심히 연습할 것이다. 중요한 경기를 앞두고 지도자가 신문사에 보도를 요청할 수도 있다. 그렇게 하기 위해서는 언론 기자들과 친밀한 관계를 유지하는 것도 필요하다. 중요한 경기에는 그들을 초청하고, 선수들과 경기내용에 대해 긍정적인 정보를 제공한다.

5) 팬 후원

건강을 위해 하는 유희적 스포츠(recreational sports)는 관중을 필요로 하지 않는다. 그러나 매일 연습하는 선수나 팀은 팬들의 후원이 반드시 필요하다. 팬들은 선수들의 노력여부가 자신들에게 얼마나 중요한지를 간접적으로 말해 준다. 거의 매일 시즌 경기를 해나가야 하는 선수들은 지쳐서 주저앉을 수 있다. 그런 때는 팬들이 와서 경기를 보며 응원할 수 있도록 가능한 모든 수단을 동원하여 홍보한다. 팬들의 후원은 선수들의 각성을 높이고 정신을 다시 가다듬게 할 수 있다.

6) 자기 활성화

흔히 선수들은 자신이 무기력해지는 것을 느낄 때가 있다. 그런 때는 심리적인 활기를 되찾기 위해 각성을 높여야 한다. 예를 들어, 테니스 선수 Jimmy Connors는 스스로 대퇴부를 치며 긍정적인 주문을 외치는 경우가 많았다. 이것을 자기 활성화(self-activation)라고 하며, Weinberg와 Jackson(1985)은 내적으로 인지적 전략을 동원하여 정신력을 강화하면 분명히 근력과 근지구력을 높일 수 있다고 하였다.

7) 지도자, 선수, 부모의 협력

선수들의 동기유발에 지도자, 선수, 부모들의 상호 협력이 간과되는 경우가 많다. 항상 지도자들은 부모들이 지나치게 관여하고 요구하지나 않을까 염려한다. 그러나 막상 반대의 상황이 일어나 부모들이 관심도 없고, 선수들에 대한 지원을 중단하면 더 큰 문제가 발생한다. 부모들이 연습이나 경기를 위해 수송수단을 제공하고, 자녀들의 경기를 보기 위해 휴가나 여가를 반납하며 희생해온 과정을 절대 무시해서는 안 된다. 때로는 그들을 점수 기록원, 물 운반자(water boy), 운전사가 아닌 부코치로도 생각할 필요가 있다. 협조만 잘 이루어지면 부모들이 선수들에게 얼마나 훌륭한 후원과 동기를 제공할 수 있는지 생각해야 한다.

참고문헌

박지명(1993). *스트레스로부터 살아남는법*(아릭스 키르스타 지음). 하남출판사.

이강헌, 구우영, 정구인, 정용각(2005). *운동행동과 스포츠심리학.* 서울; 도서출판 대한미디어.

이봉건(2006). 바이오피드백이 가미된 이완 및 호흡조절에 의한 스트레스 감소: 사례연구. **한국심리학회지: 임상, 25**(3), 603-622.

장현갑(1996). 명상의 심리학적 개관: 명상의 유형과 정신생리학적 특징. **한국심리학회지: 건강, 1**(1), 15-33.

추연경, 손준호(2016). 심리기술훈련이 국가대표 장애인 양궁선수의 수행전략과 자기관리 및 양궁기록에 미치는 영향. **한국여성체육학회지, 30**(4), 303-317

Blumenstein, B., Bar-Eli, M., & Tenenbaum, G. (1995). The augmenting role of biofeedback: Effects of autogenic, migery, and music training on physiological indices and athletic performance. *Journal of Sports Sciences, 13,* 343-354.

Daniels, F.S., & Landers, D.M. (1981). Biofeedback and shooting performance: A test of disregulation and systems theory. *Journal of sport Psychology, 4,* 271-282.

Gould, D. (1983). Developing psychological skills in young athletes. In N. Wood(Ed.), *Coaching science update.* Ottawa. Ontario: Coaching Association of Canada.

Greenspan, M.J., & Felts, D.L. (1989). Psychological Interventions with athletes in competitive situations: A review. *The Sport Psychologist, 3,* 219-236.

Husak, W.S., & Hemenway, D.P. (1986). The influence of competition day practice on the activation and performance of collegeiate swimmers. *Journal of Sport Behavior, 9,* 95-100.

Jacobson, E. (1938). *Progressive relaxation.* Chicago: University of Chicago Press.

Nideffer, R.M. (1981). *The ethics and practice of applied sport psychology.* Ithaca, NY: Movement Publications.

Onestak, D.M. (1991). The effects of progressive relaxation, mental practice, and hyponosis on athletic performance: A review.

Journal of Sport Behavior, 14, 247-282.

Petruzzello, S.J., Landers, D.M., & Salazar, W. (1991). Biofeedback and sport/exercise performance: Applications and limitations. *Behavior Therapy, 22,* 379-392.

Shapiro, D.H. (1985). Meditation and behavioral medicine; Application of a self-regulation strategy to the clinical management of stress. In S.R. Burchfield (Ed.). *Stress: Psychological and physiological Interaction.* Washington; Hemisphere.

Wear, K., & Amster, H. (2000). The effects of emotional arousal on memory for verbal material. Poster presented at the Cognitive Neuroscience Conference, San Francisco, CA.

Weinbecr, R.S., & Jackson, A. (1985). The effects of specific vs. nonspecific mental preparation strategies on strenght and endurance performance. *International Journal of Sport Psychology, 8,* 175-180.

Zaichkowsky, L.D., & Fuchs, C. (1988). Biofeedback applications in exercise and athletic performance. *Exercise and Sport Science Reviews, 16,* 381-421.

제5장

수행향상과 인지적 전략

경기 전이나 중에 일어나는 높은 각성(심리적 불안)은 경기수행과 직접적으로 관련되어 있다. 만약 어떤 선수가 경기 중에 불필요한 생각을 하면 정서적인 혼란과 함께 경기력에도 부정적인 영향을 미칠 것이다. 따라서 최상의 수행을 위해서는 적당히 각성을 조절해야 할 뿐만 아니라 사고과정을 재구성하는 것도 중요하다. 사고과정을 효과적으로 재구성하기 위해서는 활발한 정신작용이 필요하다. 심상(imagery), 목표설정(goal setting), 자화(self-talk), 기타 심리기술들은 사고의 패턴을 변화시키는 훌륭한 인지적 전략이 될 수 있다. 체력과 전술적인 면에서 거의 최고 수준에 있는 엘리트 선수들에게 정신력이나 인지적 전략의 연습 여부는 승패를 좌우하는 중요한 요소가 될 수 있다.

제5장
수행향상과 인지적 전략

1. 심상훈련

1) 심상의 정의

인간은 과거에 경험한 것을 기억하고 있다가 회상해 낼 수 있는 능력을 갖고 있다. 특히 충격적인 사건이나 감동적인 스포츠 경험은 오랜 시간이 지난 후에도 생생하게 기억을 되살릴 수 있다. 심상이란 모든 감각을 동원하여 마음속으로 어떤 경험을 떠올리거나 새로 만드는 것이라고 정의할 수 있다(Vealey와 Walter, 1993). 그러나 심상은 의식이 있는 상태에서 어떤 목표를 갖고 이루어지므로 잠잘 때 나타나는 꿈과는 구분된다. 즉 신체기술을 인지적으로 예행 연습하거나, 실제 다가올 경기과정을 마음속으로 경험해 보는 것이 바로 심상이다. 심상이란 용어는 흔히 정신연습(mental practice), 정신훈련(mental training), 정신적 시연(mental rehearsal), 이미지 트레이닝(image training), 시각화(visualization), 인지적 시연(cognitive rehearsal), 상징적 시연(symbolic rehearsal) 등과 동의어로 사용되고 있다.

2) 심상의 유형

스포츠 상황에서 선수들이 사용하는 심상에는 두 가지로 내적 심상(internal imagery)과 외적 심상(external imagery)이 있다. 선수들이 어떤 유형의 심상을 사용하는지를 조사한 연구(Mahoney & Avener, 1977)에서 올림픽 대표에 선발된 선수들이 외적 심상보다는 내적 심상을 하는 경우가 더 많은 것으로 나타났다.

■ 내적 심상

내적 심상은 심상을 할 때 자신의 신체가 직접적으로 수행을 하는 것처럼 느끼는 것이다. 심상자가 주위의 환경은 떠올리지만 수행하는 자신의 모습은 볼 수 없고 신체적으로만 느낀다. 수행자 자신의 관점에서 이루어지므로 동작을 할 때의 느낌인 운동감각이 생생하게 전달되므로 이 방법을 운동학적 심상이라고도 부른다. 예를 들어, 농구선수가 드리블하는 것을 내적으로 심상 한다면 시설, 관중, 상대 선수, 골대 같은 환경을 떠올리고 수행하는 자신은 마루의 감촉, 공의 감촉, 몸의 균형, 달리는 속도감 등을 직접 느끼는 것이다.

■ 외적 심상

외적 심상은 비디오테이프에 나오는 자신의 모습을 보는 것과 같이 자신이 수행하는 모습을 관찰자의 입장에서 상상해 보는 것이다. 농구 선수가 자유투를 던지는 장면을 상상한다면 자신의 모습이 다 보이고, 자기편 선수들, 상대 선수들, 심판, 관중 등이 모두 보이게 된다. 이 심상 방법은 외부의 시점에서 보게 되므로 운동감각을 느끼기는 어렵다.

연구들에 의하면 외적 심상보다 내적 심상을 할 때 더 큰 신경과 근육 활동이 일어나고(Harris & Robinson, 1986), 대체로 엘리트선수들이 내적 심상을 많이 하는 것으로 알려지고 있다(Cox, 1998). 그러나 어떤 방법이 수행향상에 더 큰 도움이 되는지 결론을 내리기는 어렵다. 주어진 상황 속에서 그에 맞는 적합한 심상 유형을 선택하여 사용하는 것이 가장 효과적인 수행을 발휘할 수 있을 것으로 보인다.

3) 선명도와 조절력

개인에 따라 심상을 할 수 있는 능력에는 차이가 있다. 어떤 선수는 심상을 잘할 수 있는 반면에 어떤 선수는 마음속에 심상을 떠올릴 수 없는 경우도 있다. 다른 심리기술과 마찬가지로 심상도 연습을 통해 발달시킬 수 있다. 심상의 능력 중 가장 중요한 것이 선명도와 조절력이다.

■ 선명도

심상을 할 때는 가능한 한 실질적 경험에 가까운 이미지를 재창조하거나 창조하는 것이 중요하다. 심상의 선명도를 높이기 위해서는 세밀하고 선명하게 심상을 하려고 모든 감각을 동원하여야 한다.

■ 조절력

효과가 높은 심상을 하기 위해서는 선명도가 높은 이미지를 떠올려야 하며, 그 이미지를 잘 조절할 수 있어야 한다. 즉 선수가 원하는 대로 심상이 이루어지도록 하는 것이다. 선명도가 높은 이미지를 떠올릴 수 있지만 조절하는데 어려움을 갖고 실패하는 장면을 떠올린다면 긍정적인 효과를 얻을 수 없다.

4) 심상의 효과

심상의 효과에 대해서는 과학적 연구뿐만 아니라 선수나 지도자들의 경험에 의해서 증명되어 왔다. 효과를 나타낸 여러 증거들을 고찰하면 다음과 같다.

■ 경험적 증거

심상의 효과에 대한 경험적 예로 미국의 유명한 프로골프선수 Jack Nicklaus는 골프 그린 위에서 퍼팅에 성공하는 자신의 모습을 머리로 떠올린 다음에 실제 퍼팅에 임했다고 한다. 1970년 멕시코 올림픽 육상높이뛰기에서 처음으로 배면뛰기를 실시하여 금메달을 획득한 선수 Dick Fosbury 또한 경기에서 실제로 시도하기 전에 마음속으로 바(bar)를 깨끗이 넘는 성공적인 점프를 경험할 때까지 심상을 반복했다고 한다.

■ 연구에 의한 증거

Feltz와 Landers(1983)는 심상에 대한 98편의 연구물을 찾아냈고, 약 60편의 과거 연구들을 통계를 이용하여 메타분석(Meta analysis)한 결과, 심상이 수행능력에 미치는 효과크기는 0.48표준편차로 나타났다. 이러한 수치는 보통정도의 효과가 있음을 의미한다. 또한 심상의 효과는 학습의 단계보다 과제(기술)의 종류에 의해 많은 영향을 받는데, 운동(motor)이나 근력(strength) 과제보다는 사고활동을 많이 요구하는 복잡한 기술, 즉 인지적 과제에서 심상훈련의 효과가 큰 것으로 나타났다. 학습단계에서는 중급이상의 수준이 초급 수준보다 큰 효과를 가지지만 초급자도 훈련의 효과는 거둘 수 있다고 했다. 학습초기 단계에는 심상훈련동안 실제 신체수행에 필요한 정보를 기억하는데 도움을 주고, 학습후기 단계에서는 실제 수행동안에 작은 실수(error)들이 일어나지 않도록 공고히 하는데 심상훈련이 도움을 준다는 설명이다.

1979년부터 1991년 사이 국내에서 수행된 심상에 대한 연구는 73편의 연구물을 수집하여 그 중 37편을 대상으로 메타분석을 하였고, 그 결과 전체적인 평균 효과크기가 0.82표준편차로 나타났다(김병준, 한명우, 1995). 이러한 효과크기는 Feltz와 Landers(1983)의 연구에서 나온 0.48보다 훨씬 높은 것으로, 심상을 하였을 때 전혀 하지 않은 조건에 비해 운동수행에 월등한 효과가 있음을 증명하는 것이다. 특히 중등학생이나 대학생을 대상으로 하였을 때, 언어적 방법보다는 시각적 방법으로 이루어진 심상의 효과가 더 좋았다. 또한 국내의 연구에서도 다수의 연구가 이루어지고 있는데 씨름, 골프, 체조 등의 종목에서 각 특성에 맞는 심상훈련 프로그램의 적용이 해당 종목선수의 수행향상에 긍정적인 결과를 미치는 것으로 보고되었다(손준호, 2012; 추연경, 류호상, 2013; 한충식, 장덕선, 2010).

5) 심상 효과를 설명하는 이론

심상을 하면 왜 수행능력이 향상될 수 있는지를 설명하는 여러 이론들이 제안되었다. 대표적인 이론으로 심리신경근 이론, 상징학습 이론, 주의-각성 이론이 있다.

■ 심리신경근 이론

심리신경근 이론(psychoneuromuscular theory)에 의하면 심상을 하는 동안 뇌와 근육에는 실제 동작을 할 때와 매우 유사한 전기 자극이 발생한다. 즉 심상을 하면 실제 활동을 할 때와 비교하여 미세하기는 하지만 똑같은 순서로 근육에 자극이 전달되어 근육의 운동기억을 강화시켜 주는 효과가 있다는 것이다. 따라서 심상은 어떤 동작을 수행하는 데 필요한 신경과 근육계에 실제의 신체활동 없이 연습의 기회를 제공한다.

초기에 Jacobson(1931)은 피험자들이 팔을 굽히는 것을 상상할 때보다 10파운드의 추를 드는 것을 상상할 때에 이두박근의 활동에서 더 높은 근전도(EMG) 반응이 나타나는 것을 관찰하여 이 가설을 실험과학적으로 지지한 바 있다. Suinn(1980)도 스키선수들이 활강동작을 상상할 때 근육의 전기적 활동 패턴은 실제 동작 시의 그것과 비슷하며, 특히 턴을 할 때 높은 근수축 활동을 발견하여 이 이론을 검증하였다.

■ 상징학습 이론

어떤 동작을 숙달시키기 위해서는 그 동작을 수행하는 데 필요한 정보들을 잘 알아야 한다. 한 동작에 대한 순서와 방법들은 중추신경계에 부호로 저장된다. 그것은 하나의 종합적인 '청사진'으로 기억되었다가 동작 수행 시에 작동된다. 상징학습 이론(symbolic learning theory)에 따르면 심상은 어떤 동작을 뇌에서 부호로 잘 만들게 하거나 자동화시키는 역할을 한다는 것이다. 예를 들면, 무용수가 심상을 이용하여 무용안무의 순서와 방법을 숙달시킬 수 있다. 이때 심상은 그 무용수의 머릿속에 '청사진'을 뚜렷하게 만들어 동작을 능숙하게 수행하도록 도와준다.

사고작용을 많이 요구하는 복잡한 기술일수록 심상의 효과가 크다는 연구결과는 이 이론을 지지하는 것이다(Felts, Landers & Becker, 1988). 심상 시에 동작을 의도적으로 부호화시키도록 하면 수행을 향상시킬 수 있다는 사실도 이 이론을 뒷받침하고 있다. 이 이론은 근육에 전기적 활동에 대한 언급이 없다는 점에서 심리신경근 이론과 구별된다.

■ 심리생리적 정보처리 이론

가장 최근에 소개된 심리생리적(psychophysiological) 정보처리 이론에 의하면 심상은 기능적으로 조직되어 뇌의 장기기억에 저장되어 있는 구체적인 전제(proposition)이다. 하나의 이미지를 의미하는 이 전제는 자극(stimulus) 전제와 반응(response) 전제의 두 가지 형태가 있다. 자극 전제는 무엇을 상상할 것인지에 관한 내용을 의미하고, 반응 전제는 심상의 결과로 일어나는 반응을 말하는 것이다. 예를 들어, 경기종료 몇 초를 남기고 자유투를 상상하면 손에 공이 닿는 느낌, 바스켓 모습, 관중 소음 등은 자극 전제에 해당한다. 한편 이러한 장면을 상상할 때 느끼는 슈팅 시 팔의 긴장감, 호흡수 증가, 불안감, 골인되는 공의 모습 등은 반응 전제가 된다.

이 이론에서 가장 중요한 것은 심상에서 반응 전제가 핵심적인 부분이라는 사실이다. 심상으로 최상수행을 위해서는 여러 반응 전제들을 불러일으켜 수정하고 강화시키는 노력이 필요하다. 즉, 특정 상황에서 반응 전제들을 떠올려 기술을 완벽하게 조절하는 느낌이 들 때까지 반복적인 수정을 할 때 수행이 향상될 수 있다. 따라서 심상훈련 시에는 가능한 많은 반응 전제를 포함시키는 것이 좋다. 심상은 특정 상황(수영장, 결승전)과 그에 따른 행동 반응(팔에 힘주기, 페이스 유지), 생리 반응(활력감), 심리 반응(자신감) 등을 포함시켜야 한다. 이러한 과정을 통해서 심상의 이미지는 선명해지고 체내에 심리생리적 변화가 생겨 수행향상에 도움이 된다는 것이다.

6) 심상훈련의 시기와 이용 시 지침

심상훈련은 다음과 같은 스포츠 상황에서 이용된다. 첫째, 선수의 심리적 기술 향상과 신체적 피로, 부상 기간의 경우이다. 둘째, 수업 시 참여인원이 너무 많거나 연습시설이나 장비가 충분하지 못할 경우에 심상훈련은 유용하게 사용될 수 있다. 스포츠 상황에서 유용하게 사용될 수 있는 심상훈련의 경우 이용 시에 지켜야할 지침이 있는데, 과거 스포츠심리학자들의 견해를 종합하여 심상 활용 시에 지켜야할 지침을 제시하면 다음과 같다.

심상 이용 시 지침

- 최초의 심상은 조용한 환경에서 이루어져야 한다.
- 정규적으로 심상을 연습한다.
- 생생한 심상을 위해 모든 감각기관을 동원한다.
- 성공적인 수행을 떠올리도록 심상을 조절한다.
- 내적 심상과 외적 심상을 모두 활용한다.
- 이완하여 심상을 촉진시킨다.
- 심상을 통하여 대처전략을 개발한다.
- 연습 때는 물론이고 경기 시에도 심상을 활용한다.
- 비디오테이프나 오디오테이프를 활용한다.
- 운동학적인 단서를 활용한다.
- 역동적인 운동학적 심상을 한다.
- 심상에 경기수행은 물론 결과와 보상까지 포함시켜야 한다.
- 실제시간과 동일한 속도로 상상한다.
- 심상일지를 기록한다.

한편 Martens는 개인의 상상능력도 심상의 효과에 많은 영향을 미친다고 주장하며 다음의 스포츠심상훈련(Sport imagery training) 3단계를 제안하였다. 1단계에서는 감각 느낌 훈련(sensory awareness training)으로 선수들의 감정상태와 보고 듣고 근육감각을 느끼는 정도를 테스트하여 그것들을 개발하는 훈련을 시킨다. 2단계에서는 실제처럼 생생히 느끼는 훈련으로 심상을 보다 생생하고 강렬하게 할 수 있도록 훈련시킨다. 3단계에서는 조정훈련(controllability training)으로 원하는 방향으로 자신의 심상을 끌고 갈 수 있도록 훈련을 시킨다.

2. 인지행동중재 프로그램

과거 연구들이 단순히 선수들에게 여러 인지적 전략들을 소개만 해서는 실질적 효과를 거둘 수 없다고 주장하였다. 선수의 요구에 맞는 개별적이고 체계화된 중재 프로그램들을 활용할 때 실제적으로 경기력 향상에 도움이 된다고 밝혔다. 각성 조절과 경기력 향상을 목적으로 개발된 인지행동중재(cognitive behavior intervention) 프로그램들은 공통적으로 이완훈련과 심상을 합친 것이다. 그들은 크게 시각운동행동시연(visual motor behavior rehearsal; VMBR), 스트레스접종 훈련(stress inoculation training; SIT), 스트레스대처 훈련(stress management training; SMT) 세 가지로 분류된다.

1) 시각운동행동시연

공포증 환자가 외부의 공포에 대해 예민도를 떨어뜨려 극복하는 방법(Wolpe, 1958)에 착안하여 Suinn(1994)이 시각운동행동시연 프로그램을 개발하였다. 이것은 선수들이 긴박한 경기상황을 연상한 후 이완과 심상을 실시하는 스트레스 대처 프로그램이다.

VMBR은 기본적으로 3단계로 나누어 실시된다. 1단계에서는 불안이나 긴장을 이완시킬 수 있도록 연습시키는 과정이다. 2단계는 선수의 특정 스포츠 기술에 대한 심상을 연습한다. 3단계는 심상이 실제의 스포츠 환경에서 자연스럽게 일어날 수 있도록 연습하는 것이다.

많은 연구들이 농구, 테니스, 사격, 양궁 등의 선수들을 대상으로 실험한 결과 VMBR의 효능과 잠재력을 인정한바 있다. 그러나 그 효과는 과제의 종류(운동종목), 선수의 기술수준, 이완과 상상 능력에 의해 영향을 받는다.

2) 스트레스접종 훈련

Meichenbaum(1975)이 개발한 스트레스접종 훈련(SIT)은 이완훈련, 심상, 그리고 인지전략을 하나로 합친 것이다. 이 방법의 기본적 생각은 선수들을 스트레스의 강도에 점진적으로 노출시켜 그것에 대한 반응을 서서히 낮추는 것이다. 일반적으로 긴박한 상황은 상상, 화면, 실제 모의경기 장면을 통해 제시된다. 선수가 한 낮은 단계의 스트레스에 대처할 수 있으면 좀더 긴박한 상황, 그 다음은 더욱 긴박한 상황이 제시된다. 이런 식으로 선수가 증가하는 스트레스에 대처하는 능력을 길러주는 것이다.

SIT는 개념화(conceptualization), 기술습득(skill acquisition), 적용(application)의 3단계로 나누어 실시된다. 1단계에서는 심리학자가 선수와 협력관계를 형성하고, 스트레스가 정서와 경기력에 어떤 영향을 미치는지 잘 이해시킨다. 인터뷰나 심리검사들을 이 단계에서 실시할 수 있다. 2단계에서는 이완, 인지적 재구성, 심상, 문제해결 방법과 같은 스트레스 대처 기술들을 개발하도록 돕는다. 3단계에서는 선수들에게 배운 대처 기술을 사용하도록 격려하고 그 결과 반응이 어떠한지 관찰하도록 한다. 스포츠 상황에서 농구, 체조, 스쿼시, 크로스컨추리 선수들에게 SIT를 적용시킨 결과 스트레스를 줄이고 경기력을 향상시켰다고 연구들은 보고하고 있다.

3) 스트레스대처 훈련

Smith(1980)가 개발한 스트레스대처 훈련(SMT)도 경기력 향상을 위해 이완훈련, 심상, 그리고 인지전략을 하나로 합친 것으로 SIT와 개념적으로 매우 유사하다. SMT도 SIT처럼 3단계의 시연과정으로 이루어져 있다. 1단계와 2단계는 서로 매우 유사하나 3단계는 현저한 차이가 있다. 3단계에서 SIT는 점진적으로 증가하는 스트레스에 대처하는 능력을 강조하지만 SMT는 이미 매우 높아진 스트레스를 낮추는 연습을 하는 것이 다르다. 스포츠 상황에서 SMT의 경기력 향상의 효과를 검정한 연구들이 많다(Crocker, 1989; Ziegler, Klinzing & Williamson, 1982).

3. 목표설정

목표는 개인이 달성하고자 하는 것 또는 어떤 행동이 지향하는 표적이라고 할 수 있다. 따라서 어떤 목표를 가지느냐는 곧 개인이 어떤 준비를 하느냐를 말해준다. 목표가 없으면 노력할 필요가 없기 때문에 각성이 높아질 수가 없다. 특히 스포츠 상황에서 목표설정은 선수나 팀의 심기향상을 위해서 절대적으로 필요한 방법이다. 선수 개인이나 팀이 실현 가능하나 도전적인 목표를 세운다면 선수들의 의욕과 각성이 증대될 것이다.

1) 목표의 유형

스포츠심리 학자들에 의해 목표는 여러 유형으로 구분된다.

■ 구체적 목표 대 일반적 목표

스포츠 상황에서 달성해야할 목표를 구체적으로 제시하느냐 아니면 "더 잘해야 한다" 등으로 포괄적인 목표를 제시하느냐로 구분된다. 예를 들어, 배구 서브에서 90%의 성공률은 구체적 목표이고, "보다 정확히 서브하도록 한다"는 일반적 목표가 된다.

■ 주관적 목표 대 객관적 목표

주관적 목표는 최선을 다했다거나 재미있었다는 것과 같이 개인이 주관적으로 판단하는 목표이다. 반면 "금년 시즌 타율 3할"이나 "3개월 내 체중 10kg 감소" 등은 객관적 목표의 예들에 속한다.

■ 결과목표 대 수행목표

결과(outcome)목표는 경기에서 승리를 한다거나 올림픽에서 금메달을 획득한다든가하는 결과에 초점을 맞추는 것이다. 따라서 결과목표는 달성 여부가 자신의 능력뿐만 아니라 통제하기 어려운 외적 요인들에 의해 좌우되는 경우가 많으므로 우수한 경기를 하고도 승리라는 결과목표를 달성하지 못할 수도 있다. 반면 수행(performance)목표는 자신의 과거 수행과 비교하여 달성하고자 하는 기준이나 목표를 의미한다. 따라서 수행목표는 어느 정도까지 자신이 통제 가능하고 융통성도 있다. 테니스 첫 서브의 성공률을 60%에서 70%로 올린다는 것은 수행목표의 좋은 예가 된다. 또한 융통성을 발휘하여 70% 대신에

65%로 목표를 수정할 수도 있다. 일반적으로 결과목표보다 수행목표를 세우면 경기 중에 과제에만 집중하고 불안을 낮출 수 있어 수행결과가 좋다. 그것이 결과목표보다 수행목표를 세우도록 권장되는 이유다.

2) 목표설정이 수행을 향상시키는 이유

목표를 설정하면 왜 수행에 도움이 되는지를 설명하는 이유들이 Locke와 Latham(1985)에 의해 제시된 바 있다. 기계론적 관점에서 이들이 밝힌 이유들은 다음과 같다.

- 목표는 수행해야할 과제에 주의를 집중시키게 한다.
- 목표는 수행자가 노력을 하도록 한다.
- 목표는 수행자의 노력을 지속시킨다.
- 목표는 새로운 전략을 개발하도록 한다.

보다 최근에는 목표가 불안, 자신감, 만족감 같은 심리상태에 영향을 미치고 수행에까지 영향을 미친다는 인지론적 설명이 제기된 바 있다(Burton, 1989). 즉 과도한 목표는 불안을 일으키고 자신감을 낮추어 저조한 수행을 초래하나, 적절한 목표는 노력을 유도하고 자신감을 높여 수행에 긍정적인 영향을 미친다는 것이다.

3) 목표설정의 방법

무조건 목표만 설정한다고 효과가 있다는 생각은 금물이다. 스포츠심리학 분야에서 지지하고 있는 효과적인 목표설정을 위해 고려해야할 원리들은 다음과 같다.

- 일반적 목표보다 구체적 목표를 세운다.
- 실현가능하나 어려운 목표를 세운다.
- 장기 목표와 단기 목표를 세운다.
- 연습 목표와 경쟁 목표를 세운다.
- 목표는 기록해서 보기 쉬운 곳에 게시한다.
- 목표를 달성하기 위한 전략을 개발한다.
- 긍정적인 목표를 세운다.
- 결과목표보다 수행목표를 세운다.
- 개인 목표와 팀의 목표를 둔다.
- 목표 달성을 위한 지원책을 마련한다.
- 목표 달성 여부를 평가한다.

한편 핵심적인 목표설정 원리로 경영학 분야에서 Doran(1981)이 제안한 SMART 방법을 참고할 필요성이 있다.

Specific : 구체적인 목표
Measurable : 측정 가능한 목표
Achievable : 성취 가능한 목표
Relevant : 적합한(현실적인) 목표
Timely : 시간이 정해진 목표

4. 자화

사람은 어떤 일에 직면하면 문제를 해결하기 위해 방안을 생각한다. 과거의 경험을 떠올려 대처방안을 생각하는가 하면, 예상되는 결과를 염려하기도 한다. 이처럼 과제를 해결하는 과정에서 마음속에 일어나는 것이 자화(self-talk)이며, 밖으로 표현될 수도 그렇지 않을 수도 있다.

선수들도 경기 전이나 경기 중에 자화를 한다. 이 때 긍정적이고 합리적인 자화는 자신감과 동기, 주의 집중을 높여 수행에 긍정적 영향을 미치지만, 부정적인 자화를 하면 비판적이고 자신을 평가절하 하여 자신감을 잃고 불안을 증가시켜 수행이 손상된다. 따라서 스포츠 상황에서는 정신적, 신체적으로 준비가 되지 않은 상태라도 긍정적 자화를 하도록 노력하는 것이 중요하다. 스포츠심리학에서 자화는 사고를 재구성하는 대표적 기술로 각성과 사고를 조절하는 자율훈련의 성격을 가지는 것이다. Williams와 Leffingwell(1996)은 자화가 나쁜 습관의 교정, 주의의 집중, 각성의 조절, 자신감 향상, 그리고 참여 동기 등을 높이기 위해 사용될 수 있다고 주장하고 있다.

1) 나쁜 습관 교정

자화는 자동적으로 일어나는 잘못된 습관을 의식적으로 주의를 기울여 고칠 수 있다. 습관을 교정할 때는 바람직한 동작에 초점을 맞추어야 한다. 예를 들면 테니스에서 준비가 늦은 선수는 "백스윙"이란 자화를 함으로써 주의를 기울여 빠르게 교정할 수 있다.

2) 주의 집중

경기 중에 주의를 효과적으로 집중하기 위해서 자화를 활용할 수 있다. "이때다"와 같은 단서는 순간적인 집중을 위해 사용가능하고, "목표물을 보자"같은 단서는 과제에 집중하기 위해 사용할 수 있다.

3) 각성 조절

각성을 감소시키거나 촉진시키기 위해 자화를 사용할 수 있다. "편안하게"는 각성을 감소시키기 위해서, "힘내자 파이팅"은 각성을 촉진시키기 위해 사용하면 된다.

4) 자신감 향상

타고난 재능과 같은 것은 통제가 불가능하나 자신감 같은 심리적 요인은 스스로 통제가 가능하다. 따라서 "할 수 있다", "해볼 만하다" 같은 긍정적 자화는 자신감을 높일 수 있다.

5) 참여 동기

긍정적인 자화를 하면 동기를 유발할 수 있다. 특히 지속적으로 운동에 참여하는 일반인들은 자화를 긍정적으로 하고, 중도의 탈락자들은 부정적인 자화를 하는 경우가 많다.

6) 사고 전환

"현재의 지도자가 정말 싫다"라고 부정적 자화를 하는 선수는 "전 지도자만큼 좋아하지 않지만 많이 배우고 있다"와 같은 긍정적인 자화로 바꾸는 것이다. 또한 "또 질 것이다"라는 부정적 자화보다 "연습한 기술을 발휘할 좋은 기회다"와 같은 인지적 재구성의 노력도 필요하다.

5. 사고정지와 집중

자화와 같은 맥락에 있는 사고정지와 집중(thought stopping & centering)이란 선수가 부정적인 생각을 멈추고 긍정적인 생각에 집중하는 것이다. 사고정지란 용어의 의미 그대로 부정적인 생각이 떠올랐을 때 의식적으로 "정지"라고 자신에게 말함으로써 부정적인 생각의 진행을 막는 것이다(Martens, 1987). 사고정지를 통하여 부정적인 생각을 정지시킨 후 긍정적인 생각에 집중하여야 사고정지의 효과가 커진다. 경기 중 선수가 부적절한 정보에 혼동되고 불안해하는 것을 막고, 가장 필요한 정보에 주의를 집중할 수 있도록 하는 과정이다.

자신감 결여로 인해 선수들이 흔히 직면하는 수행의 저하는 긍정적 사고와 성공에 대한 믿음을 가지도록 주의(attention) 훈련을 시킴으로써 수행을 향상시킬 수 있다. 예를 들어, 매우 중요한 축구 경기에서 페널티킥을 시도하기 직전, 실수할 수 있다는 생각으로 점점 불안해질 때, "나는 훌륭한 선수이기 때문에 넣을 수 있다. 못 넣더라도 우리 팀의 선수가 달려들며 다시 슛할 수 있다"는 식의 긍정적 사고를 한다. 그리고 지지발의 위치, 킥의 스핀, 상체의 높이 등 페널티 킥에 필요한 정보만 생각한다. 지나간 실수를 생각하고 혼동되면 양궁 경기력에 매우 부정적 영향을 미친다는 최근의 한 연구도 이 기술의 중요성을 강조한다(Landers, Boucher & Wang, 1986). 이 인지전략을 배우기 위해서는 중요한 정보에 선별적으로 주의를 기울이는 연습이 필요하다. 기본적으로 다음과 같은 단계를 거치며 시행될 수 있다.

- 마음에 떠오르는 부정적인 생각을 긍정적인 생각으로 전환한다.
- 각성을 약간 조절하면서 주의를 내적으로 집중한다.
- 주의를 수행에 필요한 외부의 정보에 좁게 집중한다.
- 집중할 수 있다는 생각이 들 때 과제에 임한다.

선수의 주의와 수행능력과는 매우 밀접한 관련이 있다고 보고한 연구는 수없이 많다. 그러나 사고정지와 집중이 경기력에 미치는 영향을 직접적으로 조사한 것들은 소수의 사례연구뿐이므로 단정적인 결론을 내리기에는 아직 이르다.

참고문헌

김병준, 한명우(1995). 메타분석으로 본 정신연습의 효과: 국내연구를 중심으로. **한국스포츠심리학회지, 6**(1), 67-88.

손준호(2012). 남자씨름선수의 경기력 향상을 위한 심리기술훈련 사례연구. **코칭능력개발지, 14**(4), 56-64.

추연경, 류호상(2013). 슬럼프 중인 골프선수에 대한 심리기술훈련 효과 단일사례연구. **코칭능력개발지, 15**(2), 55-64.

한충식, 장덕선(2010). 남자 체조선수의 단계적 심리기술훈련. **한국사회체육학회지, 39,** 595-614.

Cox, R.H. (1998). *Sport Psychology.* 4th (Eds.). Brown & Benchmark. Iowa.

Crocker, P.R.E. (1989). A follow-up of cognitive-affective stress management training. *Journal of Sport & Exercise Psychology, 11,* 236-242.

Doran. G.T. (1981). There's a S.M.A.R.T. Way to Write Management's Goals and Objectives. *Management Review.* 70. 35-36.

Felts, D.L., Landers, D.M., & Becker, B.J. (1988). A revised meta-analysis of the mental practice literature on motor skill learning. In D. Druckman & J. Swets (Eds.), *Enhancing human performance: Issues, theories, and techniques* (pp.1-65). Washington, D.C.: National Academy Press.

Harris, D.V., & Robinson, W.J. (1986). The effects of skill level on EMG activity during internal and external imagery. *Journal of Sport Psychology, 8,* 105-111.

Jacobson, E. (1931). Electrical measurements of neuromuscular states during mental activities. *American Journal of Physiology, 96,* 115-121.

Landers, D.M., Boucher, S.H., & Wang, M.Q. (1986). A Psychobiological study of archery performance. *Research Quarterly for Exercise and Sport, 57,* 236-244.

Martens, R. (1987). *Coaches guide to sport psychology.* Champaign, IL: Human Kinetics.

Smith, R.E. (1980). A cognitive-affective approach to stress management training for athletes. In C.H. Nadeau, W.R. Halliwell, K.M. Newwell, G.C. Roberts (Eds.), *Psychology of motor behavior and sport.* Canada; Annual publication of the North american society for the Psychology of Sport and Physical Activity.

Suinn, R.M. (1980). Psychology and sport performance: Principles and applications. In. R. M. Suinn (Ed.). Psychology in sports: Methods and applications(pp.22-36).Minneapolis, MN: Burgess.

Suinn, R.M. (1994). Visualization in sports. In A. A. Sheikh & E. R. Korn (Eds.), Imagery in sports and physical performance(pp.23-42). Amityville, NY: Baywood.

Vealey, R.S., & Walter, S.M. (1993). Imagery training for performance enhancement and personal development. In J.M. Williams (Ed.), *Applied sport psychology: Personal growth to peak performance* (pp.200-224). Mayfield.

Williams, J.M., & Leffingwell, T.R. (1996). Cognitive strategies in sport and exercise. In J.L.V. Raalte & B.W. Brewer (Eds.) Exploring sport and exercise psychology. American Psychology Association. Washington, DC.

Ziegler, S.G., Klinzing, J., & Williamson, K. (1982). The effects of two stress management training programs on cardiorespiratory efficiency. *Journal of Sport Psychology, 4,* 280-289.

제6장

스포츠와 동기

기본적으로 모든 인간은 어떤 목적을 성취하기 위해서 행동을 한다. 즉 인간의 행동에는 그것을 하도록 한 동기가 반드시 내재하고 있다. 따라서 인간의 동기는 노력의 방향과 강도 및 지속에 영향을 미친다(Sage, 1977). 일반적으로 동기라는 용어로도 사용되는 성취동기는 학습현장, 산업현장, 스포츠현장 등에서 그 이론이 다양하게 적용되고 있다. 스포츠나 운동은 성취를 지향하는 매우 대표적인 활동이다. 스포츠에서의 성취 지향적인 활동은 선수 개인이 기록을 갱신하거나, 상대 팀을 이기려 하거나, 체력을 증강시키려는 등의 의도에서 시작된다. 그러한 목적과 기준이 어떠하든지 간에 어떤 사람들은 적극적으로 시도하려고 하는가 하면 어떤 사람들은 주저하고 회피하려고 한다. 이처럼 같은 상황에서 그것에 임하는 사람들의 태도는 동기에 따라 달라질 수 있다. 따라서 선수들의 성취동기는 그들의 행동을 설명할 수 있으며, 결국 경기력에도 영향을 미칠 것으로 보인다. 이러한 사실은 스포츠나 운동 지도자들이 성취동기를 이해할 필요가 있음을 의미하고 있다.

제6장
스포츠와 동기

1. 동기의 개념

동기(motive)라는 말은 여러 가지 맥락에서 사용되어 왔다. 생산자들은 생산성 향상에 매진하도록 하는 유인으로서, 스포츠 집단에서는 기록 향상을 위한 수단으로서 연구하여 왔다. 동기란 모든 행동에 대하여 실행할 것이냐 하지 않을 것이냐에 대한 스위치 기능을 하는 것으로, 정서를 일정하게 활성화된 수준까지 발생시켜 실행하고자 하는 과제를 성취하도록 하는 것(Alderman, 1974)이라고 정의될 수 있다.

지금까지 스포츠심리학 분야에서는 Sage(1977)가 제시한 동기의 정의를 자주 쓰고 있다. Sage는 동기란 "노력의 방향과 강도"로 정의 하였다. 노력의 방향(direction of effort)이란 어떤 대상이 특정상황이나 행동을 추구하고 주어진 방향으로 다가가는지의 여부를 말하는 것이다. 노력의 강도(intensity of effort)는 어떤 대상이 특정상황에서 얼마만큼의 노력을 하는지를 의미한다. 위의 내용에서 동기의 개념을 노력의 방향과 강도로 분리하여 설명하였지만 실제 생활이나 스포츠 현장에서는 두 측면이 밀접한 관련을 맺고 함께 나타난다.

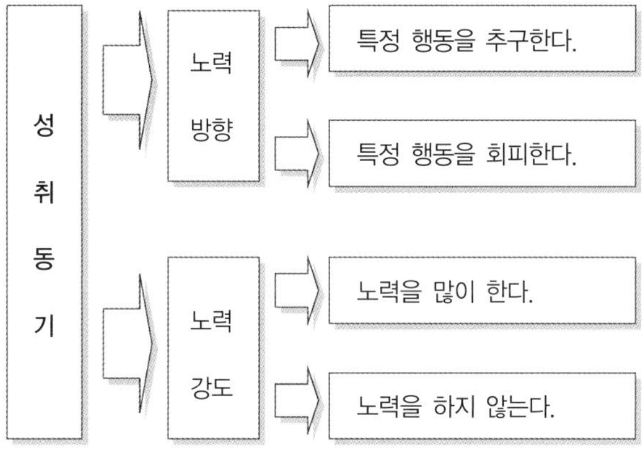

그림 6-1. 동기의 방향과 강도

2. 동기의 관점

개개인 마다 특정상황에서 동기를 가지는 경향이 다를 수 있다. 동기를 보는 관점에는 특성지향, 상황지향, 상호작용의 세 관점이 있다.

1) 특성지향 관점

참가자중심 관점이라고도 말할 수 있는 특성지향 관점은 동기 행동은 개인의 특성(성격, 태도, 목표)에 의해 결정된다고 본다. 운동에서 성공하려면 높은 동기 수준을 가지고 태어나야 함을 의미한다. 하지만 지도자에 따라 팀의 동기수준이 바뀔 수도 있다는 점에서 환경적 요소를 무시하고 개인의 성격 및 태도만으로 동기수준을 평가하는 것이 이 관점의 한계이다.

2) 상황지향 관점

특성지향 관점과 대조되는 것으로 동기는 상황의 영향으로 결정된다는 관점이다. 어떤 사람이 수업 상황에서의 체육은 좋아하지 않지만 방과 후의 축구 동아리 활동에는 적극적으로 참여하는 것이 예가 된다. 하지만 지도자, 시설, 운동 프로그램 등과 같은 상황적 요인을 별로 좋아하지 않아도 꾸준히 참여하는 경우에 이 관점의 한계로 설명될 수 있다.

3) 상호작용지향 관점

개인과 환경적 요인의 상호작용에 의해서 결정된다는 관점이다. 동기는 성격이나 관심과 같은 개인적 요인과 지도자의 리더십 유형이나 운동 프로그램, 경기기록 같은 환경적 요인 둘 다에 의해서 결정된다는 관점이다(그림 6-2).

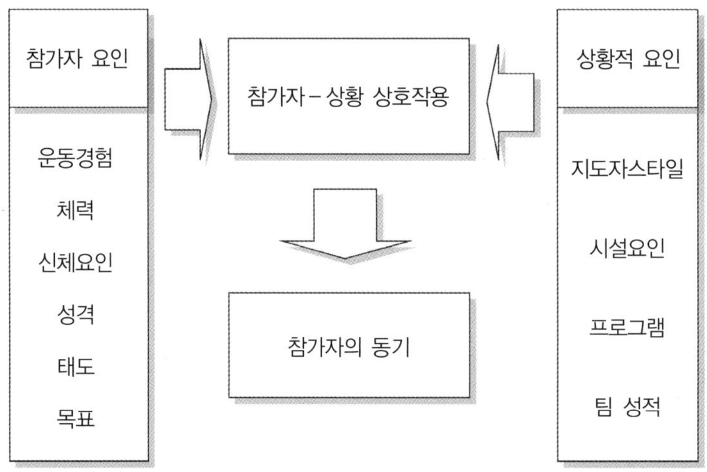

그림 6-2. 동기의 상호작용 관점

3. 동기 이론

인간의 행동에는 그것을 수행함에 있어 동기가 반드시 내재한다. 특히 스포츠 참여에 있어 동기는 참가자의 수행뿐만 아니라 결과에도 많은 영향을 주는 중요한 변인으로 작용한다. 동기와 관련된 이론은 스포츠심리학 영역에서 중요한 주제로 연구되어 왔다.

1) 성취동기 이론

성취동기(achievement motivation)는 일반적으로 수행의 우수성을 평가 받고자 할 때 개인의 포부, 노력, 지구력 등을 결정짓는 요인으로 정의되며, 인간이 과제를 수행하려고 하는 의지가 대체로 성취욕구의 강도에 의해 설명되고 예측된다는 공통된 가정이다. 이러한 관점에서 성취동기와 행동을 설명하려는 많은 이론들이 제시되었는데, 이들 이론들 중 대표적인 이론은 Atkinson(1974)의 성취동기 이론이다.

Atkinson(1974)의 성취동기 이론은 개인적인 요인과 환경적인 요인이 함께 작용하여 일어난다는 상호지향 관점에서 설명되었는데 공식은 다음과 같다.

개인적 요인 환경적 요인
성취동기 = (성공욕구 − 실패회피욕구) x (성공가능성 x 성공유인가치)

(1) 개인적 요인

성취동기에 영향을 미치는 개인적 요인은 성공욕구와 실패회피욕구 두 가지의 성격성향에 의해 설명될 수 있다. 청소년들이 성공욕구가 실패회피욕구보다 큰 경우에는 적극적으로 도전하나, 성공욕구가 실패회피욕구보다 적은 경우에는 평가가 두려워 경쟁적 상황을 피하려고 한다. 이 공식의 성공욕구는 성격측정에서 소개된 주제통각검사로, 실패회피욕구는 Spielberger(1971)의 상태-특성불안 검사지(The State-Trait Anxiety Inventory)로 측정할 수 있다. 이 검사에서 불안 수준이 높으면 실패를 피하려는 동기가 높다고 볼 수 있다.

성공욕구가 실패회피욕구에 정도의 차이는 있으나 동시에 존재하며 상호 독립적이다. 즉 성공욕구가 높은 사람은 동시에 실패회피욕구가 높을 수도 있고 혹은 낮을 수도 있다. 따라서 성취욕구가 크다는 것이 반드시 실패회피욕구가 적다든지 또는 그 반대의 경우로 나타나지는 않는다.

(2) 환경적 요인

성취지향적 행동을 결정해 주는 환경적 요인은 성공가능성과 성공유인가치 두 가지 요소로 구성되어 있다. 성공가능성은 개인이 주어진 상황에서 성공할 것을 얼마나 믿고 있느냐에 대해 주관적으로 지각하고 있는 과제의 어려움이다. 유인가치는 그 일에 성공했을 때 얼마나 기쁘고 가치 있는 것인가에 대한 것으로 성공가능성과 유인가치는 서로 상반된 관계이다.

따라서 전체를 1로 볼 때 성공가능성이 0.2인 사람은 유인가치가 0.8이 된다. 예를 들어, 중급 선수가 우수 선수를 이기면 유인가치가 굉장히 클 것이다. 반대로 성공가능성이 0.8일 때 유인가치는 0.2가 된다. 즉 중급 선수가 초보 선수에게 이길 때 부여하는 가치는 낮다고 할 수 있다. 그러나 비슷한 실력을 가진 선수끼리 시합을 하면 성공가능성과 유인가치가 각각 0.5에 가깝게 된다. 성공가능성이 50%에 가까이 있을수록 높은 동기가 필요하다.

(3) 동기에 있어서의 성차

Sarason과 Smith(1971)는 여성에게는 위의 동기 공식이 잘 적용되지 않음을 발견하였다. 이유는 여성들은 성공주저(Fear of Success; FOS)를 가지고 있으므로 그 것을 고려해야 정확한 예측이 가능하다고 주장하였다. 즉 여성들의 경우에는 다음의 공식이 타당하다고 했다.

동기=(성공욕구−실패회피욕구) × (성공가능성×성공유인가치)−성공주저

따라서 유도, 축구, 태권도 등 여성다움을 잃기 쉬운 종목들을 지도하는 감독이나 코치는 때로 이러한 것을 고려할 필요가 있다. 같은 맥락에서 Lenney

(1977)는 여성들의 동기를 평가할 때 필수적으로 고려해야 할 중요한 요소는 낮은 자신감이라고 하였다. 여성들은 과제성격(nature of task), 명확한 정보(clear information), 사회적 비교(social comparison cues)에 매우 민감한 사실을 발견하였다.

(4) 성취 경향

특정한 성취 상황에서 개인이 성공하려는 의도를 성취경향이라고 한다. 성취경향은 성공욕구×성공가능성×성공유인가치의 공식으로 구해진다. 성공가능성이 50%일 때 성취욕구가 높은 사람이나 낮은 사람 모두 성취 경향이 가장 높게 나타난다는 것이다. 이것은 성취 경향이 높은 사람은 성공 가능성이 반반인 과제를 선호하는 경향이 있다는 것을 의미하며, 성공가능성에 관계없이 성공욕구가 높은 사람이 낮은 사람보다 과제를 성취하려는 경향이 높다는 것을 나타내고 있다(표 6-1). 또한 성취동기가 높은 사람은 성공의 자신감에 참여 초점을 맞추고, 성취동기가 낮은 사람은 실패의 두려움에 참여 초점을 맞추는 경향을 보인다(Robert S. Weinberg & Daniel Gould, 2010).

표 6-1. 성공욕구와 성취경향의 관계

성공가능성	높은 성공욕구(8)	낮은 성공욕구(2)
.10	8×.10×.90=.72	2×.10×.90=.18
.50	8×.50×.50=2.0	2×.50×.50=.50
.90	8×.90×.10=.72	2×.90×.10=.18

2) 내적동기 이론

동기는 내적동기와 외적동기로 분류될 수 있다. 내적동기는 외부의 보상 없이 개인의 즐거움을 위한 행동의 욕구를 말한다. 이것은 행동이 상금, 트로피, 처벌회피 등의 외적인 유인에 의해 이루어지는 외적동기와는 반대가 된다. 외적동기와 내적동기가 다 높을 때 성취동기가 최고로 상승한다. 그러나 외적동기가 내적동기를 감소시킬 수 있다.

(1) 인지평가이론

Deci와 Ryan(1985)의 이론에 따르면 인간은 자결성과 유능성을 느끼려는 본능적인 욕구를 가지고 있다. 즉, 인간은 무슨 일을 할 것인가를 스스로 결정하고(자결성), 자신이 결정한 과제를 성공적으로 수행하면서 자신이 유능하다는 것(유능성)을 느끼고자 하는 욕구를 본능적으로 가지고 있다는 것이다. 그러므로 그것들을 높여주는 활동이나 사건이 내적동기를 증가시킨다는 것이다.

자결성은 행동을 시작하고 조절하는 것이 자신이라는 감각이고, 유능성은 자신의 노력으로 바람직한 변화를 만들 수 있다는 일종의 자신감이다. 외부의 압력으로 통제적 측면이 높아지면 자결성이 낮아지고 내적동기도 감소한다. 후보 선수로 전락하거나 입상을 하지 못한 경우에도 유능성의 느낌을 갖지 못하므로 내적동기를 감소시키는 역할을 한다.

■ 자결성

동기는 자극과 도전, 수용과 소속, 유능감과 자기가치 등과 같은 욕구에 의해 생겨나는 것이다. 운동선수의 동기는 가장 기본적인 욕구가 충족되었을 때 발전하게 된다. 인간의 동기와 관련하여 자결성에 관한 욕구를 생각해 보아야 한다. 자결성(self-determination)이란 자신이 얼마나 통제를 하는가의 정도 또는 자기 스스로 독립적인 행동을 하는 것을 말한다. 동기는 내적인 힘과 외적인 힘을 모두 포함하고 있기 때문에 자결성의 연속체로 개념화하는 것이 중요하다고 볼 수 있다.

■ 유능성

성취를 위해 스포츠에 참가하는 사람은 높은 동기를 가지고 있으며, 효과적인 수행, 즉 유능감을 발휘하여 결국 자아효능감에도 영향을 미친다. 이러한 유능감은 단일차원에서 발생되는 것이 아니고 스포츠에 대한 신체적 능력 지각 측면과 동료들간의 관계인 사회적 측면, 학문을 수행을 강조하는 인지적 측면의 다차원적 동기로 발생한다(Harter, 1978). 유능성는 성취동기에 중요한 요소로 작용하며 유능성이 높아지면 동기가 함께 높아진고 볼 수 있다.

(2) 다차원 스포츠 동기 이론

앞서 언급한 바와 같이 인간의 행동은 내적동기에 의해 유발되어 지는 경우가 대부분이다. 하지만 최근 동기에 대한 많은 연구가 진행되면서 스포츠 동기를 내적동기뿐만 아니라 외적동기, 무동기 측면까지 통합적으로 이해해야 한다는 주장이 제시되고 있다(Vallerand, 1997).

먼저 다차원적 관점에서 내적동기는 흥미, 노력, 지각된 유능성, 압박, 긴장 등이 대표적 요소이며, Vallerand(1997)는 이를 자극획득 내적동기, 성취 내적동기, 자극체험 내적동기로 구분하였다. 자극획득 내적동기(IM to know)는 무엇을 알고자 하는 동기 혹은 얻고자 하는 동기를 말하며, 성취 내적동기(IM tAccomplish Things)는 무엇인가를 성취하고자 하는 동기로 자신의 유능성을 느끼고자 과제지향적인 목표성향을 가지는 것이다. 또한 자극체험 내적동기(IM to know)는 성취의 기쁨을 누리고자 하는 좋은 기분을 추구하는 동기로 몰입, 최상수행경험, 감각추구 등이 여기에 속한다.

전통적으로 외적통제에 의해 나타나는 행동으로만 여겨진 외적동기는 최근 연구에서 자신의 행동은 결국 자기 결정(self-determination)에 의한 것이라고 주장하며, 외적동기의 형태를 외적규제, 내적규제, 확인규제로 구분하였다(Deci & Ryan, 1985; Connell & Grolnick, 1992). 외적규제(external regulation)는 행동이 타인의 강요에 의해 규제되는 것을 말하며, 내적규제(introjected regulation)는 죄책감이나 불안 같은 내적인 압력에 의해 행동의 이유를 내면화 시켜서 운동에 참여하는 것을 의미한다. 이것은 자신 내부에서 발생하지만 스스로 운동참여를 결정하는 것은 아니다. 확인규제(identified regulation)는 행동의 중요성을 자신이 판단하고 선택하는 것으로, 자신의 건강관리 등의 이유로 운동에 참여하는 것을 말한다.

무동기(amotivation)는 개인의 행동 결과에 아무런 영향을 미치지 못하는 동기 상실을 의미하며, 능력부족, 노력회피, 전략미흡, 무기력 등이 포함된다. 능력부족은 수행에 대한 능력이 없을 경우 나타나게 되는 동기이며, 노력회피는 어떤 행동이 너무 힘들어서 노력을 하지 않겠다고 생각할 때 나타나는 동기이다. 또한 전략미흡은 어떤 전략이 행동 결과에 아무런 영향을 주지 않을 때 나타나며, 무기력은 과제 성취가 너무 벅차서 무기력해 지는 동기를 말한다.

(3) 외적보상과 내적동기

외적보상은 통제적 측면과 정보적 측면을 가진다. 외적보상이 내적동기에 미치는 영향은 받는 사람이 보상을 어떻게 해석하느냐에 따라 달라질 수 있다. 예를 들어, 금년도에 장학금을 받은 대학생 운동선수가 있다면 장학금을 받았다는 긍정적인 정보를 제시해 줄 수 있는 반면에 내년에도 선수생활을 계속하라는 압력으로 느껴졌다면 장학금은 통제적인 측면으로 나타나게 되어 내적동기를 낮추게 되는 것이다.

(4) 내적동기 개발 전략

• 성공 경험을 갖게 한다.

성공으로 얻은 자신감은 내적동기에 큰 영향을 미친다. Bandura(1977)는 자신감에 영향을 미치는 4개의 주요인으로 성공적 수행, 대리경험(Videotape, 지도자의 격려, 선배들의 일화), 칭찬, 정서적 각성(emotional arousal)을 차례로 들었다.

• 언어적 비언어적 칭찬을 자주 한다.
• 연습내용과 순서를 바꾼다.
• 목표 설정과 의사 결정에 참여한다.
• 실현 가능한 목표를 설정한다.

3) 스포츠 목표성향 이론

스포츠 선수뿐만 아니라 운동에 참가하는 일반인들도 개인의 성취 목표에 따라 노력투입이나 동기수준이 영향을 받는다. 그것은 크게 둘로 나누어 과제 지향적인 사람과 자기 지향적인 사람으로 분류하여 이해할 수 있다. 결론적으로 건강을 위한 운동 참가자는 여러 면에서 과제 성향을 갖는 것이 바람직하다.

(1) 과제목표성향

- 비교의 준거가 자신이다.
- 성취상황에서 성공과 실패를 자신의 내면 목표치에 근거하여 판단한다.
- 자신과의 비교를 통해서 성공을 정의하기 때문에 실패해도 실망하지 않고 노력한다.
- 내적동기가 높으며, 실현 가능하면서도 약간 어려운 과제를 선택하는 경향이 있다.

(2) 자기목표성향

- 비교의 준거가 타인이다.
- 성취상황에서 성공과 실패를 타인과 비교하여 자신의 우월한 능력입증에 일차적 관심을 가진다.
- 남과의 비교를 통해 자신의 성공을 정의하기 때문에 유능성 느낌을 가지기 어렵다.
- 아주 쉬운 과제를 선택하거나 매우 어려운 과제를 선택하는 경향이 있다.

4. 스포츠 참가동기

사람들이 왜 스포츠에 참여하고 지속하는지에 대한 의문은 스포츠심리학의 주요 주제의 하나다. 이러한 연구들은 청소년 및 일반인 운동참가자들까지 다양한 대상으로 여러 가지의 개인 및 상황요인들을 조사하여 분석하였다. 스포츠에 참여하는 동기는 일반적으로 기술 습득, 체력 증진, 재미, 우정, 기분전환, 도전 등의 내적 요인이 있고, 성공, 지위, 상금 획득과 같은 외적 요인이 있다.

1) 북미 청소년

Gill 등(1983)은 질문지를 이용하여 청소년들이 스포츠활동에 참여하는 이유가 성취감, 팀 분위기, 체력 증강, 스트레스 해소, 운동기술 습득, 우정, 재미 등의 순이라고 보고하였다. Weiss와 Chaumeton(1992)도 일련의 연구를 통하여 유능성, 체력증진, 소속감, 팀 요인, 경쟁, 재미 등의 공통적인 스포츠 참가동기를 밝힌 바 있다.

2) 한국 청소년

성창훈과 김병준(1996)은 우리나라 청소년 선수들은 재미와 유능성 같은 내적 요인과 함께 주위의 권유, 장래진로, 상급학교 진학, 학업부진 등의 스포츠 외적 요인 및 학업관련 요인이 스포츠에 참가하는 동기임을 발견하였다. 특히 우리나라 청소년들의 스포츠 참가동기는 기술습득, 재미, 우정, 도전을 강조하는 북미 청소년과는 상당히 달랐다. 청소년층에서는 건강에 대한 동기와 함께 자기만족의 동기가 다른 연령층에 비해 높게 나타났는데, 이는 청소년들이 운동에서의 재미와 즐거움을 통해 자기만족감을 추구하는 것이 다른 연령층에 비해 두드러진 것으로 파악 할 수 있다.

3) 한국 성인

우리나라 성인들의 운동참여 동기의 특징(체육과학연구원, 2005)을 조사한 연구에 따르면 성, 연령에 관계없이 건강증진과 유지의 동기가 가장 중요한 것으로 나타나고 있고, 체중조절(신체적 외모) 동기는 특히 여성(10~30대)에게서 많이 나타나고 있었으며, 이는 오늘날 우리 사회의 외모 지상주의 현상을 잘 반영하는 것으로 볼 수 있다.

최근 스포츠 참여에 있어 동기적 측면이 운동의 효과 및 운동지속 등 심리적 요인에 다양하게 영향을 미친다는 것을 연구를 통해 보고하고 있다. 교양체육수업 참여 대학생의 연구에서 참여동기는 신체적 자기개념, 자기효능감, 몰입, 수업만족, 운동지속 등의 심리적 요인에 정적인 영향을 미치는 것으로 나타났다(고대선, 강익원, 2009; 이승준, 김승재, 2010). 생활체육에 참가하는 성인의 참여 동기 수준이 높으면 신체건강 뿐만 아니라 정신건강에도 긍정적인 영향을 준다는 연구결과도 보고되고 있다.

또한 노인체육 참가자의 참여동기는 여가만족, 생활만족, 심리적 행복감 등 정신건강에 긍정적인 영향을 주는 것으로 나타나고 있다(최재희, 김은숙, 송지환, 2013). 이처럼 다양한 대상의 연구결과를 통해 참여동기의 중요성을 파악할 수 있다.

표 6-2. 우리의 운동참여 동기(체육과학연구원, 2005)

	건강증진·유지	스트레스 해소	여가 선용	자기 만족	체중 조절	대인관계 및 사교
2000	45.1	10.5	11.0	12.9	14.7	5.7
2003	55.3	8.1	6.4	7.9	19.0	3.3
남	59.3	9.4	6.7	8.8	11.0	4.8
여	50.6	6.7	6.1	6.9	28.2	1.5
10-19	30.5	12.1	8.9	15.3	25.9	7.2
20-29	35.0	14.7	9.8	13.9	25.4	4.8
30-39	49.8	13.5	5.8	7.6	23.1	3.3
40-49	63.4	6.0	5.1	4.8	17.6	2.8
50-59	74.6	2.5	4.4	3.3	11.7	1.4
60 이상	89.5	3.8	3.6	2.0	3.1	.2

5. 동기의 속성

운동 지도자가 운동 참여자의 운동지속을 이끌어내기 위해서는 동기의 기본적인 속성을 이해할 필요가 있다. 동기의 속성은 다음의 두 가지로 정리할 수 있다.

1) 다차원성

인간의 행위 동기는 한 가지만이 아니라 둘 이상의 동기로 이루어져 있는 경우도 있다. 예를 들어, 수영 프로그램 참여자의 경우 1차적으로 건강증진 그리고 2차적으로 대인관계 및 사교 혹은 자기만족 등 다차원적으로 나타날 수 있다. 이에 지도자는 참여자의 동기 구조를 잘 파악하여 이를 충족시킬 수 있어야 한다.

2) 가변성

인간의 행위 동기는 시간이 경과하더라도 처음 그대로 유지될 수도 있으나 변화될 가능성도 있다. 그 예로 처음에는 건강을 위해 축구동호회에 참여 하였지만 시간이 지나면서 축구 자체가 좋을 수 도 있고 좋은 사람들과의 만남이 참여동기의 원인으로 변할 수도 있다. 이에 지도자는 참여자의 동기가 시간에 변함에 따라 어떻게 변하는지 주의 깊게 관찰할 필요가 있다.

6. 성취동기와 경기력

일반적으로 동기와 경기력은 정상관의 관계가 있는 것으로 보고되었다(Carron, 1980). 그러나 때로는 그 관계가 복잡하고 불확실할 수 있다. 수행초기에는 동기가 높으면 수행의 효율성이 높으나 시간이 가면서 동기수준의 변화가 일어나 그 관계가 유지되지 않을 수도 있다(Ostrow, 1976). 또한 너무 쉬운 과제에서도 그 관계가 나타나지 않을 수 있다. 따라서 동기를 측정하여 무조건 특정 운동종목의 성공을 예측하는 것은 무리가 따른다.

Weiner(1972)가 정리한 성취동기 수준과 수행 후 반응의 관계는 대체로 다음과 같다.

• 성취동기가 높은 사람은 실패 후에 동기가 상승한다.
• 성취동기가 높은 사람은 성공 후에 동기가 저하한다.
• 성취동기가 낮은 사람은 실패 후에 동기가 저하한다.
• 성취동기가 낮은 사람은 성공 후에 동기가 상승한다.

7. 동기유발 전략

앞서 언급된 바와 같이 스포츠 참여에 있어 동기적 요소는 운동의 지속과 운동 효과 등에 긍정적으로 작용한다는 것을 알 수 있다. 스포츠 참여동기 수준을 높이기 위한 전략은 다음과 같다.

1) 운동참가 이유를 이해한다.

관찰, 면담, 질문지 이용 등의 방법으로 참가자의 동기를 주기적으로 점검한다.

2) 다양한 기회를 제공한다.

좋아하는 성향(연습 대 시합)에 맞추어 주고, 강약 조절이 필요하다. 엄격한 훈련과 함께 적절한 시기에 흥미위주의 간이게임 실시도 중요하다.

3) 지도자가 동기 유발에 영향을 미침을 인식한다.

지도자와 선수 사이에 활발한 의사소통이 필요하다.

4) 과제목표성향을 강조한다.

과제 지향적인 사람들은 비교의 준거를 자신으로 하고, 성공과 실패를 자신의 목표에 근거하여 판단하며, 자신과 비교하여 성공을 정의하기 때문에 실패해도 실망하지 않고 노력한다. 또한 내적동기가 높고, 실현 가능한 어려운 과제를 선택하기 때문에 발전 가능성이 높다.

참고문헌

고대선, 강익원(2009). 교양체육수업 참여동기가 자기효능감, 수업만족도, 대인관계성향에 미치는 영향. **한국사회체육학회지, 36,** 943-954.

김동화, 박규남, 최영철(2012). 생활체육 참여동기에 따른 참여만족 및 생활만족의 인과관계 분석. **한국스포츠학회지,** 10(1), 67-76.

성창훈, 김병준(1996). 청소년 운동선수의 스포츠 참가동기 심층분석. **한국스포츠심리학회지,** 7(1), 153-172.

이승준, 김승재(2010). 대학 교양체육의 참여동기에 따른 수업만족도 및 운동지속의사의 관계. **한국사회체육학회지, 42,** 1197-1206.

최재희, 김은숙, 송지환(2013). 댄스스포츠 참여노인의 참여동기가 여가만족 및 심리적 행복감에 미치는 영향. **한국무용기록학회,** 28, 163-190.

체육과학연구원(2005). 한국의 체육지표 2005. 체육과학연구원.

Atkinson, J.W. (1974). The mainstream of achievement-oriented activity. In J.W. Atkinson & J.O. Raynor (Eds.), *Motivation and achievement* (pp.13-41).

Bandura, A. (1977). Self-eficacy: Toward a unifying theory of behavioral change. *Psychological Review, 84,* 191-215.

Carron, A.V. (1980). *Social psychology of sport.* Ithaca, NY: Mouvement Publications.

Deci, E.L., & Ryan, R.M. (1985). *Intrinsic motivation and self-determination in human behavior.* New York: Plenum.

Gill, D.L., Gross, J.B., & Huddleston, S. (1983). Participation motivation in youth sports. *International Journal of Sport Psychology, 14,* 1-14.

Lenney, E. (1977). Women's self-confidence in achievement situations. *Psychological Bulletin, 84,* 1-13.

Ostrow, A.C. (1976). Goal setting behavior and need achievement in relation to competitive motor activity. *Research Quarterly, 47,* 174-183.

Sage, G.H. (1977). *Introduction to motor behavior:* Aneuropsychological approach (2nded.) Reading, MA: Addison-Wesley.

Sarason, I.G., & Smith, R.E. (1971). Personality. *Annual Review of Psychology, 22,* 393-446.

Spielberger, C.D. (1971). Trait-state anxiety and motor behavior. *Journal of Motor Behavior, 3,* 265-279.

Weinberg, R.S., & Gould, D. (2010). *Foundations of Sport and Exercise Psychology.* US: Human Kinetics.

Weiner, B. (1972). *Theories of motivation:* Form mechanism to cognition. Chicago: Rand McNally.

Weiss, M.R., & Chaumeton, N. (1992). Motivational orientation in sport. In T. Horn (Ed.), *Advances in sport psychology*(pp.61-99). Champaign, IL: Human Kinetics.

제7장

스포츠와 귀인행동

사건의 원인을 알면 미래에 대한 대책을 세울 수 있으므로 사람들은 자신과 주위에서 일어나는 일을 이해하고 통제하려는 욕구를 가지고 있다. 귀인(attribution) 이론은 사건을 일으킨 원인이 무엇인지를 인지적으로 판단하여 인간의 동기와 행동을 설명하려 한다. 즉 같은 사건일지라도 그것을 일으킨 원인에 대한 사람들의 생각은 각기 다를 수 있다. 따라서 개인의 귀인 성향과 귀인 결과가 그의 정신적, 사회적 삶에 어떠한 결과를 초래하는가를 탐구할 수 있는 것이다. 스포츠 상황에서 귀인 행동에 대한 연구는 성공이나 실패를 무엇의 탓으로 돌리는지를 규명하려 한다. 스포츠 상황에서 지도자가 경기 결과에 대한 이유를 분석하고, 그 귀인에 근거하여 다음 경기에 대처함으로써 상황을 유리하게 이끌 수 있다. 또한 귀인의 결과는 선수의 감정, 동기, 기대감에 영향을 미치기 때문에 적극적인 대처가 필요하다. 스포츠심리학자들은 귀인이론을 스포츠 활동에 응용하고자 많은 노력을 하였다. 스포츠 귀인에 관련된 선행연구들을 종합 분석한 Biddle(1993)에 따르면 선수들은 결과예측이 어렵거나 목표를 달성하지 못했을 때 원인을 찾는 경향이 강하다고 한다. 그리고 일반심리학에서 제시된 네 가지 주요 귀인인 능력, 노력, 과제, 운은 스포츠에도 적용이 가능하다고 하였다.

제7장
스포츠와 귀인행동

1. 귀인의 모형

귀인이론은 사람들이 그들의 성공과 실패를 설명하는 이유에 관심을 두고 있다. 대인관계를 설명하기 위해 Fritz Heider(1896~1988)에 의해 제안된 귀인 이론은 Bernard Weiner(1935~)에 의해 더욱 확대 해석되어 획기적으로 발전되었다. Weiner(1972)는 성취상황에서 동기와 정서가 대부분 귀인에 있음을 인식하고, 이해하기 쉽고 다양한 상황에서 적용할 수 있는 모형으로 발전시켰다.

1) Heider의 귀인 모형

귀인 이론의 창시자로 알려진 Fritz Heider는 인간이 자신의 삶에 안정성을 높이기 위해 일상의 사건들을 예측하고 이해하기 위해 노력하는데 착안하여 귀인 모형을 개발하였다. Heider(1958)의 귀인 모형이 (그림 7-1)에 나타나 있다.

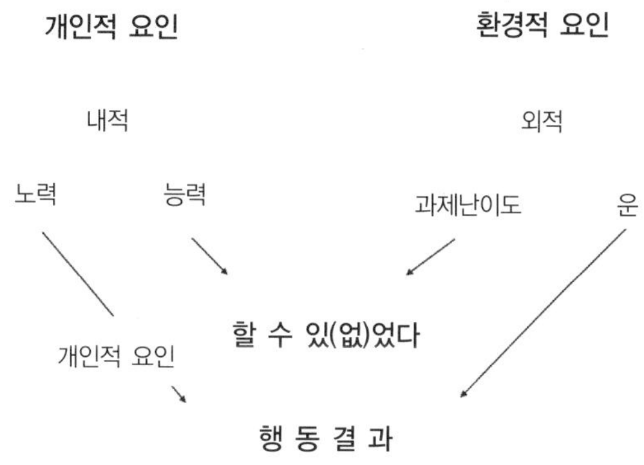

그림 7-1. Heider의 귀인 모형

사건의 결과는 내적인 개인적 요인이나 외적인 환경적 요인에 의해 일어난다. 개인적 요인에는 노력(effort)과 능력(ability)이 있고, 환경적 요인에는 과제난이도(task difficulty)와 운(luck)이 있다.

Heider에 따르면 개인적 요인의 능력과 환경적 요인의 과제난이도가 상호작용하여 "할 수 있다 혹은 할 수 없다"를 결정한다고 한다. 만약 과제가 매우 어려웠지만 성취되면 능력이 좋았던 것으로 간주되고, 과제도 어렵고 능력도 부족할 때는 다른 요인들로 그것을 설명해야 한다고 제안하고 있으므로 이 모델은 합리적이라고 할 수 있다.

2) Weiner의 2차원 귀인 모형

Weiner(1972)가 제안한 이 모형에 따르면 성공이나 실패의 원인은 능력, 노력, 과제난이도, 운의 네 가지 요인들로 귀인된다. 능력은 본인의 실력 혹은 재능, 노력은 연습량, 과제난이도는 상대의 실력, 운은 심판이 예가 될 수 있다. 이 때 성공과 실패의 원인을 안정성과 인과성의 두 차원으로 나누어 설명하려고 시도했다. 이들 두 차원은 결과의 원인이 내적(주체)이냐 외적(환경)이냐에 따라 인과성, 결과의 원인이 안정된 것인지 불안정한 것인지에 따라 안정성으로 나누어졌다(그림 7-2). Frieze(1976)는 경기를 마친 선수들의 귀인을 분석한 결과 응답자의 95%가 다음의 4가지 중에 하나를 원인으로 돌렸음을 발견하였다.

		인과성: 내적	인과성: 외적
안정성	안정	능력	과제난이도
	불안정	노력	운

그림 7-2. Weiner의 2차원 귀인 모형

3) Weiner의 3차원 귀인 모형

Weiner(1986)는 차후에 2차원적 분류체계로는 귀인을 설명하기에 불충분하다고 판단한 나머지 통제성(controllability)이란 한 차원을 추가하였다. 통제성은 자신의 힘으로 통제가 가능한지 아닌지를 판단하는 차원이다. 이 때 노력은 통제가 가능하고 능력, 과제난이도, 운은 통제가 불가능한 것으로 분류된다(그림 7-3).

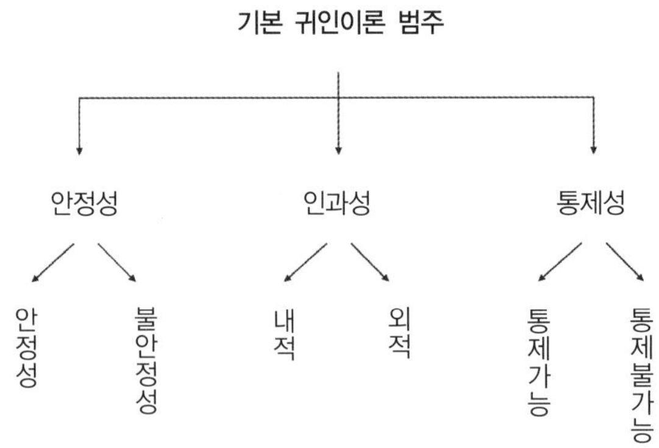

그림 7-3. Weiner의 3차원 귀인 모형

2. 귀인과 심리적 행동

선수들이 경기결과를 어떻게 귀인하는가에 따라 그들의 기대감, 정서, 그리고 장래의 성취동기에까지 영향을 미친다. 귀인의 결과와 심리적 결과의 관계가 (표 7-1)에 잘 나타나 있다.

만약 어떤 선수가 승리의 원인이 안정적 요인인 자신의 능력 때문이라고 해석한다면 다음에도 이길 수 있다는 자신감이 생길 것이다. 나아가 그 선수는 계속 선수생활을 지속할 가능성이 높을 것이다. 만약 성공의 원인을 불안정한 요인에서 찾는다면 자신감이 줄어든다. 반면 어떤 선수가 실패의 원인을 능력과 같은 안정적인 것에서 찾으면 자신감이나 동기가 줄어든다. 만약 실패의 원인을 불안정적 요인에서 찾으면 자신감이나 동기가 크게 줄어들지는 않을 것이다. 한편 내적 요인에 귀인을 할 경우 긍지나 창피함 같은 정서반응이 커진다. 반면 외적인 요인에 귀인을 할 경우 긍지나 창피함이 감소한다.

경쟁적인 스포츠나 규칙적인 운동에 참여하는 성인들은 성공과 실패가 모두 자신에게 있다고 생각하는 것이 발전에 도움이 된다. 즉 성공의 원인을 내적이며, 통제가능하고, 안정적인 원인으로 해석하는 것이 좋으며, 실패의 원인은 내적이며, 통제가능하고, 불안정적 요인에서 찾는 것이 좋다.

그러나 청소년의 경우에는 귀인유형을 파악하여 필요시에 교체할 필요가 있다. Seligman(1975)은 동물을 대상으로 실험한 결과를 토대로 어린 선수들이 계속적인 패배를 경험하면 자포자기하는 심리상태, 학습된 무기력(learned helplessness)을 나타낼 수 있다고 주장하였다. 학습된 무기력을 보인 선수들은 패했을 때 그 원인을 안정적 원인(능력부족)으로 돌리고, 승리했을 때는 불안정적 원인(운)으로 돌리려는 경향이 있다. 따라서 승리시에는 안정적, 내적 원인을 귀인(운에서 능력이나 노력으로)으로 돌려 자신감과 자부심을 키워주고, 패배시에는 불안정적 원인을 귀인(노력이나 운)으로 돌려 자신감을 잃지 않도록 해야한다.

특히 학습된 무기력이 심하면 어린 선수들은 영원히 스포츠를 떠날 수 있으므로 세심한 주의가 필요하다. 그러나 그것이 지나치면 책임감을 잃게 할 수도 있으므로 때로는 내적인 원인도 귀인으로 돌릴 필요가 있다는 주장도 있다.

표 7-1. 귀인과 성취동기의 관계

귀인	심리적 결과
안정성 요인 안정적 불안정적	**성공 기대감** 성공 기대감의 증가 성공 기대감의 감소
인과성 요인 내적 외적	**정서적 반응** 자부심 혹은 창피감 증가 자부심 혹은 창피감 감소
통제성 요인 통제 가능 통제 불가능	**동기의 변화** 동기 증가 동기 감소

3. 귀인 결과와 행동

1) 자기 지향성

Fontaine(1975)은 귀인에 있어 사람들은 항상 합리적 모델에 따르지 않고 때로는 자신을 위하여 비합리적 모델을 따른다고 주장하였다. 그것을 자기지향성(ego-centrism)이라 부르며, 그것은 자기고취와 자기보호로 분류된다. 자기고취(ego-enhancing)는 승리시 운이 작용했으나 내적 원인으로 돌리는 경향이다. 자기보호(ego-protecting)는 패배시 능력이나 노력이 부족했으나 외적 원인으로 돌린다.

2) 성별 차이

다른 분야에서 수행된 과거의 연구들은 남자들은 주로 내적인 요인(능력, 노력)에 여자들의 주로 외적인 요인(운, 과제난이도)에 귀인하는 경향을 발견하였다. 그러나 스포츠 분야에서는 성차가 거의 없는 것으로 밝혀졌다.

3) 연령

스포츠 상황에서의 귀인의 정보처리 과정, 능력과 노력을 구분하는데 연령차가 존재하는 것으로 보인다.

4) 승자 대 패자

승자는 내적이고 안정적인 요인에 귀인하는 반면에 패자는 외적이고 불안정한 요인에 원인을 돌리는 경향이 강하다.

5) 과제성향 대 자기성향 목표

과제(task) 지향적인 사람은 노력으로 원인을 돌리는 반면에 자기(ego) 성향의 사람은 능력의 탓으로 돌리는 경향이 강하다.

6) 성취동기

성취동기가 높은 사람은 성공 이유를 안정적이며 내적으로 돌리고, 실패이유를 불안정적이며 외적 원인으로 돌린다. 성취동기가 낮은 사람은 성공이유를 불안정하며 외적 요인으로 돌리고, 실패이유를 안정적이며 내적 요인으로 돌린다.

4. 스포츠 귀인 연구의 적용

1) 귀인 요인

사건의 원인을 무엇으로 인지하느냐는 귀인 연구의 핵심적인 문제이다. 따라서 선수가 피험자로서 지각한 원인을 정확하게 측정하지 못하면 연구의 의미가 없다. 많은 연구에서 성공과 실패에 대한 원인을 Weiner의 네 가지 기본 요인들에만 의존해 왔는데 그것들만으로 스포츠 상황에서 승패의 원인을 완전하게 대표해 줄 수는 없다. 팀웍, 코칭, 심판 등 그 외의 요인들이 포함될 필요가 있다.

2) 차원의 분류

개방형 질문지를 사용한 경우에 선수가 선택한 원인을 연구자가 임의로 분류하는 것은 왜곡시킬 수 있다는 문제점이 대두되었다. 예컨대 노력이라는 것을 어떤 선수는 불안정된 것으로 해석하나 어떤 선수는 자신은 항상 열심히 노력하기 때문에 안정적인 것으로 해석할 수 있다는 것이다. 특히 능력은 일정한 시점에서는 안정되고 통제가 불가능한 것이나, 장기적인 안목에서 판단하면 얼마든지 변화시키고 통제가능하다고 믿을 수 있는 것이다. 또한 과제난이도도 안정된 것으로 분류되어 있는데 상대팀이 경기마다 변할 수 있기 때문에 불안정한 것으로도 분류가 가능할 것이다(김성옥, 1994).

3) 결과의 지각

스포츠 상황에서 경기에 이기면 성공, 지면 실패로 단순히 분류하면 문제가 생길 수 있다. 즉 이러한 절대적인 기준은 피험자의 지각을 왜곡시킬 수 있다. 체조, 스키, 스케이팅 같은 개인 스포츠에서는 성공과 실패에 대한 기준보다 개인의 성취, 탁월한 기준, 팀 공헌도에 따라 정의를 하는 경우가 많다. 또한 최근에는 대학팀과 프로팀 선수들이 함께 참가하는 대회들이 있는데 한 대학선수가 프로팀 선수에게 졌지만 선전했을 때 성공이라고 인지할 수도 있다.

4) 행위자의 편견

지금까지 연구자들은 주로 행위자의 귀인만 다루었고 관찰자의 귀인은 무시하였다. 예컨대 선수와 코치가 스포츠기자들 보다 더 심한 자아편견을 보이는 것이 이 경우에 해당한다. 그 외 자아지향성, 성별차이 등이 다른 결론에 이르게 할 수 있을 것이다.

5) 측정

일반적으로 귀인을 측정할 때 경기가 끝난 후 이기거나 진 것을 기억해서 질문지에 답했다. 성공이나 실패를 인위적으로 조작하거나, 게임에 이기고 진 것을 상상해서 귀인하면 실제 상황과 많이 다를 수 있을 것이다. 또한 과거의 연구들은 개인과 단체 스포츠 선수들을 분리하여 귀인을 측정하는데 실패하였다. 팀의 노력이나 능력이 씨름과 같은 개인종목에서는 내적인 것이 아니라 외적일 수 있기 때문이다.

6) 문화적 차이

귀인은 사회화 과정을 통해서 배운 가치와 관련되어 있기 때문에 문화에 따라 차이가 날 수 있다. 따라서 서구에서 수행된 스포츠 귀인 유형에 대한 연구들은 서구의 문화를 토대로 한 것이다. 서구선수들은 패배 시 왜라는 질문과 함께 이유를 찾으려고 노력한다. 그러나 우리나라 선수들은 주로 "패자는 말이 없다" 는 식으로 패배를 겸손히 받아들이고, 승리의 원인도 지도자, 부모, 팀 단결 등의 자기노력 이외의 요인에서 찾으려는 경향이 있다. 따라서 문화적 배경을 고려하지 않고 우리나라에 동일하게 적용하기는 어렵다.

5. 귀인 훈련의 지침

스포츠 상황에서 지도자가 경기 결과에 대한 이유를 분석하고, 다음 시합을 귀인에 근거하여 대처함으로써 경기에 유리하게 할 수 있다. 귀인 훈련에 관한 지침은 다음과 같다.

1) 원활한 의사소통

지도자의 귀인이 선수의 동기유발에 영향을 미침을 인식하고, 활발한 의사소통이 이루어지도록 노력한다.

2) 귀인유형 교체

선수의 귀인유형을 정확히 파악하고 자신감과 성취동기를 높이기 위해 필요하면 교체한다.

3) 긍정적이고 구체적인 조언

귀인에 대해서 바람직한 조언을 제공한다. 선수의 능력을 의심하는 피드백을 자제하고, 오직 기술 향상을 위한 구체적 정보를 제공한다.

참고문헌

김성옥(1994). 자기효능감과 중계변인으로서의 귀인. **한국스포츠심리학회지, 5**(1), 3-18.

Biddle, S. (1993). Attribution research and sport psychology. In R.N. Singer, M. Murphy, & L.K. Tennant (Eds.), *Handbook of research on sport psychology*(pp.437-464). New York: Macmillan.

Fontaine, C. (1975). Causal attribution on simulated versus real situations: When are people logical, when are they not? *Journal of Personality and Social Psychology, 32,* 1021-1029.

Frieze, I.H. (1976). Causal attributions and information seeking to explain success and failure. Journal of Research in Personality, 39, 591-605.

Seligman, M.E.P. (1975). *Helplessness on depression, development and death.* San Francisco: W. H. Freeman.

Weiner, B. (1972). *Theories of motivation: Form mechanism to cognition.* Chicago: Rand-McNally.

Weiner, B. (1986). *An attribution theory of motivation and emotion.* New York: Springer-Verlag.

제8장

스포츠와 공격성

순기능 관점에서 스포츠는 폭력을 억제하고 조절시키는 역할을 한다고 믿어져 왔다. 그 결과 미국에서는 야간의 길거리 농구가 청소년의 범죄 예방과 선도에 도움이 된다는 이유로 활성화되어 인기를 누리고 있다. 그러나 때로는 스포츠 경기장에서 상대방을 해치기 위한 공격의 장면이 쉽게 나타나기도 한다. 즉 선수, 지도자, 심판, 관중들이 자신들의 요구를 관철시키기 위해 충돌하는 경우가 매우 허다하다. 흔히 접하는 프로야구에서 양 선수단이 집단적으로 충돌하는 벤치 클리어링(bench clearing)이나 아이스하키 경기에서 수비기술인 체킹(checking)이 심하게 이루어진 이후 선수끼리의 주먹다짐 등도 공격성에 기인한다. 또한 많은 운동선수들이 경기에 이기기 위해서는 공격적이어야 한다고 믿고 있는데, 실제로 스포츠 상황에서 공격성은 적극적이고 훌륭한 수행을 묘사하는 용어로 사용되기도 한다. 특히 복싱, 레슬링, 태권도, 축구, 농구, 아이스하키 등은 어느 정도의 공격을 사회적으로 인정하는 통로로 보여 질 때도 있다. 이 장에서는 스포츠 상황에서 공격과 수행력의 관계를 분석하고 공격성을 줄이기 위한 대처방안을 알아본다.

제8장
스포츠와 공격성

1. 공격성의 정의

Parens(1987)는 타인이나 자신에게 정신적 · 신체적으로 해를 가할 수 있는 언어적 또는 신체적 행동을 공격성(aggression)이라고 정의한 바 있다. 관련 학자들의 정의를 종합해보면 어떤 대상을 해치기 위한 일련의 행동을 공격성이라 하고, 그것이 더욱 심해지면 폭력(violence)이라고 할 수 있다. 폭력은 훨씬 심각한 형태의 신체적 공격의 의미를 내포한다. 일반적으로 스포츠 활동에서 적극적이거나 단호하게 시합에 임하는 경우 공격이라는 표현을 쓰지 않는다. 따라서 스포츠상황에서의 공격행동은 부분적으로 폭력과는 구분되어질 필요가 있다.

공격의 성립조건은 해치려는 의도(intent to harm)가 있어야 하고, 해칠 수 있다는 자신의 주관적 기대가 있어야 하며, 공격 대상이 살아있는 생물체(living target)여야 한다(Gill, 1986). 따라서 동물을 발로 차는 것은 공격적 행위지만 의자를 발로 차는 것은 공격적 행위가 아니다. 그 외 공격과 혼용되는 다음의 용어들을 이해할 필요가 있다.

1) 적대적 공격

적대적(hostile) 공격은 사전에 정의된 공격과 가장 비슷하고 혼용해서 많이 사용된다. 상대방을 해쳐서 고통 받는 모습을 보겠다는 공격이므로 항상 분노(anger)가 수반되어야 한다. 주로 상대의 자극에 대한 반응으로 발생되는 경우가 많다. 야구에서 타자가 고의로 시간을 지체할 때 투수가 타자에게 강속구를 몸 쪽으로 던지는 것이 적대적 공격의 예가 될 수 있다.

2) 수단적 공격

수단적(instrumental) 공격은 어떤 목적을 위해 공격이 수단인 셈이다. 상대방을 해치려는 의도가 있으나 분노를 수반하지는 않는다. 그 목적이 상대방의 고통이 아닌 외부적인 승리, 돈, 명예 같은 목적을 쟁취하는데 있다. 스포츠 상황에서 축구 태클을 하며 상대방 골게터의 정강이를 차는 행위가 좋은 예가 된다.

3) 단호한 행동

단호한(assertive) 행동은 위의 공격들과 구별된다. 이것은 전혀 상대를 해치려는 의도 없이 목적을 성취하기 위한 합법적이면서 이례적인 노력이다. 사기를 돋우기 위한 함성, 야구 주자의 슬라이딩, 축구 골키퍼의 몸을 날리는 방어 등이 이 행동에 해당한다. 단호한 행동 중에는 부상이 일어나더라도 해칠 의도가 없었기 때문에 공격 행위가 아니다.

2. 공격성 원인에 대한 이론

공격성이 발생되는 원인이 본능적인 것인지 아니면 학습된 현상인가에 대해서 학자들 간의 의견이 불일치한 상태에 있다. 두 입장 중에서 어떤 측면을 지지하는가에 따라 공격에 대한 접근 방법은 달라져야 하므로 관련 이론들을 이해하는 것은 중요하다. 지금까지 주목을 받아온 공격성 원인이 왜 일어나는지를 설명하는 이론들은 다음과 같다.

1) 본능 이론

본능(instinct) 이론은 사람이 공격을 하는 이유가 타고난 특성이기 때문이라는 것이다. 즉 사람이 식욕이나 성욕 같은 선천적 본능을 가지고 있듯이 동물처럼 공격의 본능도 가지고 있다는 주장이다. 심리학자 Freud(1950)에 따르면 인간의 본능 중 가장 중요한 것이 성(sex)과 공격 본능으로 이러한 것들은 해소되어야 하며, 태어날 때부터 지니고 있는 죽음의 본능이 공격성을 야기하는 에너지 역할을 한다고 주장하였다. 그들이 분출되지 않고 폭발하면 인간은 병을 얻거나 자살을 하거나 살인과 같은 행위를 하므로 사회가 공격 본능을 통제하고 승화시키는 역할을 해야 한다는 것이다.

그러한 본능은 스포츠 현장에서도 나타날 수 있는데 본능이 해소되어 정화(catharsis)되기도 하고, 직접적 행동으로 공격이 나타나기도 한다(Husman & Silva, 1986). Lorenz(1966)는 Freud의 정화가설을 받아들여 스포츠가 생물학적 배출구의 역할을 해야 한다고 주장하였다. 이 이론의 문제점은 공격이 하나의 본능이기 때문에 근본적으로 대처할 방법이 없다고 가정할 때 나타난다는 것이다. 또한 이 이론은 복잡한 현상을 설명하기에 너무 단순하고, 실험에 의한 과학적 증거가 아닌 일화적인 사례를 바탕으로 제시된 증거라는 다른 약점도 가지고 있다.

2) 좌절-공격 이론

좌절-공격(frustration-aggression)이론은 Freud의 본능 이론을 기반으로 Dollard, Doob, Miller, Mowrer, 및 Sears(1939)가 주장한 이론이다. 이에 따르면 공격은 목적을 이루지 못한 좌절로 인해 분노하기 때문에 일어난다는 주장이다. 따라서 공격행위는 항상 좌절의 결과로 나타나고, 좌절은 언제나 공격행위를 초래한다고 가정한다. 예컨대 시험에서 아는 문제를 틀린 경우나 심판의 불공정한 판정에 대해서 공격의 욕망이 일어나는 것이 좋은 예다. 이 이론의 문제점은 좌절이 항상 공격으로 이어지지는 않는다는 것이다. 즉 다른 방법으로도 공격적인 마음을 해소할 수가 있고, 냉담해지거나 우울증에 빠질 수도 있기 때문이다.

3) 수정된 좌절-공격 이론

Berkowitz(1965)는 좌절이 항상 공격으로 나타나지는 않고, 감정적 준비가 되어 있고, 공격이 적절하다는 환경적 단서가 있을 때 일어난다는 주장이다. 즉 매우 싫어하는 자극이 제시되어 화가 날 때 자신의 공격을 주위에서도 지지하겠다는 판단이 서면 공격행위가 일어난다는 것이다. 실제로 Averill(1983)의 조사연구에 따르면 좌절로 인해 공격욕구가 발생된다 하더라도, 신체적 공격행위로 나타나는 것은 10% 정도뿐이며, 50% 정도가 언어적 공격행위로 나타난다고 한다.

4) 사회학습 이론

공격성은 환경 속에서 학습된다는 것이 사회학습(social learning) 이론이며, 모방이론 또는 관찰학습이론으로 불리기도 한다. Bandura(1973)는 공격성이 하나의 생물적 본능이지만 배우지 않으면 일어날 수 없으므로 학습효과의 역할을 강조하였다. 만성적으로 폭력에 노출된 유아 집단이 비교 집단보다 공격행동이 더 많이 나타날 때 이 이론은 지지된다. 또한 분노가 공격으로 나타날 때 개인과 성별에 따라 다른 모습으로 나타나는 것은 공격행위도 환경의 영향을 받고 있음을 뜻한다.

3. 공격성의 측정

공격성을 측정하기 위해 여러 방법들이 제시되었다. 그러나 공격성이란 남을 해치려고 하는 의도를 측정하는 것이므로 피험자가 협조하지 않으면 실제의 측정이 매우 어렵다. 따라서 표준화된 검사지가 훈련된 전문가에 의해 사용되는 것이 중요하다.

1) 특성 공격성 측정

(1) 투사기법

성격 검사에서 사용된 투사기법(projective techniques)을 통하여 공격성을 측정하였으나 최근에는 잘 사용하지 않는다. 이 기법에는 잉크가 쏟아진 모양을 해석하는 Rorschach의 검사와 주로 인물이 등장하는 그림을 보고 해석하는 주제통각 검사(Thematic Apperception Test) 두 가지가 있다. 이러한 투사기법은 그림을 해석하는 피험자의 방법과 반응 등을 분석하여 무의식적 욕구나 성격 등을 파악하는 방법이다.

(2) 검사지법

- The Buss-Durkee Hostile Scale
  총 75개의 문항으로 66개는 적의적 분노를 9개는 죄의식을 측정한다.
- The Anger Self-report Test
  총 64개 문항으로 화날 때의 표현방법으로 공격성을 측정한다.
- The Bredemeier Athletic Aggression Inventory
  운동선수를 위해 개발된 공격성 측정 검사지이다. 총 100개의 문항 중 50개는 도구적 분노를 50개는 일반적 화를 측정한다.

2) 상태 공격성 측정

(1) 버스공격기계(Buss Aggression Machine)

과거 일반 심리학 분야에서 버스(Buss)라는 사람이 개발하여 사용된 방법이다. 피험자에게 교사의 역할을 맡게 하고, 학생역할의 공모자를 충격 상자(Shock box)안에 두어 낱말 잇기 테스트를 한다. 공모자는 고의적으로 틀린 답으로 응답하고, 그 때마다 피험자는 공모자에게 전기충격을 주도록 허락하는

데 그 강도(1에서 10까지)와 지속시간을 측정하여 공격 정도를 판단한다. 실험상황을 조작할 수 있는 장점이 있으나 실제와 얼마나 연관이 깊은지 의문을 제기하는 학자도 있다.

(2) 현장 측정

현장에서의 측정(field measure)은 유용하지만 결과에 영향을 미치는 여러 변인들을 측정하는데 어려움이 있다. 현장 측정에는 크게 관찰과 기록문서(archival)의 두 가지 방법이 있다.

■ 관찰

객관화하기가 어렵지만 기준이 잘 설정되면 매우 가치 있는 측정도구가 될 수 있다. 따라서 반드시 관찰자간에 훈련이 필요하다.

■ 기록문서

경기 후 공식기록에 남아있는 정보를 사용한다. 반칙과 경고, 퇴장 등의 횟수가 실례가 될 수 있다. 공식기록에만 의존해야 하는 단점이 있다.

4. 스포츠와 공격 행위

1) 관중의 공격

사람들이 스포츠 경기를 관전하면 정화(catharsis) 작용을 하는 것이 아니라 오히려 공격행위를 높인다는 주장이 제기되었다. 특히 접촉 스포츠가 관중들의 공격행위를 높일 수 있다고 하였다(Isoahola & Hatfield, 1986). Cavanaugh와 Silva(1986)는 프로 아이스하키 선수들을 조사한 결과 공격은 관중 수, 나이, 음주여부가 중요한 변수임을 관찰하였다. Smith(1983)는 필드에서의 밀치기나 판정시비로 인한 사소한 공격행위가 관중 공격 행위의 촉매가 되는 경우가 많다고 보고하였다. 그 외 관중의 공격에 영향을 미치는 요인으로 성(남성)과 사회적 계층(낮은 계층)을 거론하였다.

2) 경기 윤리와 공격

많은 선수들이 부적절한 공격 행위가 스포츠 현장에서는 바람직하다는 관점을 가지고 있다는 놀라운 연구결과(Bredemeier & Shields, 1986)가 있었다. 예컨대 상대 투수가 빈볼을 던지는 것과 같이 고의로 해치려 할 때는 공격행위를 나타내는 것이 적절하고, 응원단끼리의 싸움은 바람직하지 않다고 생각한다. 이러한 이중적인 도덕성을 경기 윤리(game reasoning)라고 한다.

3) 공격행동과 수행력

공격행동이 수행력에 어떠한 영향을 미치는지에 관한 예측은 크게 정적관계, 부적관계, 무관계로 설명될 수 있다. 일부 지도자들과 선수들은 공격행위가 경기력에 도움이 된다고 생각한다. 그런 경우의 전략은 기술수준이 낮은 선수가 기술수준이 높은 선수를 싸움으로 유도하여 플레이를 위축시키는 것일 것이다. 실제로 공격 행위로 이익을 본 예도 있을 수 있다. 일부 스포츠심리학자들조차도 공격성이 경기력에 도움이 된다고 주장하고 있다(Widmeyer, 1984).

그러나 과거 연구들이 공격과 단호한 행동을 불명확하게 정의하였기 때문에 인과적인 해석을 하는 데 어려움이 있다. 논리적으로도 공격행동은 높은 각성수준을 동반하고, 수행 향상에 주의를 집중시키는 것이 아니라 상대방을 해치는 데에 주의를 기울여야 하므로 경기력에 도움을 주기보다는 오히려 해가 된다는 생각이 지배적이다(Silva, 1980; Gill, 1986). 뿐만 아니라 공격이 경기력에 미치는 효율성을 뒷받침할 실험적 증거는 거의 없다. 또한 McCarthy와 Kelly(1978)는 공격행동과 수행력에 대하여 상관관계가 없다고 보고하였으나, 많은 선행연구들이 긍정적이든 부정적이든 공격수준이 경기력에 영향을 미칠 것이라고 보고하고 있다.

그러나 스포츠상황에서의 공격은 때에 따라 필수불가결의 요소로 작용하기도 하는데, 프로 아이스하키나 프로 레슬링경기, 복싱 등에서는 선수들의 공격적 행위가 관중들에게 하나의 볼거리를 줄 수도 있다. 관중이 없는 경기는 흥미도 없고 진정한 스포츠가 될 수 없으므로 어느 정도는 묵인되어야 한다는 주장도 있다. 그러나 공격 행위는 항상 부상의 위험을 수반하고, 청소년들에게 잘못된 교육적 효과를 전달할 수 있다는 점을 간과해서는 안 될 것이다. 스포츠 활동을 통한 건전한 인격을 갖춘 시민 함양이라는 체육의 관점에서 보면 스포츠 현장에서 일어나는 모든 공격적 행위는 절대적으로 근절되어야 한다. 특히 어린 선수들에게 있어서 이점은 아무리 강조해도 지나치지 않다.

5. 공격을 유발시키는 요인

스포츠 경기에서 공격적 행동을 유발하는 요인들은 많다. 공격행위와 폭력을 야기하는 개인적, 환경적, 심리적 요인들을 검토하면 다음과 같다.

1) 개인적 요인

■ 각성

각성이 높을수록 공격이 일어날 가능성이 높다.

■ 성격

화를 잘 내는 성격과 공격행위는 관련이 높다.

■ 성별

남자가 여자보다 공격 행위를 보일 가능성이 높다.

2) 환경적 요인

■ 스포츠 종목

배구나 탁구 같은 비접촉 스포츠는 공격행동이 잘 일어나지 않는다. 그러나 축구나 아이스하키 같은 접촉 스포츠는 공격행동이 자주 일어난다. 특히 팀 핸드볼의 경우 신체적 충돌이 많고 규칙의 허용범위가 넓어서 공격 행동이 일어날 소지가 많다.

■ 상대의 태도

자신을 해치려 한다고 느낄 때 공격이 쉽게 나타난다.

■ 경기 상황

많은 점수차로 지고 있을 때, 경기 장소가 상대팀의 홈경기일 때, 경기에 패했을 때, 특히 판정이 불공정했거나, 게임이 안 되었거나, 좌절감을 느꼈거나, 신체적 고통을 느꼈을 때, 팀의 순위가 낮을 때, 경기시점(쿼터, 피어리드)의 후반부에서 공격행위가 일어날 가능성이 높다.

3) 심리적 요인

■ 강화

경기 전이나 경기 중에 가족, 팬, 팀 동료, 지도자, 방송매체가 선수의 공격을 인정하면 공격행동이 합리화되고 조장될 수 있다.

■ 모델링

어린 선수들은 좋아하는 프로 선수들의 공격행위를 모델링을 통해서 배울 수 있다.

■ 지각된 심판의 불공정

심판이 불공정하게 판정을 내린다고 지각되면 공격 행위와 폭력이 증가한다. 심판이 정확하고 공정한 판정을 내려야 선수나 관중의 공격 행위를 줄일 수 있다.

6. 공격을 억제시키는 방안

앞에서 기술되었듯이 공격성은 각성을 크게 증가시켜 선수의 집중력과 경기력에 악영향을 줄 수 있다(Silva, 1980). 경기 수행력에 방해가 되는 공격성을 근절시킬 수 있는 구체적 방안들은 다음과 같다.

1) 지도자의 노력

- 좋은 모델을 제공한다.
- 불법적 공격행위에 대해서는 단호하게 처벌한다.
- 지도자와 심판은 공격성과 폭력을 줄이기 위한 세미나에 참석한다.
- 상대 선수에 대해 긍정적인 지각을 가지도록 한다.
- 선수의 사교기술을 길러 준다.

2) 행정적 노력

- 폭력을 조장한 감독이나 코치는 벌금을 부과하고 심의를 거쳐 자격을 정지시킨다.
- 폭력을 야기할 수 있는 외부적 요인(선수, 코치, 팬, 심판)을 제거한다.
- 엄격한 음주 통제 규정을 개발한다.
- 언론매체가 공격적인 선수를 칭찬해서는 안 된다.
- 관중들의 공격적 행위에 대해 즉각적으로 벌을 가한다.
- 경기를 가족단위로 와서 관람하도록 유도한다.
- 심판의 불공정을 제거한다.

참고문헌

Averill, J.R. (1983). Studies on anger and aggression: Implications for theories of emotion. *American Psychologist, 38, 1145-1160.*

Bandura, A. (1973). *Aggression: A social learning analysis.* Englewood Cliffs, NJ: Prentice-Hall.

Berkowitz, L. (1965). The concept of aggressive drive: Some additional considerations. In L. Berkowitz (Ed.), *Advances in experimental social psychology*(Vol. 2, 301-329). New York: Academic Press.

Bredemeier, B., & Shields, D. (1986). Athletic aggregation: An issue of contextual morality. *Sociology of Sport Journal,* 3, 15-28.

Cavanaugh, B. M., & Silva, J. M. (1986). Spectator perceptions of fan misbehavior: An additional inquiry. In C. H. Nadeau, W. R. Halliwell, K.M., Newell, & G.C. Roberts (Eds.), *Psychology of motor behavior and sport.* Champaign, IL: Human Kinetics.

Dollard, J., Doob, J., Miller, N., Mowrer, O., & Sears, R. (1939). *Frustration and aggression.* New Haven, Conn.: Yale university Press.

Freud, S. (1950). *Why war?* In J. Strachey (Ed.), Collected papers. London: Hogarth.

Gill, D.L. (1986). *Psychological dynamics of sport.* Champaign, IL: Human Kinetics.

Husman, B.F., & Silva, J.M. (1986). Aggression in sport: Definitional and theoretical considerations. In J. M. Silva & R. S. Weinberg (Eds.), *Psychological foundations of sport*(pp.246-260). Champaign, IL: Human Kinetics.

Isoahola, S.E., & Hatfield, B. (1986). *Psychology of sports: A social psychological approach.* Dubuque, IA: Williams C. Brown.

Lorenz, K. (1966). *On aggression.* New York: Harcourt, Brace World.

McCarthy, J.F., & Kelly, B.R. (1978). Aggressive behavior and its effect on performance over time in ice hockey athletes: An archival study. *International of Sport Psychology, 9,* 90-96.

Parens, H. (1987). Cruelty Begins at Home. *Child Abuse & Neglect: 11,* 331-338.

Silva, J.M. (1980). Understanding aggressive behavior and its effects upon athletic performance. In W.F. Straub (Ed.), *Sport Psychology: An analysis of athletic behavior in sport*(2nd ed.), Ithaca, NY: Movement.

Smith, M.D. (1983). *Violence and sport.* Toronto: Butterworths.

Widmeyer, W.N. (1984). Aggression-performance relationships In sport. In J. M. Silva & R. S. Weinberger (Eds.), *Psychological foundations of sport* (pp.274-286). Champaign, IL: Human Kinetics.

제9장

스포츠와 응집력

일부 스포츠 지도자들은 팀의 성공과 실패는 구성원들이 얼마나 잘 응집할 수 있느냐에 달려있다고 생각한다. 따라서 전력상 우수해 보이는 팀이 약한 팀에 패했을 때는 팀플레이가 잘 되지 않은 것에 원인을 돌리곤 한다. 반대로 어떤 경기에서는 팀의 단합으로 승리를 거두었음에도 불구하고 선수 개개인의 통계 수치만으로 결과를 해석하려는 경우도 있다. 실제로 어떤 팀은 외부에까지 알려진 불화에도 불구하고 좋은 성적을 거두기도 한다. 이럴 때는 팀의 승리가 언제나 집단의 응집력에 기인한다고 말할 수는 없을 것이다. 즉, 응집력이 높은 팀의 성공가능성이 높을 것이라는 주장은 설득력이 있으나, 주어진 상황과 결과에 일관성이 없어 의문이 제기되기도 한다. 따라서 스포츠에서의 성공과 응집력과는 어떠한 관계가 있는지에 대한 정보는 지도자들의 입장에서 매우 중요하다. 이 장에서는 선행 연구들을 토대로 응집력과 운동 수행의 관계를 분석하고 응집력을 높이는 전략들을 제시하고자 한다.

제9장
스포츠와 응집력

1. 응집력의 정의

응집력(cohesion)이란 사전적 의미로 어떤 집단이나 조직의 구성원들이 목표를 달성하기 위해 서로 단결하고 통합하는 힘을 결집시키는 과정이다. 일반적으로 단결력, 단체정신, 팀웍 등의 개념으로 혼용되고 있지만, 하나의 포괄적, 공식적 학술용어는 집단응집 혹은 응집력이라고 한다. Festinger, Schacter와 Back(1950)은 응집력을 구성원들이 한 집단에 머물도록 하는 힘의 총합이라고 정의한 한 바 있다. 그들에 의하면 구성원들을 집단에 머물게 하는 데는 두 가지 힘에 의해서라고 한다. 첫째는 집단매력(attractiveness of the group)으로, 대인간의 사교활동이 좋아서 응집하는 경우를 말한다. 둘째는 수단통제(means control)로, 어떤 집단에 속하면 이익이 되므로 응집하는 경우인데, 명문학교의 동창회나 명문 스포츠팀에 소속되기를 바라는 것이 여기에 해당한다.

스포츠심리학의 입장에서 응집력이란 집단 구성원의 목표를 성취하거나 정서적 욕구를 채우기 위해서 한 집단이 단결하고 뭉치려는 경향의 역동적 과정을 말한다(Carron & Hausenblas, 1998). Carron, Widmeyer와 Brawley(1985)는 응집력은 독특한 네 가지의 차원으로 구성된다고 하였다. 첫째는 과제응집(task cohesion)으로, 팀 공동의 목표를 위해 응집하며 승리나 우승이 목표가 된다. 둘째는 사회응집(social cohesion)으로, 사람간의 사교활동이 좋아 응집하는 것을 말한다. 셋째는 집단에 대한 개인의 응집력인 개인수준(individual level)과 마지막으로 집단에 대한 소속된 모든 사람들의 응집력인 집단수준(group level)으로 구성되어진다.

2. 응집력의 측정

지금까지의 연구들에 의하면 응집력은 단일 차원적 개념이 아니다. 따라서 응집력은 다차원적으로 구분되어 측정되어 왔다. 스포츠 상황에서 응집력을 측정하는 질문지도 이러한 개념이 반영되어 있다. 현재 사용되고 있는 몇 가지 응집력 질문지들과 교우도(sociogram)를 알아보면 다음과 같다.

1) 질문지

■ 스포츠응집력질문지(Sports Cohesive Questionnaire)

Martens와 Peterson(1971)에 의해 개발된 스포츠응집력질문지는 Martens, Landers와 Loy(1972)의 연구결과를 토대로 개인 간의 매력, 개인과 팀의 관계, 팀 전체에 대한 평가의 3차원 7개의 문항으로 구성되어 있다. 이것은 사회응집력만을 측정하며, 신뢰도와 타당성이 검정되지 않은 단점이 있다.

■ 다차원스포츠응집력도구(Multidimensional Sports Cohesion Instrument)

Yukelson, Weinberg와 Jackson(1984)이 기존의 응집력 검사지의 제한점을 보완하고자 개발하였으며, 총 22개의 문항으로 구성되어있다. 이 질문지에서는 과제 응집력과 사회 응집력 이 외에도 규범요인과 기타 복합적 차원의 요인이 추가되어 4개의 범주, 즉 집단매력, 목표일치성, 팀워수준, 역할가치인정으로 나누어 측정한다. 다차원적으로 측정하는 장점이 있지만 농구팀만을 대상으로 개발되어 다른 종목에 적용하는 데 제약이 있을 수 있다.

■ 집단환경질문지

Carron, Widmeyer와 Brawley(1985)이 집단환경질문지(Group Environment Questionnaire) 개발하였다. 총 18문항으로 응집력을 개인과 집단 그리고 과제와 사회측면으로 구분하여 4차원적으로 측정한다. 질문지에 대한 신뢰도와 타당도가 연구들에서 입증되었고, 여러 종목의 고교, 대학, 실업 선수를 대상으로 한국판도 개발되어 그 사용범위가 넓다. 집단환경질문지의 구성 형태가 (그림 9-1)에 잘 나타나 있다.

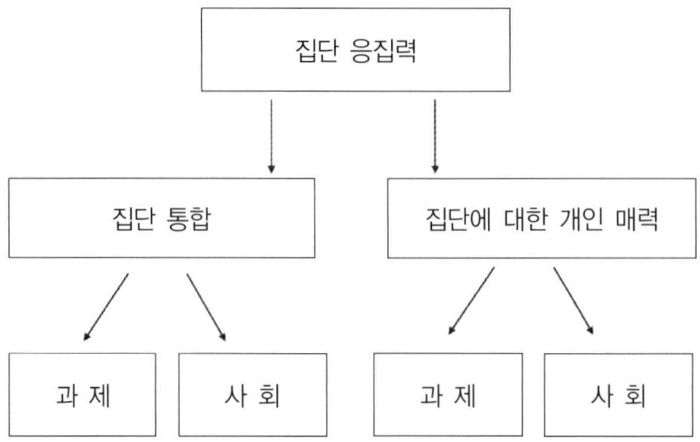

그림 9-1. 집단환경질문지의 구성(Carron 등, 1985)

2) 교우도

질문지는 집단 응집력의 수준을 간편하게 측정하는 가장 보편적인 방법이다. 그러나 특정 개인들이 어떻게 서로 연결되어 있는 지, 즉 누가 서로 좋아하고 싫어하는지를 모른다. 교우도(sociogram)는 구성원 사이의 대인관계를 다각도로 파악하여 파벌, 관계의 형태, 선호되는 사람, 고립되는 사람 등을 조사할 수 있는 도구이다. 예컨대 선수들에게 파티에 초대하고 싶은 사람, 혹은 원정 경기 시 방을 함께 사용하고 싶은 사람을 각기 3인씩 적어 제출하도록 한 뒤, 사람 이름을 화살표로 연결하여 선수들의 사회성을 측정한다. 이 도표에서 여러 사람이 선호하는 사람은 도표의 중심에 있고, 선호 빈도가 낮은 사람은 외곽에 놓이게 된다. 일반적으로 직선 화살표는 좋아하는 것을, 점선 화살표는 싫어하는 것으로 표기할 수 있다. 이 조사는 솔직히 응답되어야 하고, 결과에 대해서는 절대적인 비밀보장이 필요하다. 지도자가 이러한 대인관계를 미리 파악하면 불화, 갈등, 파벌 형성 등을 사전에 예방할 수 있을 것이다.

3. 집단과 수행의 관계

여러 소속팀의 선수들 중 최고의 기량을 가진 선수들만 모아 팀을 구성하면 개개인의 실력은 좋지만 팀으로서의 실력은 형편없이 되는 경우가 있고, 이와 반대로 기량이 부족한 선수들로 구성된 팀이라도 팀으로서는 매우 강하게 되는 경우도 있다. 따라서 지도자는 팀에 소속된 선수들 사이에 어떠한 상호작용이 일어나는지를 이해하는 것이 중요하다.

1) 스타이너 이론

스타이너(Steiner) 이론은 팀에 소속된 개인이 갖고 있는 능력과 팀이 어떤 성과를 나타내는지에 관한 이론으로 그 공식은 다음과 같다.

> 집단의 실제 생산성 = 잠재적 생산성 − 과정손실

이 때 잠재적 생산성은 구성원들이 실력(지식, 기술, 능력 등)을 최대로 발휘했을 때 거둘 수 있는 최상의 결과를 말한다. 과정손실(process loss)은 조정손실(coordination)과 동기손실(motivation loss)의 두 가지 이유로 발생한다. 조정손실은 구성원내의 잘못된 전략이나 타이밍으로 생기는 손실로서 배구에서 공을 서로 양보하거나, 축구에서 사인이 맞지 않아 패스미스를 범하는 등이 대표적인 예이다. 동기손실은 구성원들이 나 하나쯤이야 하는 생각에 자신의 최대 노력을 기울이지 않을 때 생기는 손실이다(정청희와 김병준, 1999). 체육시간에 무거운 매트를 운반할 때 100% 최선을 다하지 않는 경우가 좋은 예다.

농구, 배구, 축구 같은 협동이 중요한 상호작용(interactive) 스포츠는 조정손실이 팀의 수행에 큰 영향을 미치므로 팀 플레이를 위한 전략연습에 많은 시간을 할애해야 한다. 수영, 육상, 체조 등과 같은 공행(coactive) 스포츠는 협동이 많이 요구되지 않으므로 동기손실을 막는 데 주의를 기울여야 한다.

2) 링겔만 효과

줄다리기를 하거나 보트를 저을 때 발휘되는 총 힘은 각 개인의 힘을 합친 것보다 적은 경우가 많다. 이같이 혼자보다 집단에 속해 있을 때 더 게을러지는 현상을 링겔만(Ringelmann)의 효과라고 한다. 집단의 잠재 능력보다 실제 능력이 줄어드는 이유는 각자의 동기가 감소하기 때문, 즉 사회적 태만현상이 발생하기 때문에 나타날 수 있다. 그것을 설명할 수 있는 구체적 이유들은 다음과 같다.

■ 할당 전략

혼자일 때 최대의 능력을 발휘하기 위해 집단 속에서는 힘을 절약하는 의도이다.

■ 최소화 전략

가능한 최소의 노력으로 목표를 달성하려는 의도를 말한다.

■ 무임승차 전략

남들의 노력에 편승해서 공짜로 혜택을 받고자 하는 의도이다.

■ 반 무임승차 전략

타인의 무임승차를 원하지 않으므로 자신도 게으름을 피우려는 의도를 말한다.

사회적 태만은 각자의 노력을 확인하지 못할 경우 가장 잘 나타난다고 한다. 따라서 집단에서 각자의 노력 정도가 엄밀하게 측정되면 사회적 태만이 줄어들 수 있다. 그것을 근거로 Gould와 Weinberg(1995)가 제시하는 사회적 태만을 줄이기 위한 전략은 다음과 같다.

■ 개인 노력의 확인

개인의 노력정도를 기록으로 평가(예, 계영에서 구간별 측정)

■ 허용 상황의 규정

체력에 한계가 올 때 훈련의 방법과 강도를 조절

■ 선수와 대화

태만의 이유를 파악, 선수의 입장 이해, 스트레스 해소

■ 개인의 책임 강조

팀에서의 책임과 임무를 고취

4. 응집력의 결정요인

Carron(1982)은 스포츠 상황에서 응집력을 좌우하는 4가지 요인들로 환경적 요인, 개인적 요인, 팀 요인, 그리고 리더십 요인을 제시하였다(그림 9-2).

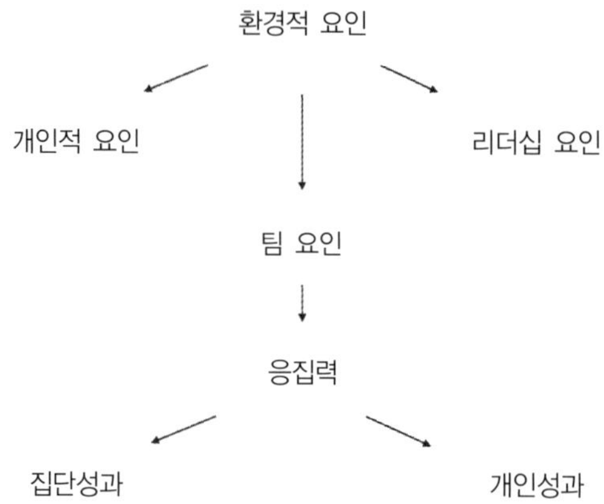

그림 9-2. 스포츠 응집력 개념 모형(Carron, 1982)

1) 환경적 요인

환경적 요인은 집단을 구성하게 해주는 가장 일반적인 특성으로 프로선수의 계약조건, 선수의 장학금 수혜, 가족들의 지지 등이 여기에 속한다. 그 외 집단의 크기와 지리적인 요인도 응집력에 영향을 미친다. Widmeyer, Brawley와 Carron(1990)의 농구선수단을 대상으로 한 연구에서 3~6명의 집단 구성이 가장 우수한 응집력을 보인다고 하였다. 집단이 너무 커지면 구성원간의 관계가 소수 개인들을 중심으로 형성되는 경향이 있다고 한다. 지리적 요인은 거리의 인접성을 의미하며, 포지션이나 라커룸이 가까이에 있는 성원들은 서로 친해질 가능성이 높다. 일반인들이 생활체육 활동에 참여할 때 내는 회비도 응집에 영향을 미치는 환경적 요인의 예가 된다.

2) 개인적 요인

응집력에 영향을 미치는 개인적 요인에는 성별, 연령, 사회적 배경, 선수자격, 개인차, 만족도 등을 들 수 있다. 성별에 있어 여성이 남성보다 응집력이 높고, 부모의 소득수준이 비슷한 선수들로 구성된 팀이 그렇지 않은 팀에 비해 응집력이 높다는 보고도 있다(Eitzen, 1975). 특히 개인차에 있어 참여동기(과제동기, 사회동기, 자기동기)는 다른 개인적 요인들보다 응집력에 미치는 영향이 크다고 한다. 집단에 소속되어 과제나 사회적 상호작용에 대한 개인의 만족도도 크게 영향을 미친다. 응집력이 경기성공으로 이어지고 그러한 성공은 개인의 만족도를 높여 다시 팀의 응집력을 높이는 순환형태로 설명된다. 또한 복장, 헤어스타일, 생활(연습)습관, 플레이 스타일에 있어서도 동질성(conformity)이 높을수록 응집력이 높아질 것이다.

3) 리더십 요인

팀의 지도자 혹은 리더가 어떠한 리더십을 보이는가에 따라 응집력이 영향을 받는다. 따라서 지도자의 유형(style)과 지도자의 행동(behavior)은 선수들과 관계를 형성할 때 중요하다. 지도자의 행동이 적극적이고 민주적일수록, 그리고 지도자의 긍정적 피드백이 많을수록 선수들의 응집력은 높다고 한다(Westre & Weiss, 1991). 따라서 선수들을 팀의 의사결정에 참여시키고 주인의식을 갖도록 하는 것이 중요하다.

4) 팀 요인

응집력에 영향을 미치는 요인으로 팀의 성격(개인종목 대 단체종목), 팀의 성적, 팀의 성취동기(성공에 대한 열망), 그리고 팀의 안정성 등이 여기에 해당된다. 같은 팀에 소속된 구성원의 변동이 적으면 안정성(stability)이 높고 응집력도 강해질 수 있다. 대학 서클 팀은 우승 후에 응집력이 높아지지만, 전통이 있으며 경기에 대한 경험이 풍부한 팀일수록 승패에 관계없이 안정적인 응집력을 보인다. 그 외에 구성원간의 의사소통이 활발하고, 집단 속에서 개인이 맡은 역할에 대해 만족하는 정도와 역할에 대한 이해가 높을수록 응집력에 긍정적인 영향을 미친다. 그리고 개인의 목표보다 팀의 목표가 있을 때 응집력이 강해진다.

이상의 여러 요인들에 영향을 받은 응집력은 궁극적으로 팀의 안정성이나 팀의 수행성 같은 집단성과에 긍정적인 영향을 미치게 된다. 또한 개인의 성과에도 영향을 미치는데 응집력이 높을수록 팀과 경기에 대한 개인의 만족도가 높아진다.

5. 응집력과 운동수행의 관계

응집력이 팀의 경기력에 어떤 영향을 미칠 지에 대한 질문은 스포츠심리학자들의 큰 관심사였다. 총 30여 편의 관련 논문을 분석한 Widmeyer, Carron과 Brawley(1993)는 응집력이 높아질수록 팀 성적이 좋아진다는 상관관계에 대한 결론을 내렸다. 응집력과 수행의 상관관계는 0.57-0.63에 이르므로 성공의 32-40%(분산의 양: 상관관계 r을 제곱한 다음 100을 곱한 수치)가 응집력에 의해서 설명될 수 있다는 연구결과도 있었다(Landers, Wilkinson, Hatfield & Barber, 1982). 경기력에 영향을 미치는 다른 요인과 비교한 연구에서는 응집력은 팀 성공이 갖는 분산의 약 16-22%, 운동능력은 54-60% 정도를 설명하는 것으로 나타났다. 따라서 응집력은 운동능력에 비교하여 3배정도 낮은 공헌을 하는 것으로 해석될 수 있으나, 박빙의 차이로 승부가 결정되는 스포츠라는 특수 상황에서는 그 효과를 절대 무시할 수 없다.

응집력이 높을수록 팀의 성공 가능성이 높은 것은 당연하게 생각되지만 그렇지 않은 경우도 있었다. 사실 응집력에 대한 초기의 연구에서는 수행 향상에 응집력 증가가 긍정적으로 작용한다고 결론을 내리기가 어려웠다. 예를 들어, 1979년 미국 메이저리그 파이러츠(Pirates) 팀은 테마를 “We are family”로 내세워 응집력으로 우승을 차지하였다. 그러나 1960대에 독일의 국가대표 조정팀은 내적 갈등이 심했지만 우수한 성적을 거둔 바 있다. 이와 같이 응집력과 수행 간에는 항상 긍정적 관계만이 성립한다고 볼 수가 없고, 그 배경에는 다음 3가지 요소들을 고려할 수 있다.

1) 측정유형

연구에서 사용한 측정의 유형(type of measurement)이 다를 때 연구의 결과들 간에 일치하지 않을 수 있다. 앞에서 언급하였듯이 응집력은 개념적인 차원에서 과제응집과 사회응집으로 분리된다. 과거 연구들에 의하면 두 가지 측면에 있어서 과제응집이 사회응집보다 수행력에 더욱 도움이 되며, 사회응집의 의미가 간과되어 왔다. 사회 대인적 매력이나 우정을 측정하는 사회응집은 수행력과 무관하다는 보고를 하고 있다. 즉 팀의 공동목표인 승리를 위하여 선수들이 단결된 응집력을 가지면 팀 수행에 긍정적인 효과를 가져 오지만, 단지 선수 간에 관계가 좋은 팀의 수행결과는 성공적이지 못할 가능성이 크다는 것이다. 그러나 Carron, Colman, Wheeler와 Stevens(2002)에 의하면 사회응집이 과제응집과 함께 수행력 향상에 도움이 된다고 한다. 실제 구성원 간에 친밀도나 교제가 좋은 방향으로 진행된다면 팀 분위기도 좋아지고 수행력 향상에 도움이 되는 것이다. 반대로, 팀구성원간에 사회응집이 나빠지면 팀웍이 좋지 않은 상태에서 수행력 향상을 기대하는 것은 무리가 있다. 따라서 수행력에 있어 사회응집에 대한 새로운 관점이 요구된다.

2) 과제성격

응집력과 수행 간의 관계를 다룬 연구 결과들이 일치하지 않은 또 다른 이유는 스포츠에서 요구하는 과제의 성격이 틀리기 때문이다. 스포츠는 과제가 어느 정도로 선수들의 상호 협력을 필요로 하는가에 따라 상호작용과 공행적 스포츠로 분리될 수 있다. 배구나 축구 같은 상호작용적 스포츠는 성공적 수행을 위해서 협응적인 활동을 많이 요구한다. 사격, 양궁, 골프 및 볼링과 같은 공행적인 스포츠, 즉 개인 종목에서는 팀 목표를 위해 상호작용이나 협응과정을 크게 요구하지는 않는다. 야구에서 타격이나 캐칭은 공행적 과제인 반면, 병살(더블) 플레이는 상호작용적 과제이므로 과제 응집력의 요구정도에서 중간 정도에 해당한다.

결론적으로, 스포츠 종목에 따라 응집성이 경기력에 미치는 영향은 다를 수 있다. 과거 연구들에 의하면 농구, 하키 그리고 배구 같은 상호협력을 많이 요구하는 활동들은 집단 내의 응집성이 수행에 효과적이나, 볼링이나 사격 같은 개인 경기는 관련성이 적으며, 오히려 집단 내의 경쟁이 수행에 효과적일 수 있는 것으로 나타났다.

3) 인과관계의 방향

응집성 관련 연구자들의 마지막 관심사는 응집력과 수행간의 인과성 방향이다. 그것은 응집력이 경기력에 영향을 미치는지, 경기성공으로 응집력이 높아졌는지를 밝히는 것이다. 연구들을 고찰한 결과 시즌 초반의 팀 성공과 시즌 후반의 응집력의 관계(0.73-0.81)가 시즌 초반의 응집력과 시즌 후반의 팀성공의 관계(0.57-0.63)보다 높은 상관을 나타내고 있음이 발견되었다. 즉, 수행 성공이 응집력 향상에 더 큰 영향을 미친다는 결과들이다. 응집력이 수행에 영향을 주지만, 수행을 성공적으로 마칠 경우 이로 인해 응집력이 높아지는 영향이 더욱 크다는 주장이다(Mullen & Cooper, 1994). 그러나 일부 연구들은 응집력과 수행간의 관계는 순환적이라고 주장한다. 즉 경기에서 승리한 팀은 응집성이 과거에 비해 높아질 것이고, 그 증가된 응집력은 다시 경기력에 긍정적인 영향을 미칠 것이라 예상할 수 있다(Landers, Wilkinson, Hatfield & Barber, 1982).

6. 응집력을 높이는 방안

집단 응집력에 미치는 영향에 대해 개인, 상황, 팀, 리더십으로 분류하여 설명하였다. 그러나 그들은 서로 독립된 것이 아니라 복잡하게 결합되어 응집력 향상에 공헌한다. 그 중에서 응집력을 높이는 최고의 방법은 의사소통(communication)이라고 알려져 있다. 과제응집과 사회응집에 관련된 사안에 대해 효과적인 의사소통은 응집력을 증가시킬 것이다. 응집력 높은 집단을 만들기 위해 지도자와 선수가 할 수 있는 보다 구체적인 방법들은 다음과 같다.

1) 지도자의 역할

- 내부갈등을 최소화 하기 위해 정기적 팀 모임을 가진다.
- 팀과 개인의 목표를 세운다.
- 각 선수들의 팀 내의 역할을 알려 주고 자존감을 키워 준다.
- 팀을 세분화(포지션, 학년 등)하여 자신감과 긍지를 길러준다.
- 팀에 대한 자부심과 소속감을 키워준다.
- 팀 내 파벌조성(학연, 지연 등)이 되지 않도록 한다.
- 팀 내 분위기를 좌우하는 리더를 파악하여 긴밀한 관계를 유지한다.
- 선수들의 개인적 사항(생일, 선호하는 것)을 알고 배려해 준다.
- 팀의 응집력을 높일 수 있는 의도적인 훈련을 실시한다.

한편, 조직심리학 분야에서는 팀 응집력을 높이는 방안으로 팀 구축 혹은 팀 빌딩(team building)을 권장한 바 있다. 팀 구축 전략에는 목표설정, 역할규정, 대인과정 분석, 응집력 구축이 있고, 이러한 방법은 조직에서 팀 훈련이 여러 면에서 스포츠 영역에서의 팀 구축과 맥을 같이 하기 때문에 스포츠심리학에서도 유용한 정보가 될 수 있다.

2) 선수의 역할

- 연습과 경기 때 최선의 노력을 다하는 모습을 보인다.
- 팀 구성원들, 특히 새로 온 선수를 개인적으로 이해하도록 노력한다.
- 동료 간에 칭찬과 격려를 많이 한다.
- 갈등이나 불만은 빨리 해결하도록 노력한다.
- 동료들의 일, 특히 어려움에 처한 사람을 적극적으로 도와준다.

참고문헌

정청희와 김병준(1999). *스포츠 심리학의 이해.* 도서출판 금광.

Carron, A.V. (1982). Cohesiveness in sport groups: Interpretations and considerations. *Journal of Sport Psychology,* 4. 123-138.

Carron, A.V., Colman, M., Wheeler, J., & Stevens, D. (2002). Cohesion and performance in sport: A meta-analysis. *Journal of Sport and Exercise Psychology,* 24, 168-188.

Carron, A.V., & Hausenblas, H.Q. (1998). *Group Dynamics in Sport*(2nd ed.). Morgantown, WV: Fitness Information Technology.

Carron, A.V., Widmeyer, W. N., & Brawley, L. R. (1985). The development of an instrument to assess cohesion in sport teams: The Group Environment Questionnaire. *Journal of Sport Psychology, 7,* 244-266.

Eitzen, D.S. (1975). Group structure and group performance. In D. M. Landers, D. V. Harris, & R. W. Christina (Eds.), *Psychology of Sport and motor behavior.* University Park, PA: College of HPER, Penn State University.

Festinger, L., Schachter, S., & Backer, K. (1950). *Social pressure in formal group: A study of human factor in housing.* Stanford, California: Stanford University Press.

Landers, D.M., Wilkinson, M.O., Hatfield, B.D., & Barber, H. (1982). Causality and the cohesion-performance relationship. *Journal of Sport Psychology, 4,* 170-183.

Martens, R., & Peterson, J.A. (1971). Group Cohesiveness as a Determinant of Success and Member Satisfaction in Team Performance. *International Review for Sport Sociology, 6,* 49-61.

Martens, R., Landers, D.M., & Loy, J. (1972). *Sports cohesiveness questionnaire.* Washington, DC: AAHPERD.

Mullen, B., & Cooper, C. (1994). The relation between group cohesiveness and performance: An integration. *Psychological Bulletin,* 115, 210-227.

Westre, K., & Weiss, M. (1991). The relationship between perceived coaching behaviors and group cohesion in high school football teams. *The Sport Psychologists, 5,* 41-54.

Widmeyer, W.N., Brawley, L.R., & Carron, A.V. (1990). Group size in sport. *Journal of Sport and Exercise Psychology, 12,* 177-190.

Widmeyer, W.N., Carron, A.V., & Brawley, L.R. (1993). Group cohesion in sport and exercise. In R.N. Singer, M. Murphey, & L.K. Tennant (Eds.), *Handbook of research on sport psychology* (pp.772-692). New York: Macmillian.

Yukelson, D., Weinberg, R., & Jackson, A. (1984). A multidimensional group cohesion instrument for intercollegiate basketball teams. *Journal of Sport Psychology, 6,* 103-117.

제10장

스포츠와 리더십

리더십은 집단의 효율성과 밀접하게 관련되어 있기 때문에 심리학, 경영학, 철학, 사회학, 정치학 등 여러 분야에서 활발하게 연구되어 왔다. 스포츠 분야에서도 지도자의 리더십은 관계자들 사이에 중요한 문제로 대두되고 있다. 효율적인 코치의 리더십은 선수의 수행력에는 물론이고 심리적 정서에도 중요한 영향을 미치기 때문이다. 특히 2002년 월드컵 축구경기에서 우리나라 국가대표 감독이었던 거스 히딩크(Guus Hiddink)는 한국 대표팀을 4강에 입상시키며 훌륭한 지도역량을 보여 주었다. 문화적 차이를 극복하고 그가 이룬 업적에 대해 한국은 물론 전 세계 언론이 극찬을 아끼지 않았으며, 일부 기업들은 그의 지도철학을 경영기법에 적용시키려는 시도까지 하였다. 이처럼 훌륭한 지도자의 예를 드는 것은 쉬우나, 무엇이 그들을 우수한 지도자로 만들었는지를 밝히기는 쉽지 않을 것이다. 이 장에서는 스포츠 분야에서 중요하게 다루어지고 있는 리더십 이론과 관련 연구결과들을 고찰하는 데 목적이 있다.

제10장
스포츠와 리더십

1. 리더십의 정의

리더십(leadership)은 1920년대에 경영학을 중심으로 조직 구성원의 능력의 효율성을 증대시키기 위해 연구되기 시작하였으며, 1960년대와 1970년대에는 이를 기초로 하여 스포츠 리더에 관한 연구에도 적용되어졌다. 이러한 스포츠 분야의 연구는 이론과 실제의 적용으로 발전되면서, 현재에 이르러서는 기업경영에 있어 스포츠 리더의 모델링을 시도하고자 하는 노력들이 구체화되고 있다. 리더십은 우리나라 말로 지도력으로 번역될 수 있으나, 이미 영어 그대로 매우 일반화되어 사용되고 있다. Barrow(1977)는 "리더십은 설정한 목표를 향해 나아가도록 개인이나 집단에 영향력을 발휘하는 행동 과정"이라고 정의한 바 있다. 또한 리더십이 존재하기 위해서는 최소한 세 가지 기준이 만족되어야 하는데, 첫째 두 사람 이상의 성원을 가진 집단이 있어야 하고, 둘째 집단의 공통 과제가 있어야 하며, 셋째 성원 간에는 책임의 분화가 있어야 한다(Stogdill, 1950). 이처럼 리더십은 한 개인이 구성원들을 일정한 방향으로 이끌기 위하여 영향력을 미치는 것을 말한다. 따라서 스포츠에서 리더십은 승리라는 목표아래 즉각적인 판단력을 보유해야 하고, 강화와 동기유발 및 피드백을 제공해야 하며, 신뢰성을 가지고 개인과 팀을 이끌 수 있는 종합적 능력을 의미하는 것이 될 수 있다.

팀의 성격에 따라 리더는 임명되거나, 선출되거나, 혹은 구성원들에 의해 추천되는 방식으로 결정된다. 일반적으로 스포츠지도자들은 집행부로부터 임명되는 경우가 많다. 집단 구성원에 의해 추천된 지도자는 집행부에 의해 임명된 지도자 보다 팀을 효과적으로 운영할 가능성이 높다. 왜냐하면 그들은 지도 능력과 기술에 있어서 구성원들의 지지를 받고 있기 때문이다(정청희와 김병준, 1999). 우리나라에서는 문화적 특성에 따라 연령과 경력이 리더의 중요한 요건이 될 수도 있다.

2. 리더십의 이론

리더십에 대한 초창기의 연구들은 주로 훌륭한 리더들의 성격특성이 무엇인가를 밝히는 것이었다. 그러나 성격만이 리더십을 결정하는 것이 아니라는 사실이 밝혀지면서, 최근에는 집단의 상황과 리더의 행동 간의 상호작용에 대한 리더십 연구에 관심이 모아지고 있다. 리더십을 설명하는 접근 방법에는 특성이론, 행동이론, 상호작용이론, 다차원이론이 있다.

1) 특성 이론

이것은 리더십에 대한 가장 초기의 이론으로 리더에 알맞은 성격을 가진 사람은 어떠한 상황에서도 위대한 리더가 된다는 것이다. 우수한 지도자는 타고나며, 그러한 자질 때문에 지도자로 성공한다는 개념에 입각하여 주로 성공한 지도자의 성격적 특성을 밝히려는 접근 방법이다. 따라서 이 이론은 위인이론(great man theory)이라고 불리기도 했다. 특히 초기의 학자들은 훌륭한 리더는 지능과 자신감이 높고, 결단력과 독립성이 강한 특성을 가지고 있다고 주장하였다. 하지만 지능과 관련된 부분에서는 문헌고찰들에서(Mann, 1959; Campbell, Dunnette, Lawler & Weick, 1970) 리더의 지능과 수행능력 간에는 낮은 상관이 존재하는 것으로 보고하였다. Ogilvie와 Tutko(1966)는 훌륭한 코치는 성격이 강하고, 권위적이며, 융통성이 없다고 했다. 그러나 상황장악에 뛰어나고, 독단적이라 외부의 압력을 싫어하며, 감정을 잘 억제하는 현실적 태도를 가지고 있다고 주장하였다. Sage(1975) 또한 훌륭한 리더의 특성은 매우 권위적이고, 교조적이며, 조작적이라고 주장하였다. 그러나 리더십에 관련된 124편의 논문을 종합 분석한 Stogdill(1948)은 성공적인 리더는 지능, 성취동기, 책임감, 참여, 사회적 지위의 5가지의 특성을 지니고 있다고 했다. 그러나 이 특성들이 훌륭한 리더가 되기 위하여 필요할 수도 있지만 이 특성들을 지니고 있다고 해서 반드시 성공적인 리더가 된다는 것을 의미하지는 않는다고 하였다.

리더십 연구에 있어서 이 접근방법은 몇 가지 특성을 발견하였지만 일관성 있는 연구결과를 제시하지는 못하였다. 심지어 어떤 지도자는 이상적인 지도 행동은 없는데도 효과적인 지도력을 발휘하는 경우도 있었다. 과거 연구들의 결과를 종합하면 지도자들은 각자 다양한 성격적 특징을 가지고 있고, 그들을 성공적으로 만드는 구체적이고 공통적인 특성이 존재하는 것은 아니라는 것이 지배적인 의견이다. 따라서 최근의 리더십 연구들에서 특성적 접근방법은 잘 사용되지 않고 있다.

2) 행동 이론

리더십을 규명하는데 특성적 접근이 한계에 부딪히자 그 후의 연구들은 우수한 지도자의 공통된 행동을 찾는데 힘을 기울였다. 행동적 접근을 시도한 학자들은 우수한 지도자는 태어나는 것이 아니라, 성공적인 리더의 일반적 행동 특성을 가르치면 누구나 훌륭한 리더가 될 수 있다는 입장에서 연구를 하였다. 따라서 리더의 행동을 분석하고 그 행동이 팀의 성공이나 선수 만족에 미치는 영향을 규명하고자 시도하였다.

(1) 비 스포츠 분야의 리더십

리더십에 대해 행동주의 심리학자들이 수행한 대표적인 두 연구를 소개하면 다음과 같다. White와 Lippitt(1968)는 리더의 행동 유형을 전제적 리더십, 민주주의적 리더십, 그리고 자유방임적 리더십으로 분류하여 그것이 집단 구성원의 활동에 미치는 영향을 연구하였다. 전제적 리더십은 지도자가 절대적인 힘을 가지고 팀의 목표와 운영에 대한 결정을 혼자서 내리며, 구성원은 지도자의 명령에 따라 움직이기만 하면 된다. 민주적인 리더십은 집단의 목표와 운영이 성원들과의 토론에 의해 이루어지며, 업적과 상벌이 객관적 기준에 의해 평가된다. 자유방임적 리더십은 리더가 집단의 조직이나 운영에 전혀 관여하지 않고, 구성원에게 모든 것을 맡긴다. 이러한 세 유형의 리더에게 구성원들을 지도하도록 한 후 행동을 관찰한 결과, 구성원들은 다른 유형보다 민주적인 리더를 선호하였고, 취미활동에 보내는 시간도 민주적인 집단에서 가장 많았다. 전제적인 리더에게 지도를 받은 구성원들은 의존성이 높고 불만이 가장 컸다고 한다.

효과적인 리더의 일반적 행동 방식에 대한 연구를 통해 오하이오(Ohio) 주립대학의 경영연구소는 경영, 교육, 군사, 정부기관의 지도자들이 자신의 분야에서 어떻게 행동하는지를 설명하기 위하여 리더행동기술질문지(Leader Behavior Description Questionnaire)로 조사한 결과, 집단의 효율성을 높이는 우수한 리더의 가장 공통적인 두 행동은 배려성(consideration)과 추진력(initiating structure)이라고 주장하였다(Stogdill, 1974). 배려성은 지도자와 구성원 간의 친근감, 신뢰, 존경, 화목한 분위기 등 구성원의 감정 및 만족을 중시하는 행위인 반면, 추진력은 어떤 일을 계획하고, 대화하여 조정하고, 규칙과 방향을 설정하여 진행하는 것으로 집단의 업무를 중시하는 행위를 말한다. 이들 두 행동은 독립적이면서 상호보완적인데 훌륭한 리더는 두 측면에서 모두 높은 점수를 보이는 경향이 있다고 보고하였다.

(2) 스포츠 분야의 리더십

스포츠에서 리더십 행동을 밝히려는 연구 중 대표적인 것은 Danielson, Zelhart, 그리고 Drake(1975)의 연구이다. 이들은 오하이오주립대학에서 개발된 리더행동 기술 질문지(LBDQ)를 수정하여 코치행동기술질문지(Coach Behavior Description Questionnaire)를 개발하였다. 이 질문지를 160명의 중·고등학교 하키선수들에게 적용하였으며, 응답한 내용을 분석한 결과 8개의 코치행동 범주가 밝혀졌다. 그 행동들은 경쟁훈련(훈련과 수행), 추진력(문제해결), 팀 운영(효율성), 유대형성(사교활동), 대표활동(팀의 대표), 조직 의사소통(팀의 조직과 운영), 인정(수행과 참여에 대한 보상), 분발유도(동기유발)의 순이었다.

한편 Challedurai와 Saleh(1978)는 자신들이 개발한 스포츠리더십척도(Leadership Scale for Sport)를 이용하여 남녀대학생들을 대상으로 연구한 결과, 선수들이 가장 선호하는 지도자의 행동은 훈련과 지도, 사회적 지지, 긍정적 피드백의 제공임을 발견하였다. 이것은 전술한 Danielson 등(1975)의 연구와도 같은 결과를 나타내는 것이었다. Murray와 Mann(1993)은 코칭 유형에 관한 여러 연구들을 종합하여 선수들이 가장 선호하는 코치의 행동을 5가지로 요약하였는데 지도자들이 반드시 유념해야 할 내용들이다.

■ 잔소리 안 하는 지도자

선수들은 코치가 잔소리를 많이 하는 것을 좋아하지 않는다. 기술지 도 시 핵심사항만 지적해 주는 것이 바람직하다.

■ 유머감각이 있는 지도자

딱딱하기보다 때론 유머를 사용할 줄 아는 지도자를 좋아한다. 단지 유머가 특정 개인이 마음의 상처를 받지 않도록 사용되어야 한다. 또한 유머를 너무 빈번히 사용하면 지도자의 권위가 무너질 수 있으므로 주의해야 한다.

■ 개인지도를 많이 하는 지도자

그룹지도보다 개인지도를 선호한다는 것이다. 형평성을 잃지 않는 범위 안에서 개별적 지도를 많이 제공하는 것은 바람직하다.

■ 전문지식이 풍부한 지도자

지도하는 종목의 전술을 포함하여 운동생리학, 운동학습, 생체역학, 스포츠 심리학 같은 스포츠과학에 폭넓은 지식을 갖추고 있어야 함을 의미한다. 한 연구에 의하면 선수들은 지도자가 학술발표회나 웍샵에 참가하는 것을 좋아한다고 한다. 따라서 배우려는 자세를 취해서 지도자가 지식이 있다는 믿음을 주는 것은 중요한 코칭행동의 하나가 된다.

■ 팀 분위기를 이끄는 지도자

선수나 팀의 분위기를 파악하고 이끄는 능력이 필요하다. 선수들 사이에 갈등이 있을 때는 그것을 해소하기 위해서 설득과 중재 능력도 소지해야 한다.

3) 상호작용 이론

이 이론은 리더의 특성과 상황사이의 상호작용을 분석하여 리더십을 이해하려는 시도이다. 어떤 지도자가 A라는 팀에서는 효과를 거두었는데 B라는 팀에서는 성공하지 못할 수 있다는 관점이다. 즉 개인의 지도유형이 적절한 상황과 부합될 때 좋은 효과를 발휘할 수 있다는 것이다. 따라서 코칭행동 또한 상황에 따라 변화될 수 있어야 한다. 지도 유형에는 일반적으로 두 가지가 있는데, 과제지향적 지도자는 목표를 설정하고 임무를 완수하는데 중점을 두고, 관계지향적 지도자는 인간관계를 개발하고 유지시키는데 중점을 둔다. 상호작용적 접근을 시도한 대표적 이론이 Fielder(1978)의 유관성 모형(contingency model)이다.

(1) 유관성 모형

유관성 모형은 지도자의 유형뿐만 아니라 상황을 구분하여 리더의 효과성을 설명하려고 시도하였다. Fielder는 리더십이 발휘되는 모든 상황에서 상황의 가장 중요한 특징은 지도자의 통제력이라고 생각하였다. 그의 분류에 따르면 고 통제 상황은 구성원이 화목하고, 과제가 명확하며, 지도자에게 막강한 권한이 주어진 상황을 말하고, 저 통제 상황은 성원의 관계가 불 원만하고, 과제가 복잡하며, 지도자의 영향력도 적은 상황을 말한다. 중간상황은 구성원끼리의 관계가 불 원만하나, 과제는 명확한 경우를 말한다. 결론은 과제지향의 리더는 고 통제 상황과 저 통제 상황에서 효과를 발휘하며, 관계지향의 리더는 중간상황에서 효과적이라는 주장이다. 유관성 모형은 리더십의 효율성을 추론하는데 있어서 지도자의 인적특성과 상황적 요인을 모두 고려하였다는 특징을 갖고 있고 그 둘의 상관관계는 설명한 반면 인과관계에 대한 명확한 해답은 주지 못하였다는 단점을 지니고 있다.

(2) 스포츠 상황에 따른 리더십 유형

Fielder의 이론은 스포츠 상황에서 경험적인 지지를 얻지는 못하였으나, 효과적인 리더십 발휘를 위해서는 상황에 따라서 그에 부합하는 리더십의 형태가 되어야 한다는 주장은 호소력이 있었다. 일반적으로 다음의 상황에 따라 지도자의 유형이나 행동을 변화시키는 것이 바람직하다(Chelladurai & Carron, 1977).

■ 기술수준

기술수준이 높고 과제지향적 선수는 관계지향의 코치가 적합하다. 반대로 기술수준이 낮은 선수에게는 과제지향적 지도자가 효과적이다.

■ 선수의 성숙

초등학교나 중학교 선수에게는 과제지향이 낮고 관계지향이 높은 지도자가 필요하다. 고등학교 선수들은 과제지향과 관계지향 모두가 높은 지도자를 필요로 한다. 대학 선수들은 관계지향이 낮고 과제지향이 높은 지도자가 좋다고 한다. 심리적인 발달과 수행에 도움을 위해서 나이가 어린 선수일수록 관계지향의 리더십이 필요하다. 특히 어린 선수들에게 독재적인 스포츠 훈련은 개인의 성숙과 발전을 저해한다는 점에 주목해야 한다.

4) 다차원 이론

지금까지 논의된 이론들은 리더십을 이해하는데 좋은 틀이 되었으나 신체활동이나 스포츠에 적용시키는데 완벽하지 않다는 지적이 있었다. 이에 Chelladurai(1990)는 스포츠 상황에 맞는 리더십의 다차원 모델(multidimensional model)을 개발하였다. 그에 따르면 스포츠에서 리더십 효과는 지도자의 특징, 선수들의 특징, 상황적 특징에 의해 결정되는데 효과적인 지도력은 상황의 제약과 선수들의 특징에 의해 변할 수 있다고 했다. 이들 세 가지 특징은 세 가지 종류의 행동 즉 규정행동, 선호행동, 실제행동에 영향을 미친다. 이때 규정행동은 지도자가 직책을 수행하기 위해서 당연히 해야 할 행동이며, 선호행동은 선수들이 바라거나 원하는 행동을 말한다. 그리고 실제행동은 지도자가 실제로 행하는 행동을 의미한다. 규정행동과 선호행동이 실제행동에 일치할수록 선수만족과 수행결과에 긍정적인 영향을 미친다고 주장하였다(그림 10-1).

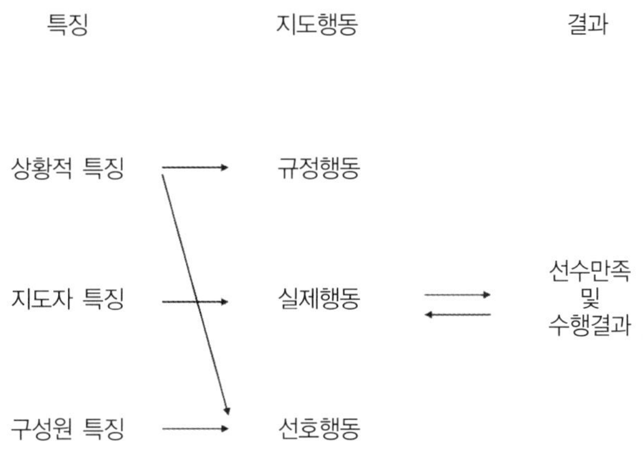

그림 10-1. 스포츠 지도력의 다차원 모델(Chelladurai, 1990)

(1) 다차원 리더십의 측정

다차원이론을 토대로 리더십 행동을 측정하기 위해 Chelladurai와 Saleh (1980)는 스포츠리더십척도(Leadership Scale for Sports: LSS)를 개발하였다. 이 검사지는 총 40문항으로 구성되어 있고, 5점 리커트 척도에 응답하도록 되어 있다. 이 검사지가 측정할 수 있는 다섯 가지의 리더행동은 훈련과 지도, 민주적 행동, 권위적 행동, 사회적 지지, 긍정적 피드백이다.

(2) 다차원 리더십의 연구

Chelladurai(1978)의 다차원 모형을 근거로 다수의 연구들이 수행되었다. 이 연구들은 지도하는 선수들의 특성에 따라 리더십 유형을 조정할 필요가 있다고 주장하였다. 즉 리더의 행동은 선수의 연령, 성별, 동기, 기술수준, 운동종목에 따라 바뀔 필요가 있음을 강조하였다.

■ 연령

선수의 연령이 높을수록 권위적인 지도행동을 좋아한다. 대학의 지도자는 고등학교 지도자보다 권위적일 필요가 있다.

■ 성별

남자선수들은 여자선수들에 비해 리더로 부터 훈련과 지도 행동, 권위적 행동을 더 선호한다. 그러나 여자선수들은 민주적 지도행동을 더 선호한다. 따라서 남자선수들에게는 많은 양의 피드백을 제공하며 엄격하게 지도하고, 여자선수들은 팀 운영에 자주 참여시키는 것이 바람직하다.

■ 동기

과제동기가 높은 사람은 훈련과 지도행동을 선호하는 반면, 소속과 유대감에 동기를 가진 선수는 사회적지지 행동을 선호한다.

■ 기술수준

기술수준이 높은 선수는 낮은 선수에 비해 지도자로부터 긍정적인 피드백을 받기를 바라고 민주적인 지도자를 선호한다.

■ 운동종목

배구 같은 상호작용이 높은 팀 스포츠 선수들은 볼링과 같은 공행형 스포츠 선수들보다 권위적 스타일의 리더를 선호한다. 유도와 같은 전통스포츠를 하는 일본 선수들은 레슬링 같은 현대 스포츠를 하는 선수들에 비해 권위적 스타일을 선호한다.

3. 효과적인 리더십의 구성요소

지금까지의 연구결과에 의하면 리더십은 지도자의 개인적 특성과 같은 단일 요인으로는 설명될 수 없다는 것을 알 수 있다. 리더십이 최고의 효과를 발휘하기 위해서는 리더의 특성, 지도 행동, 상황 요인, 구성원의 특성이 함께 고려되어야 한다. 따라서 효과적인 리더십을 창출하기 위해서는 다양한 접근 방법을 통하여, 개인특성과 상황 간에 어떠한 상관관계가 존재하는지에 대해서 이해하는 것이 필요하겠다.

1) 지도자의 특성

Martens(1987)는 훌륭한 리더의 공통적 특성으로 지능이 높고, 적극적이고, 자신감이 높고, 설득력이 있고, 내적동기유발이 강하고, 성취동기가 높으며, 낙관적인 성격 등을 들었다. 우리나라의 삼성경제연구소(1997)에서는 성공한 스포츠지도자들의 공통적 특성을 찾아 기업운영에 필요한 리더의 요건을 유추하려는 노력을 기울인 적이 있는데 결과가 매우 흥미로웠다. 제시된 모형은 비전(vision), 분석(intelligence), 배려(consideration), 신뢰(trust), 직관력(outlook),

결단력(resolution), 승부욕(yearning)을 포함하는 바로 VICTORY 모형이었다(그림 10-2). 이 모형에 따르면, 연습상황에서는 비전, 분석, 배려를 경기상황에서는 직관력, 결단력, 승부욕을 앞세워 팀을 이끌어 나가야 함을 제시한다. 또한 직관력과 분석의 이성적(IQ) 판단과 배려와 승부욕의 감성적(EQ) 리더십을 비전, 결단력과 함께 조화시킴이 중요하며 이러한 모든 바탕에는 신뢰가 내포되어 있어야 한다.

그림 10-2. 리더십의 VICTORY 모형(삼성경제연구소, 1997)

2) 지도자의 행동

지도 행동에 따른 분류는 일반적으로 권위적 스타일과 민주적 스타일로 나눌 수 있다. 권위적 스타일은 승리 중심적이고, 명령적이며, 과제지향적인 반면에, 민주적 스타일은 선수 중심적이고, 협동적이며, 관계지향적이라고 볼 수 있다. 그러나 대부분의 지도자는 두 가지의 특성을 모두 갖고 있는 것이 사실이고, 반드시 한 가지의 행동을 취해야 할 필요는 없다. 바람직한 리더는 융통성을 가지고 처한 상황과 선수들의 특성에 맞는 지도 스타일을 찾아야 한다.

3) 주어진 상황

스포츠 지도자는 환경이나 구체적 상황에 민감히 대처해야 한다. 리더십을 효과적으로 발휘하기 위해서는 계획단계에서 다음의 상황요소가 고려되어야 한다.

■ 팀상황

경기상황에서는 연습상황보다 권위적인 행동을 보여야 한다.

■ 스포츠 종목

팀 스포츠는 개인 스포츠보다 지시적 행동이 더 많이 필요하다.

■ 팀의 규모

구성원이 많을 때는 적을 때보다 민주적인 지도행동을 보이기 어렵다.

■ 시간 제약

시간이 없을 때는 민주적이기 보다 과제 지향적, 권위적 행동이 더 필요하다.

■ 팀전통

특정 리더십에 익숙해져 있으면 새로운 리더십에 적응하는데 어려움이 있다.

4) 구성원의 특성

구성원들의 특성 또한 효과적인 지도력에 영향을 미치는 중요한 요인이다. 예컨대 여자선수는 민주적인 지도자를 선호하고, 기술수준이 높은 선수는 관계 지향의 지도자를 선호한다. 그 외 구성원의 성격, 연령, 경험, 국적 등도 리더십에 영향을 미친다.

4. 스포츠 리더십과 문화

스포츠 상황에서 리더십 연구를 수행하고 적용할 때 문화의 차이를 이해하는 것도 매우 중요하다. 박정근(1996)에 따르면 서구와는 달리 한국 스포츠는 학연과 혈연, 대인관계를 중시하고, 리더에게 막강한 권한을 부여하는 경향이 강하다. 특히 지도자와 선수들의 학연이 팀 분위기를 좌우할 때가 많다고 하였다. 동서양의 선수들을 대상으로 실시한 연구(Chelladurai, Imamura, Yamaguchi & Oinuma, 1988)에서 일본 선수들은 캐나다 선수들에 비해 리더의 권위적 행동과 사회적 지지를 선호한 반면에, 캐나다 선수들은 리더의 바람직한 행동으로 훈련과 지도를 가장 선호하였다. 한편 문성철(1994)은 우리나라의 남자 고등학교 선수와 지도자들을 대상으로 연구한 결과 선수들은 지도자들의 권위적 행동을 원하지 않는데도 불구하고 스포츠 현장에서는 권위적 지도자가 적지 않음을 보고하였다. 따라서 같은 동양이지만 일본 선수와 한국 선수 사이에서도 문화적 차이가 있음을 알 수 있었다. 또한 성창훈, 홍준희, 최은규(2004)는 우리나라 청소년 스포츠 코치들이 지각하는 긍정적 코칭의 영역이 서구 연구들에서 발견된 범주와 차이가 있음을 보고하였다. 이러한 결과는 다른 문화권의 연구결과를 자신의 스포츠 환경에 그대로 적용하면 리더십의 효과를 기대할 수 없음을 시사해 주고 있다. 따라서 향후 우리나라 실정에 맞는 리더십에 대한 연구가 더욱 많이 수행되어야 할 필요성이 있다.

지금까지 경영학이나 일반심리학에서 리더십 이론을 도입하여 적용하였기 때문에 스포츠 상황에 맞는 이론적 접근이 많지 않았다. 따라서 장래에는 제시된 리더십 모형들을 스포츠 상황에 응용하여 적합한 이론을 도출하도록 하는 노력이 필요할 것으로 보인다.

참고문헌

문성철(1994). 고교 남자선수의 코치의 지도행동에 대한 인식 연구. **한국체육학회지, 34**(1), 36-44.

박정근(1996). 스포츠 상황에서의 집단 역동. **스포츠과학, 56,** 48-57.

삼성경제연구소(1997). *스포츠와 경영: 이기기 위한 리더십.* 연구보고서.

성창훈, 홍준희, 최은규(2004). 청소년 스포츠 코치들이 지각하는 긍정적 코칭행동과 방해 요인. **한국스포츠심리학회지, 15**(4), 151-168.

정청희와 김병준(1999). *스포츠 심리학의 이해.* 도서출판 금광.

Barrow, J. (1977). The variables of leadership: A review and conceptual framework. *Academy of Management review, 2,* 231-251.

Campbell, J.P., Dunnette, M.D., Lawler, E.E., & Weick, K.E. (1970). *Managerial behavior, performance and effectiveness.* McGraw-Hill.

Challedurai, P. (1978). A multidimensional model of leadership. Unpublished doctorial dissertation, University of Waterloo, Waterloo, Ontario.

Chelladurai, P. (1990). Leadership in sports: A review. *International Journal of Sport Psychology, 21,* 328-354.

Challedurai, P., & Carron, A.V. (1977). Leadership (Monograph). Ottawa: *Canadian Association for Health, Physical Education,* Recreation.

Challedurai, P., Imamura, I., Yamaguchi, T., & Oinuma, Y. (1988). Sport leadership in a cross-national setting: The case of Japanese and Canadian university athletes. *Journal of Sport & Exercise Psychology, 10,* 374-389.

Challedurai, P., & Saleh, S.D. (1980). Dimensions of leader behavior in sports: Development of a leadership scale. *Journal of Sport Psychology, 2,* 34-45.

Danielson, R.R., Zelhart, P.F., & Drake, C.J. (1975). Multidimensional scaling and factor analysis of coaching behavior as perceived by high school hockey players. *Research Qarterly, 46,* 323-334.

Fielder, F. (1978). Leadership effectiveness. *American Behavioral Scientist, 24,* 619-632.

Mann, R.D. (1959). A review of the relationship between personality and performance in small groups. *Psychological Bulletin, 56,* 241-

270.

Martens, R. (1987). Coaches guide to sport psychology. Champaign, IL: Human Kinetics.

Murray, M.C., & Mann, B.L. (1993). Leadership effectiveness. In J.M. Williams (Ed.), *Applied sport psychology: personal growth to peak performance*(pp.82-98). Mountain View, CA: Mayfield Publishing Company.

Ogilvie B.C., & Tutko, T.A. (1966). *Problem athletes and how to handle them.* London: Palham Books.

Sage, G. (1975). Humanistic psychology and coaching. In W.F. Straub (Ed.), *Sport psychology: An analysis of athletic behavior*(pp. 215-228). Ithaca, NY: Movement.

Stogdill, R.M. (1948). Personal factors associated with leadership: Survey of literature. *Journal of Psychology, 25,* 35-71.

Stogdill, R.M. (1950). Leadership, membership, and organization. *Psychological Bulletin, 47,* 35-71.

Stogdill, R.M. (1974). Handbook of leadership: A survey of theory and research. New York: The Free Press.

White, R., & Lippitt, R. (1968). Leader behavior and member reaction in three social climates, In D. Carwright & A. Zander (Eds.). *Group dynamics: Research and theory* (3rd. Ed.), Harper & Row, Publisher, New York, Evanston, and London.

제11장

과훈련과 탈진

운동량은 “너무 적다”에서 “지나치게 많다”까지 이어지는 하나의 연속체 상에서 평가될 수 있다. 건강에 해로운 심리적, 생리적 결과는 운동을 너무 적게 하거나 너무 많이 하는 것과 관련이 있다. 특히 과도한 운동은 질병과 싸우는 면역 기능을 약화시키고, 심리적 정서에도 부정적인 영향을 미친다. 같은 논리로 운동의 건강증진 효과가 과도한 훈련을 한 스포츠 선수에게서는 관찰되지 않는다. 현대사회에서 스포츠는 성공할 경우 명예와 부를 한꺼번에 얻을 수 있는 수단이 되어 선수들에게 높은 강도로 열심히 훈련하도록 동기를 부여한다. 따라서 선수들은 과도한 훈련으로 탈진에 노출될 위험성이 높은 환경에서 생활하고 있다. 최근에는 스포츠지도자와 심판들도 과도한 업무와 스트레스로 탈진 증상을 나타내는 경우가 많다. 이 장에서는 탈진의 정의, 탈진의 과정, 탈진과 정서, 탈진의 모델, 탈진의 측정, 탈진의 예방과 처치 등에 대해 이해한다.

제11장
과훈련과 탈진

1. 탈진과 관련된 용어들의 정의

스포츠 상황에서 과훈련(overtraining)은 소진(staleness)을 야기하고, 계속 방치할 때는 탈진(burnout)으로 이어진다는 것이 일반적인 생각이다. 그러나 스포츠심리학자들은 이러한 용어들에 대해서 약간씩 다르게 정의하고 있다. 개념적 이해를 보다 명확히 하기 위해서 일련의 정의를 다음과 같이 제시한다.

1) 과훈련

과훈련(overtraining)은 너무 강하게 장기간 연습을 하여 선수들이 적응을 못하고 결국 수행력이 감소되는 결과를 가져오는 훈련부하(training road)를 말한다(Murphy, Fleck, Dudley, & Callister, 1990). 따라서 일정 기간동안 높은 강도로 많은 양의 훈련을 하여 경기력의 향상을 도모하는 기간훈련(periodized training)과는 구별된다. 과훈련과 기간훈련간의 차이는 주로 개인차와 대처능력에 달려있다.

즉 어떤 선수에게 과도한 훈련으로 보이는 것이 다른 선수에게는 적정수준의 훈련으로 보일 수 있기 때문이다. 선수들에게 훈련을 처방하는데 이러한 개인적 차이는 고려되어야하고, 우수한 엘리트 선수라고 해서 항상 과훈련을 잘 견딜 수 있는 것은 아니다라는 것을 알아야 한다. 그러므로 어떤 훈련 일정이 어떤 선수에게는 경기력의 향상을 가져오지만, 어떤 선수에게는 불충분하고, 또 어떤 선수에게는 심각한 해를 주기도 한다. 한편 Kuiper(1996)는 엘리트 장거리 선수들에게 필요한 훈련양은 주당 15시간 이하가 적당하고, 초과할 시에는 수행력에 감소가 일어난다고 주장한 바 있다. 우리나라 선수들의 주 훈련량을 조사한 연구에서 우수선수들의 경우 하루 5~6시간으로 주 6일 이상 총 30시간 이상의 훈련시간을 소화하는 것으로 알려졌으며, 이러한 현상은 비우수선수에게도 적용될 것이라는 결과를 보고하였다(장덕선, 윤기운, 1996).

2) 탈진

탈진(burn out)은 과훈련의 결과로 선수들이 표준적(보통의) 훈련처방에 따라 연습하기 어렵고, 이전과 같은 경기력을 발휘하지 못하는 상태를 말한다. 따라서 과훈련은 하나의 자극이고 탈진은 그에 대한 반응으로 간주될 수 있다(Morgan, Brown, Raglin, O'Connor, & Ellickson, 1987). 탈진으로 일련의 행동적인 징후와 장애가 일어나지만, 가장 주된 심리적인 증상으로 우울증이 나타난다. 따라서 탈진은 훈련스트레스가 축적되어 적극적으로 참여하던 스포츠를 떠나는 것을 의미한다. 스포츠에서 탈진은 단순히 그만두는 것만이 아니라 심리적, 정서적으로도 고갈 상태가 되는 것을 의미한다(Smith, 1986). 또한 Raedeke(1997)는 신체적·정서적 탈진, 스포츠에 대한 가치의 감소 및 타인과의 관계에 대한 부정적인 태도를 나타내는 비인격화, 운동성취 결여로 나타나는 증상으로 정의 하였다. 스포츠를 떠나는 데는 여러 가지 이유가 있겠지만 탈진도 분명 그 중에 하나다.

탈진과 유사용어

- **과훈련**
  훈련 부하가 너무 강하고 길어서 선수들이 적응하지 못하고, 경기력의 하를 초래함(Murphy, Fleck, Dudley, & Callister, 1990). The U. S. Olympic Committee는 과부하를 느끼는 선수가 충분한 휴식을 갖지 못할 때 나타나는 증상으로 정의.

- **소진**
  과훈련에 의한 부정적 결과로서 과훈련은 하나의 자극인 반면 소진은 하나의 반응(Morgan, Brown, Raglin, O'Connor & Ellickson, 1987). 흔히 탈진과 혼용해서 사용되고 있음.

- **슬럼프**
  사전적 의미로 '경기가 침체되는 일' 또는 '운동선수가 부진 상태에 빠지는 일'이란 뜻으로, 스포츠에서는 비교적 기능의 수준이 높은 선수가 일시적으로 원기가 없어지며 기능이 저하되는 상태를 의미(김종진, 2002).

- **중도포기**
  운동선수에 대한 기대 수준과 선수 자신의 능력 간의 괴리로 인해 운동을 중도에 포기하는 것을 의미.

2. 탈진의 원인

대학 선수들을 조사한 한 연구가 선수들의 66%가 과훈련을 경험했고, 그 중 거의 50%는 나쁜 경험으로 느꼈다고 보고하였다(Silva, 1990). 이 연구에서 선수들은 대학에 재학하는 동안 평균 2번의 과훈련을 경험한 것으로 나타났다. 또 한 연구는 60%의 여자선수와 64%의 남자선수가 육상선수 생활을 하는 동안 적어도 한번 이상의 소진을 경험했음을 발견했다(Morgan, O,Connor,.

Elickson, & Bradley, 1988). 이처럼 빈도가 중요한 이유는 일단 그것을 경험하면 다음에 일어날 가능성이 더 커지기 때문이다. 그리고 과훈련에 의한 이러한 부작용은 일부 선수에게만 국한되는 것이 아니라 대부분의 선수들에게 나타날 수 있다.

1) 연중 훈련

비시즌(off season)이 점점 짧아짐에 따라 요즘은 대부분의 스포츠가 1년 내내 훈련을 한다. 실제로 테니스, 체조, 수영과 같은 스포츠는 비시즌이 없다. 또한 훈련의 양과 강도가 상당부분 증가하여 선수들이 적응하는데 한계를 느끼게 되고 경기력이 저하하게 된다. 야구, 축구, 농구 등의 인기 스포츠 종목도 시즌 기간과 게임 수가 증가하여 선수들의 비시즌 휴식기간이 줄어들고 있다.

2) 어린 나이의 훈련

요즈음은 선수들이 약 5세 정도의 어린 나이에 훈련을 시작한다. 과거 미국에서 프로테니스 선수로 활약한 바 있는 Venus Williams는 12살의 나이에 프로선수로 전향하여 심리적 스트레스를 많이 받았다. 같은 미국 프로테니스 선수인 Jennifer Capriati는 13살에 프로선수로 전향하기 전에 이미 의류회사의 광고모델로 계약하여 백만장자가 되었다. 이러한 조기의 명성과 부는 그녀가 약물을 복용하고 범죄를 저질러 테니스를 떠나게 한 이유가 되었다고 평가되고 있다. 이런 선수들의 공통적인 특징은 어린 나이에 국가 챔피언이 되거나 세계기록을 세웠지만 몇 년 뒤에 스포츠를 떠나는 것이었다. 이들은 올림픽 금메달, 프로선수, 장학금을 열망하며 일반적으로 부모 곁을 떠나 학교에 다니며 훈련만을 거듭한다. 이런 환경에서 어린 선수들은 거의 휴가도 없이 주당 25-30시간의 연습을 한다. 이러한 선수들은 대체로 자긍심이 높고 성공하고자 하는 욕구가 강하기 때문에 부가적인 스트레스를 받는다. 이 때 탈진이 오면 대처하기가 힘들어 더 큰 위험에 빠질 수 있다.

3) 구체적 원인

운동을 통한 소진과 탈진의 구체적 원인은 각 선수들마다 개인차가 존재하지만 학자들이 제시하는 구체적 정의는 다음과 같다.

(1) 탈진의 원인

선수들이 가장 흔히 거론하는 탈진의 구체적 원인들을 순서대로 나열하면 다음과 같다(Raglin & Morgan, 1989).

- 지나친 스트레스와 압박감(혹독한 연습조건)
- 지나친 연습과 신체적 훈련(극도의 육체적 피로)
- 경쟁 스트레스로부터 회복하는데 불충분한 시간
- 신체적 고갈과 전신 통증
- 지나친 반복연습으로 인한 권태
- 휴식부족 혹은 수면부족
- 정서적, 신체적 고갈

그 외에도 경쟁, 신체훈련에 대한 심적 육체적 부담, 직무 스트레스, 비난 같은 탈진을 야기하는 요인들이 경기에서 느낄 수 있는 모든 재미를 대신할 것이다.

3. 탈진의 증상

탈진의 증상은 신체적이면서 심리적인 두 가지 모두의 특징을 갖고 있다. 탈진의 공통적인 징후는 신체적 피로, 정신적 고갈, 분노, 우울증, 냉담함 및 수면장애이다. 그리고 탈진의 징후는 추가적으로 흥미상실, 경기의욕상실, 육체적 정신적 탈진, 주의력 부족, 침울, 그리고 불안의 증가 등이 있다. Hackney, Perlman, & Nowacki(1990)는 탈진의 증상을 제시하였으며(표 11-1), Cox

(1998)는 선수들이 탈진되었을 때 나타나는 증상들을 생리와 심리로 나누어 보다 세부적으로 열거하였다(표 11-2). 탈진한 선수들은 일반적으로 운동을 통해 얻을 수 있는 생리적 효과에 반대되는 증상들을 나타낸다. 식욕과 성욕의 감소, 감기와 호흡기 감염의 증가, 체중감소, 수면감소, 초조하거나 우울증, 고갈된 느낌, 자긍심 감소, 대인관계에 부정적 태도 등이 탈진의 증상으로 나타난다.

표 11-1. 탈진의 징후와 증상

탈진	
냉담	경기의욕 상실
무기력	주의력 부족
수면장애	수면장애
체중감소	신체적, 정신적 고갈
안정시 심박수 증가	자긍심 감소
근육통이나 저림	두통
정서의 부정적 변화	정서의 부정적 변화
안정시 혈압 증가	약물 남용
소화불량	가치관과 신념의 변화
피로회복의 지연	정서적인 고립
식욕 감소	불안 증가

1) 과훈련과 정서

과훈련은 정신건강과 경기력에 부정적인 영향을 주는 것 같다. 예컨대 Morgan과 그의 동료들(1987)은 수영선수들에게 정서상태프로파일(Profile of Mood States; McNair, Lorr, & Droppleman, 1971) 검사지를 이용하여 과훈련과 심리적 정서간의 관계를 조사하였다. 십 년 동안 수집한 자료를 분석한 결과 훈련기간이 증가할수록 정서장애가 증가하고, 훈련의 강도가 높아짐에 따라 정서장애도 더욱 심해짐을 관찰하였다. 이러한 정서장애는 우울증, 분노, 피로를 증가시키고 활력은 감소시키는 것을 말한다. 이 교재의 (그림 2-4)를 보면 성공한 선수들은 활력수준이 높고 부정적인 정서에서는 낮은 반응을 보여 하나의 빙산 프로파일을 나타내고 있음을 알 수 있다. 흥미있게도 선수들이 과훈련으로 소진되면 그것과 상반되는 빙산 프로파일이 나타난다고 한다. 즉 긴장,

우울, 분노, 피로, 혼동은 증가한 반면 활력은 감소하였다. 수영선수의 정서장애는 훈련의 양에 따라 단계적으로 증가하였지만 훈련 양을 낮추었더니 향상되는 것 같았다.

표 11-2. 탈진의 생리적, 심리적 증상

생리적 증상	심리적 증상
안정시와 운동시 심박수의 증가 안정시 최대혈압의 증가 근육통과 만성 근육피로의 증가 혈중 스트레스 홀몬의 증가 수면 감소 감기와 호흡기 감염의 증가 체중감소 최대산소섭취량 감소 근육 글리코겐의 감소 성욕과 식욕의 감소	정서장애의 증가 신체적, 정신적, 정서적으로 고갈된 느낌의 증가 자긍심의 감소 대인관계의 부정적 태도 (냉소, 감정부족, 비인격) 만성 스트레스에 누적된 부정적인 반응

2) 과훈련과 경기력

Murphy와 그의 동료들(1990)은 올림픽 유도선수를 대상으로 훈련부하가 정서상태와 경기력에 미치는 영향을 조사하였다. 처음 4주 동안은 체력을 기르는 훈련 양을 증가시키고, 나머지 2주 동안은 스포츠전문 훈련(sport-specific training) 양을 증가시켰다. 연구결과에 따르면 체력육성 훈련의 증가가 정서장애를 높이지는 않았으나, 스포츠전문 훈련 양의 증가는 분노와 불안수준을 증가시켰다. 그러나 체력육성과 스포츠전문 훈련동안 근력과 무산소성 지구력에서는 감소를 나타내었다.

과훈련으로 소진된 선수는 경기력을 저하시킬 수 있고 참가를 포기하는 정서장애를 일으킬 위험이 있다. 따라서 스포츠 지도자들은 선수들이 필요로 하는 훈련 양이 어느 정도인지 주의를 가지고 관찰해야 한다. "많이 할수록 좋다"는 식의 고전적 전략은 결국 역효과를 가져올 것이다. 한편 Weinberg와 Gould(1995)는 정서상태와 훈련스트레스의 관계를 다음과 같이 요약하였다.

- 높은 훈련 부하는 부정적인 정서와 관련이 있다.
- 낮은 훈련 부하는 긍정적인 정서와 관련이 있다.
- 긍정적 정신건강은 경기력 향상과 관련이 있다.
- 정서장애는 경기력 저하와 관련이 있다.

4. 탈진의 모델

스포츠와 운동 상황에서 탈진의 과정을 설명하는 모델(model)들이 제시되었다. 그 중에서 대표적인 모델은 Schmidt와 Stein(1991)의 투자(investment) 모델, Smith(1986)의 인지-정서(cognitive-affective) 모델 그리고 Kelley(1994)의 스트레스-탈진 모델이 있다.

1) 탈진의 투자 모델

Schmidt와 Stein(1991)의 모델은 5개의 조건을 토대로 개발되었다(그림 11-1). 즉 선수들이 그 조건들을 해석하는 방법에 따라 스포츠에 적극적으로 참가하던가 혹은 중단하던가가 결정된다. 한 선수가 스포츠에 참여하는 수준은 흔히 선수 개인이 투자한 것과 비례한다. 이 때 투자는 시간, 친분(friendship), 정서와 신체적 에너지, 재정, 부모의 관심을 포함하는 다양한 형태가 될 수 있다. 선수들은 자신이 스포츠를 떠나면 장기간에 걸쳐 투자한 것을 잃을 것이라고 생각한다.

선수가 스포츠에 참여하는 첫 번째 이유는 긍정적인 것으로 개인적 재미를 토대로 한다. 이 유형의 사람은 스포츠 활동을 통해 높은 개인적 보상, 만족, 투자를 얻는 동시에 지불해야할 대가가 낮고, 그 외 다른 것을 선택할 대안도 거의 없다. 스포츠에 참여하는 두 번째 이유는 재미와는 관계가 없다. 이러한 유형의 사람은 스포츠에 계속 참여하는 이유로 수년간의 투자를 포기할 수 없는 동기가 있고, 스포츠 이외 대안도 거의 없기 때문에 탈진의 희생자가 될 가능성이 크다. 이런 사람들은 스포츠에 계속적으로 참여하지만 보상과 만족은 점차로 줄어들고, 스트레스를 야기하는 대가는 계속 증가한다는 것이다.

조건	참가(재미)	참가(탈진)	참가중단
1. 보상	높음(증가)	감소	감소
2. 대가 (스트레스)	낮음	증가	증가
3. 만족	높음	감소	감소
4. 대안	낮음	낮음	증가
5. 투자	높음	높음(증가)	감소

그림 11-1. Schmidt와 Stein의 투자 모델

투자 모델에 따르면 탈진을 겪으면서도 참가하는 사람과 그만두는 사람간의 유일한 차이는 대안과 투자의 상호작용에 있다. 즉 탈진을 겪으면서도 계속 참가하는 이유는 흥미있는 대안이 별로 없고 개인적 투자는 증가한다고 인지하기 때문이다. 선수가 투자는 높고 대안이 적다고 느끼면 함정에 빠졌다고 생각하고 그만두기가 힘들게 된다. 적극적으로 참여하다가 중단하는 사람들은 많은 대안들이 존재하고, 개인적 투자는 감소하고 있다고 느끼기 때문에 그만둔다.

2) 탈진의 인지-정서 모델

Smith(1986)는 스포츠 상황에서 탈진의 모델을 개발하였다. 이 모델은 선수의 성격과 동기유발의 수준이 4개의 단계들, 즉 상황, 인지적 평가, 생리적 반응, 대처와 과제행동이 상호작용을 거쳐 탈진이 일어난다고 설명하였다(그림 11-2). 이 모델은 앞의 3장에서 처음 소개되었던 Martens가 제시한 스트레스의 과정과 같은 맥락에 있다.

■ 제1단계

선수들은 자신이 대처할 능력보다 높은 객관적 요구에 직면한다. 이러한 요구는 지나친 경쟁(이겨야한다는 압박감), 과도한 훈련과 훈련 시간, 부족한 기술, 지도자와의 갈등 등의 형태로 나타난다.

■ 제2단계

선수가 다가온 요구를 인지적으로 평가한다. 이 단계에서 상황에 대한 선수의 인지적 평가는 과부하, 통제력 감소, 무기력, 의미부족으로 해석하여 자신을 위협하는 결과로 발전한다. 이 단계는 선수의 반응은 주어진 상황(원인)에 의해서 일어나는 것이 아니라 그 상황을 어떻게 보고 해석하느냐에 달려있다는 것을 설명하고 있다.

■ 제3단계

선수에 의해 상황이 위협적인 것으로 해석되면 불안, 초조함, 우울증, 불면증, 피로, 질병감염 등의 생리적 반응들이 나타난다. 이런 경우 한 때 재미와 즐거움을 주던 스포츠는 오로지 긴장과 분노만 가져다준다.

■ 제4단계

선수는 부적절한 행동, 경기력 감소, 대인관계의 어려움, 참여중단 등의 대처행동과 반응들을 보인다. 이 때 성격과 동기유발이 그 선수가 대처할 것인지 아니면 탈진할 것인지를 흔히 결정한다고 한다.

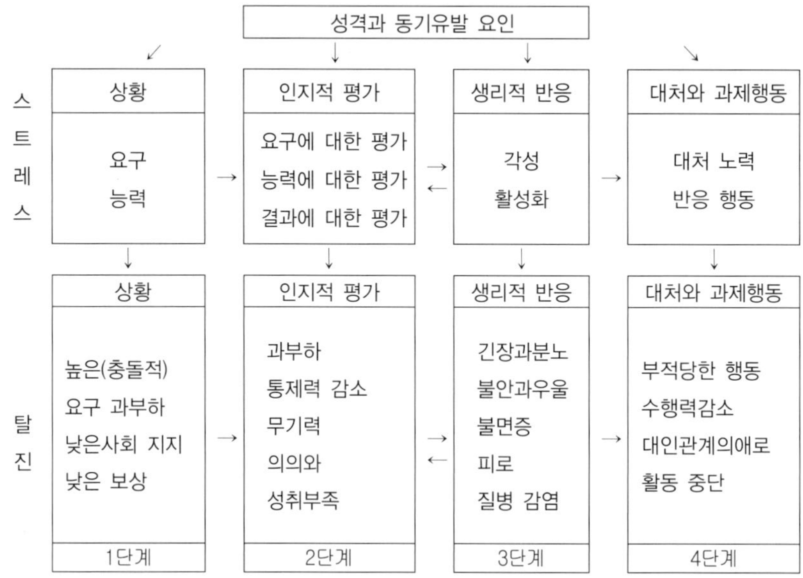

그림 11-2. Smith의 선수탈진의 모델

3) 스트레스-탈진 모델

Kelley(1994)는 Smith(1986)의 운동탈진의 인지-정서적 모델을 바탕으로 운동탈진에 영향을 미치는 스트레스의 개인적인 생활적 변인에만 국한하고 이를 경험적 자료를 통해 검증하고자 하였다. (그림 11-3)에 나타난 바와 같이 Kelley(1994)는 스포츠와 관련하여 개인이 인식하게 되는 총체적인 스트레스를 내구성, 운동과 관련된 문제(issues), 사회적 지원을 어떻게 받아들이는가에 대한 사회적 지원에 대한 만족도에 따라 영향을 받는다고 주장하였다.

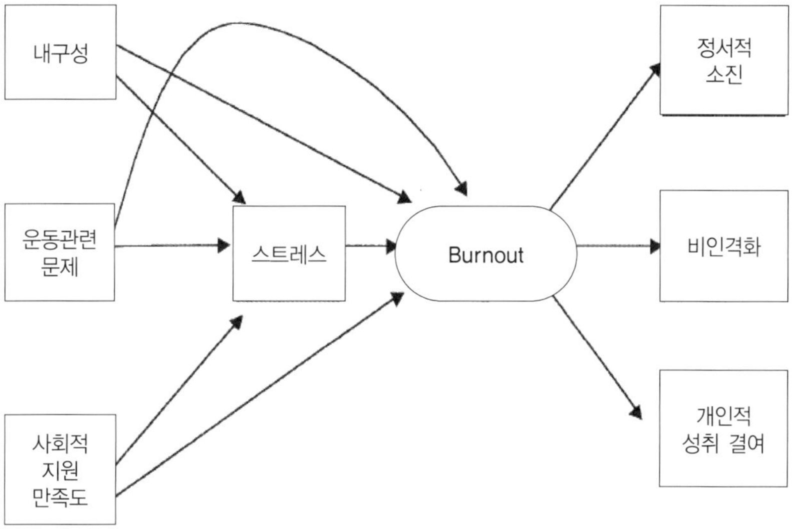

그림 11-3. Kelley의 스트레스-탈진 모델

5. 탈진의 측정

아마 탈진을 연구하는 가장 좋은 방법은 탈진으로 스포츠를 떠난 사람들을 찾아내어 현재 스포츠에 참여하고 있는 사람들과 비교하는 것일 것이다. 그러나 이러한 사람들을 구분하는 데는 어려움이 있는데다가, 돈, 명예, 혹은 코치나 부모로부터의 기대 같은 이유로 탈진한 많은 선수들이 스포츠에 남아있다. 따라서 연구자들은 탈진을 측정하는 자기보고(self-report)식의 검사지를 개발했다.

그중 가장 널리 이용되고 인정을 받고 있는 것은 Maslach의 탈진검사지(Burnout Inventory; Maslach & Jackson, 1981)로 탈진의 빈도와 강도와 측정하는 것이다. 이 검사지는 탈진을 3가지 요소, 즉 정서적 고갈, 비인간화, 개인적 성취로 나누어 평가를 하였다. 정서적 고갈은 정서적으로 과도하게 긴장하고 지친 느낌을 평가하고, 비인간화는 다른 사람에게 비인간적으로 냉정하게 반응하는 것을 측정하며, 개인적 성취는 성공적인 업적이나 유능감을 측정한다. Maslach의 탈진검사지는 간호사, 변호사, 사회사업가, 내과의사, 심리학자, 경찰관, 카운셀러, 교도관 등 다양한 분야의 전문가들에 의해서도 사용되었다.

6. 스포츠와 탈진

스포츠 분야에서는 탈진에 대한 연구가 많이 이루어지지 않았다. 소수의 연구들이 코치, 트레이너, 심판들을 대상으로 조사를 하였다. 이들을 고찰한 후 선수와 탈진에 대해 논의해 보기로 한다.

1) 트레이너의 탈진

연습동안은 물론이고 연습전·후에 트레이너들이 얼마나 오랫동안 일해야 하는지 그들의 입장을 아는 사람은 거의 없다. 고등학교나 대학팀의 트레이너들은 대부분의 시간을 운동장과 트레이닝 실에서 일하면서 여러 팀들을 담당한다. 코치들은 그들에게 경기 전에 선수들을 잘 준비시키라고 압력을 가하는데 그것이 스트레스를 가중시킨다. Gieck, Brown, 그리고 Shank(1982)는 탈진이 트레이너들에게 어떤 영향을 미치는지 조사한 결과 트레이너들이 상당한 업무스트레스를 받고 있다고 밝혔다. 많은 트레이너들이 여러 팀을 위해서 일하기 때문에 충분한 시간동안 어느 한 팀에 전념하는 것이 어렵다고 보고하였다. 특히 성격이 A유형 인 트레이너들이 탈진에 걸리기 쉽다고 했다.

일부 트레이너들은 역할이 명백하지 않을 때 더욱 쉽게 탈진된다고 생각하였다(Capel, 1986). 역으로 그러한 상황을 잘 통제하는 트레이너들(내적 통제)은 통제를 잘 못하는 동료들(외적 통제)보다 탈진을 적게 경험한다고 하였다. 예컨대 트레이너들은 그들의 공식적인 역할과 대립될 수 있는 카운셀러나 친구의 역할을 한다.

2) 심판의 탈진

심판들 역시 일을 잘 처리했다는 만족보다는 다른 보상이 거의 없는 많은 스트레스에 시달린다. 이러한 결과가 심판들의 이직률을 높이고 활동기간을 짧게 만들었다. 스포츠 심판들의 탈진을 가장 잘 예측 수 있는 것은 실패에 대한 공포(fear of failure)임이 분명하다(Tayler, Daniel, Leith, & Burke, 1990). 심판들은 판정을 잘못하여 선수, 코치, 관중들에게 비난을 받을 때 탈진을 야기하는 가장 큰 스트레스를 받는다고 한다. 트레이너의 경우처럼 자신의 역할에 대해 갈등을 가지고 있는 심판일수록 높은 수준의 탈진을 경험하고 있었다.

3) 코치의 탈진

코치들은 대부분 이겨야 한다는 압박감, 팀 운영과 부모의 간섭 혹은 무관심, 규율 문제, 해야하는 여러 가지의 역할, 많은 여행, 개인적인 문제 등의 이유로 인해 탈진을 경험한다(Kroll & Gunderscheim, 1982). 연구들을 종합적으로 분석할 때 결과가 불일치하여 성차가 코치들의 탈진에 영향을 미친다고는 할 수 없다. 연령차에 있어서는 젊은 코치들이 나이가 많은 코치들보다 탈진을 더 높은 수준으로 지각하고 있음이 밝혀졌다(Dale & weinberg, 1989; Tayler, 1990). 그러나 높은 수준의 탈진을 느낀 코치들은 이미 그 자리를 그만두었을 것이고, 남아있는 코치들은 주어진 상황에 잘 대처한 사람들일 수 있으므로 해석에 주의가 요구된다.

Dale과 Weinberg(1989)는 고교와 대학의 코치들을 조사하여 배려형의 지도자가 목표 지향적이고 권위적인 코치들보다 탈진을 높은 수준으로 지각하고 있음을 알았다. 아마 이런 유형의 코치들은 더 많은 에너지, 감정, 시간이 필요하기 때문에 그랬을 것으로 추정되고 있다.

4) 선수의 탈진

비록 일화적 보고이기는 하나 탈진 주제에서 선수들은 가장 많은 관심을 받아 왔다. 선수들은 일상생활의 즐거움을 묻어두고 높은 수준의 경기력을 보이기 위해 열심히 훈련해야 한다는 압력을 코치와 부모로부터 느낀다. 선수들의 탈진에 대해 관심은 있었지만 오직 소수의 체계적이고 경험적인 연구들이 수행되었다. 그 중에서 Silva(1990)는 대학 선수들이 대학 생활동안 대개 시즌의 후반에 1-2번 탈진을 경험하고 있음을 발견하였다. 이 선수들은 탈진의 원인으로 지나친 연습조건, 극심한 신체피로, 경기 후에 회복을 위한 불충분한 휴식시간, 대처할 능력이 없는 것, 그리고 모든 사람을 만족시키지 못한 좌절이라고 응답하였다.

선수들이 탈진에 이르게 되는 전형적인 시나리오는 다음과 같다. 선수들이 슬럼프에 빠져서 저조한 수행력을 보이는 기간이 길어진다. 경기를 수행하는 능력에 어떤 문제가 발견되지는 않았지만 수행결과는 평상시의 기준에 도달하지 못한다. 이 때 추가 훈련으로 보상하려고 노력하지만 이것은 과도한 훈련으로 피로를 가져와 악순환만 되풀이한다. 이 문제가 더 심하게 될 때 탈진을 초래한다.

7. 탈진의 예방과 처치

과훈련, 소진, 탈진을 연구하는 이유는 탈진을 예방하거나 탈진한 사람들을 효과적으로 치료하도록 전략과 프로그램을 개발하는데 있다. 그럴 위해 다음과 같은 구체적 전략들이 제안될 수 있다.

1) 경기와 연습을 위해 단기간의 목표를 설정하라

장기간 보다 단기간 목표 설정이 탈진의 예방에 좋다. 특히, 달성할 경우 인센티브를 제공하는 단기간의 목표는 선수들에게 잘하고 있다는 피드백과 함께 동기가 장기간 유지되도록 해준다. 단기간의 목표가 성공으로 끝나면 자아-개념(self-concept)을 증진시킬 수 있다. 특히 시즌 후반에 재미있는 목표들을 포함시킬 필요가 있다. 만약 어떤 축구팀이 아주 열심히 연습해 왔다면 그 팀의 코치는 연습목표로 규칙이 없는 농구를 시킬 수 있다. 이러한 활동들은 휴식을 주고 단조로움을 줄여준다.

2) 의사소통을 하라

코치, 선수, 심판, 트레이너, 그리고 체육교사들은 좌절, 불안, 실망의 감정을 표현하고, 동료로부터 사회적인 지지를 구하는 것이 필요하다. 탈진을 그만큼 일찍 지각하면 사전에 방지할 수 있는 것이다. 부정적인 감정을 나누면 동료들이 재미있는 유머로 응답하는 가운데 그 스트레스 상황에서 벗어날 수도 있다.

3) 휴식을 가져라

심신의 건강을 위해서 일과 다른 스트레스로부터 벗어나 약간의 휴식을 취하는 것은 필수적이다. 비즈니스 분야는 일에서 벗어나는 휴가, 휴일, 그리고 주말이 있다. 그러나 스포츠 분야에서는 많은 사람들이 일년 내내 계속해서 압박감을 받으면서 일한다. 많이 할수록 좋다는 신화는 연습과 경기 상황에서 여전히 유행하고 있고, 휴식은 상대방에게 뒤지는 것으로 보여진다. 주중의 연습이나 경기는 심신의 피로를 유발한다. 탈진의 예방과 치료를 위해서 훈련부하와 강도를 줄이는 것은 정신건강의 증진과 관련이 있다. 더 많이 하는 것이 항상 좋은 것이 아니다. 실제로 더 많이 하는 것이 종종 더 나쁠 수 있다.

4) 자기-통제기술을 배워라

이완, 심상, 목표설정, 그리고 긍정적인 자화 같은 심리적 기술의 개발은 탈진을 일으키는 많은 스트레스를 물리칠 수 있다. 예컨대 실현가능한 목표를 설정하면 직업과 개인 생활의 균형을 이룰 수 있도록 시간을 관리할 수 있다. 일반적으로 스포츠에서 과도하게 훈련하는 사람은 가정생활과 사생활을 희생하고 있다. 실질적인 목표설정으로 스포츠와 가정의 책임을 완수할 수 있는 여유를 가지고, 탈진 증후를 피하는데도 도움이 된다.

5) 긍정적인 생각을 유지하라

심판들이 코치, 관중, 그리고 선수들로부터의 새로운 논평이나 비판을 받는 것은 흔한 일이다. 심판들이 매우 중요한 경기를 보고 있을 때, 코치가 이성을 잃고 그들을 책망할 수도 있다. 좋은 방법은 그들이 잘한 것에 중점을 두는 것이다. 긍정적인 생각을 갖도록 도와주는 사회적 지지를 제공하는 사람을 구하라.

6) 경기 후 감정을 관리하라

많은 코치와 선수들은 경기전의 불안과 긴장을 조절하는 방법을 알고 있지만, 경기 후에 일어나는 것을 생각하는 사람은 거의 없다. 마지막 휘슬소리가 강하게 일어났던 심리적인 감정을 멈추게 하는 것은 아니다. 감정은 흔히 경기 후의 말다툼, 싸움, 떠들썩한 술판, 그리고 다른 파괴적인 행동을 강화시킬 수 있다. 반면 어떤 선수들은 패배하거나 부진한 경기를 한 후에 우울해지고, 의기소침하며, 움츠린다.

7) 좋은 신체적 컨디션을 유지하라

인간의 심신은 상호보완적인 관계를 가지고 있다. 장기간의 스트레스는 대개 몸에 손상을 가져오기 때문에 식사와 운동을 통하여 자신을 잘 돌보는 것은 매우 중요하다. 지나치게 먹어서 체중이 많이 붙거나 지나치게 감소하는 것은 자긍심을 낮추고 탈진으로 발전할 수 있는 계기를 마련한다. 어떤 스트레스에 대처하도록 정신상태를 강하게 유지시키기 위해서는 좋은 신체적 컨디션이 선행되어야 하므로 특별한 노력이 필요하다.

참고문헌

김종진(2002). **무용전공 여자대학생의 고원현상과 슬럼프 현상의 원인과 결과.** 미간행 석사학위논문. 한국체육대학교 대학원.

장덕선, 윤기운(1996). 청소년들의 스포츠 목표지향성이 탈진에 미치는 영향. **한국체육학회지, 35**(4), 114-123.

Capel, S.A. (1986). Psychological and organizational factors related to burnout in athletic trainers. *Research Quarterly for Exercise & Sport, 57,* 321-328.

Gieck, J., Brown, R.S., & Shank, R.H. (1982). The burnout syndrome among athletic trainers. Athletic Training, 36-41.

Cox, R.H. (1994). *Sport Psychology: concepts and application* (4th edition). WCB/McGraw-Hill.

Dale, J., & Weinberg, R. (1990). Burnout in sport: A review and critique. *Journal of Applied Sport Psychology, 2,* 67-83.

Hackney, A.C., Perlman, S.N., & Nowacki, J.M. (1990). Psychological profiles of overtrained and stale athletes: A review. *Journal of Applied Sport Psychology, 2,* 21-33.

Kelley, B.C. (1994). A model of stress and burnout in collegite coaches: Effects of gender and time of season. *Research Quarterly for Exercise and Sport, 65,* 48-58.

Kroll, W., & Gunderscheim, J. (1982). Stress factors in coaching. *Coaching Science Update,* 47-49.

Kuipers, H. (1996). How much is too much? Performance aspects of overtraining. *Research Quarterly for Exercise and Sports, 67,* Supplement to No. 3, 65-69.

Maslach, C., & Jackson, S.E. (1981). The measurement of experienced burnout. *Journal of Occupational Behavior, 2,* 99-113.

Morgan, W.P., Brown, D.R., Raglin, J.S., O'Connor, P.J., & Ellickson, K.A. (1987). Psychological motoring of overtraining and staleness. *British Journal of Sports Medicine, 21(3),* 107-114.

Morgan, W.P., O'Connor, P.J., Ellickson, K.A., & Bradley, P.W. (1988). Psychological characterization of the elite female distance runner. *International Journal of Sports Medicine, 8,* 124-131.

Murphy, S.M., Fleck, S.J., Dudley, G., & Callister, R. (1990). Psychological and performance concomitants of increased volume training In athletes. *Journal of Applied Sport Psychology, 2,* 34-50.

Readeke, T.D. (1997). Is athlete burnout more than just stress? A sport commitment perspective. *Journal of Sport and Exercise Psychology,* 19, 396-417.

Raglin, J.S., & Morgan, W.P. (1989). Development of a scale to measure training induced distress. *Medicine and Science in Sport and Exercise, 21 (supplement),* 60.

Schmidt, G.W., & Stein, G.L. (1991). Sport commitment: A model Integrating enjoyment, dropout, and burnout. *Journal of Sport & Exercise Psychology, 13,* 254-265.

Smith, R.E. (1986). Toward a cognitive-affective model of athletic burnout. *Journal of Sport Psychology, 8,* 36-50.

Taylor, A.H., Daniel, J.V., Leith, L., & Burke, R.J. (1990). Perceived stress, psychological burnout and paths to turnover intentions among officials. *Journal of Applied Sport Psychology, 2,* 84-97.

Taylor, J., Daniel, J.V., Leith, L., & Burke, R.J. (1990). Perceived stress, psychological burnout and paths to turnover intentions among sport officials. *Journal of Applied Sport Psychology, 2,* 84-97.

Weinberg, R.S., & Gould, D. (1995). Foundation of Sport and Exercise Psychology.

clinical trial. *American Journal of Public Health, 69,* 591-595.

Rudolph, D.L., & McAuley, E. (1996). Self-efficacy and perception of effort: A reciprocal relationship. *Journal of Sport & Exercise Psychology, 18,* 216-223.

Weinberg, R.S., & Gould, D. (1995). *Foundations of sport and exercise psychology.* Champaign, IL: Human Kinetics.

Willis, J.D., & Campbell, L.F. (1992). *Exercise Psychology.* Champaign, IL: Human Kinetics.

제12장

선수부상과 재활심리

현대사회에 이르러 스포츠 활동에 참가하여 겪는 부상 문제가 심각히 대두되고 있다. 영국에서는 스포츠 활동으로 인한 부상이 전체 부상의 33%를 차지했다는 역학(epidemiology)적 연구보고가 있었다. 미국에서는 매년 약 300-500만명이 스포츠 상해를 당하며, 그 중 약 200만 명은 정도가 심하여 응급실을 찾고 있다고 한다. 따라서 이러한 스포츠 상해로 인하여 개인과 사회가 부담해야 하는 재정적 손실은 엄청나게 증가하고 있다. 최근의 올림픽이나 FIFA 월드컵 대회를 볼 때 선수들의 부상은 스포츠 경기력 향상과 유지에 매우 중요한 변수로 작용하고 있다는 것을 알 수 있다. 또한 장래가 촉망되는 청소년 선수들이 선수생활을 중단해야하는 치명적인 부상을 당할 때 좌절과 고통을 겪고, 심지어는 자살까지 감행했던 일화들이 기억되고 있다. 따라서 스포츠 현장의 지도자들은 선수부상에 대한 문제를 이해하고 대책을 세우는 데 고심해야 할 것으로 본다. 이 장에서는 부상을 야기하는 요인들을 분석하고, 부상으로 인해 선수들이 경험하는 심리적 상해들을 검토한 후 그들에게 대처할 수 있는 재활심리 전략들을 제안하여 스포츠 현장지도에 도움이 되는 정보를 제공하고자 한다.

제12장
선수부상과 재활심리

1. 선수부상과 병인학

스포츠 현장에서 선수들은 항상 부상의 위험에 노출될 수 있다. 과거에는 선수들의 부상을 방지하기 위해 스포츠 장비, 컨디션 조절, 훈련방법 등의 물리적 요인에만 관심을 가졌었다. 특히, 근육의 불균형, 충돌, 과훈련, 피로 등의 생리적 변인들이 운동상해의 중요한 요인으로 거론되어 왔다. 스포츠 손상 재활은 신체적, 심리적 병행치료의 중요성을 강조하면서, 부상선수나 의료 트레이너들은 실제 재활 치료 시 신체적인 재활치료에만 초점을 맞추고 있는 것이 현실이다(Tracey, 2003). 운동선수가 부상을 당하게 되면 신체적 손상만 경험하는 것이 아니라 심리적 손상도 경험하게 되며, 부상선수의 5%~19% 정도가 심리적 고통을 받게 된다(Udry & Andersen, 2002). 최근 많은 연구들에 의해 심리적 요인이 선수부상에 상당한 영향을 미치는 것으로 알려지면서 선수의 재활 치료에 심리치료의 중요성이 대두되고 있다. 최근 선수 부상원인을 조사한 연구에서 자신의 부주의(17.8%), 지나친 승부욕(14.0%), 과도한 긴장(11.1%) 등이 주요인으로 나타났으며(정현도, 2010), 이는 심리조절이 선수부상 방지에 중요한 요소임을 나타내는 결과이다. 스포츠심리학자들이 선수부상에 영향을 미치는 요인들을 설명하기 위해 개발한 모델들은 다음과 같다.

1) 심리학적 모델

Anderson과 Williams(1988)가 개발한 이 모델은 여러 심리 요인들이 복합적으로 작용하여 선수 부상을 야기한다는 것이다(그림 12-1). 스트레스 상황(지나친 경쟁, 과도한 연습, 경기력 저조 등)이 부상을 야기할 수 있고, 이 때 그 상황을 어떻게 인지하는가가 부상에 중요한 역할을 한다는 설명이다. 만약 위험이 높다고 인지하면 상태불안이 증가하고, 그에 따라 근육이 긴장하여 부상을 야기할 가능성이 높아지게 된다. 성격, 스트레스 전력, 대처수단 또한 스트레스 반응에 영향을 미쳐 부상을 일으키는 원인이 된다. 이러한 요인들은 부상뿐만 아니라 재활과 회복과정에도 영향을 미친다. 심리적 기술(목표설정, 심상훈련, 이완전략 등)은 스트레스를 잘 완화하여 부상의 가능성도 줄이고, 부상으로 인한 스트레스도 줄일 수 있다는 것을 설명하고 있다.

과거의 연구에 따르면 성격(자아정체성, 내성적, 외향적, 강인함)과 부상의 관계에서 일치된 결과를 나타내지는 못했다. 그러나 스트레스 수준은 부상을 야기하는 매우 중요한 요인으로 일관되게 확인되었다. 측정한 스트레스 내용은 배우자 사망, 이사, 결혼, 재정궁핍 등의 급격한 생활변화에 관련된 것들이었다. 따라서 스포츠지도자는 선수의 생활에 어떤 변화가 일어났는지 항상 관심을 가져야 하고, 변화가 있는 경우에는 세심한 관찰을 통하여 훈련강도를 조절하고 심리적인 도움도 제공해야 할 것이다.

2) 스트레스와 부상의 인과적 관계에 대한 가설

부상의 예방과 재활 프로그램을 세우기 위해서는 왜 스트레스는 부상을 야기할 가능성이 높은지를 이해할 필요가 있다. 세 가지의 가설들이 호소력을 가지고 관심을 끌어왔다.

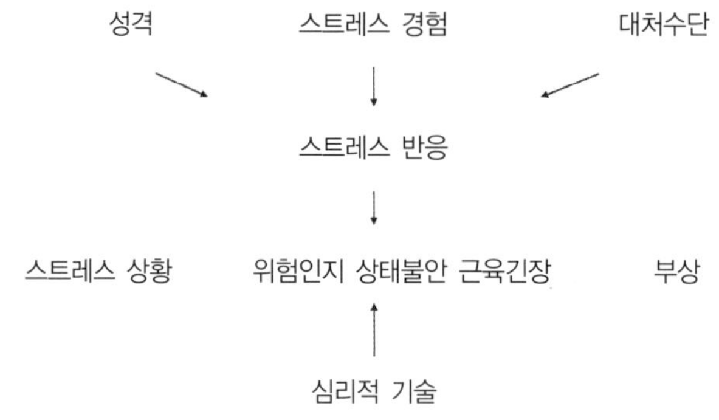

그림 12-1. 스트레스와 선수부상의 모델

(1) 주의력 감소

스트레스를 받으면 긴장하여 선수의 주의력이 감소하여 부상을 당한다는 이론이다. 즉, 상태불안이 증가하면 정신이 산만하고, 부적절한 생각에 사로잡혀 주의력이 결핍된다는 것이다. 예를 들어, 축구에서 게임 메이커가 긴장하여 주의력이 감소하면 패스할 곳만 찾다가 상대방이 태클 들어오는 것을 못 보게 될 때 부상을 당할 수 있다는 것이다. 낮은 스트레스 상황에서는 주위에 대한 주의력을 그대로 유지하고 있으므로 태클을 피하여 부상도 방지할 수 있다는 것이다. 친구와 언쟁을 벌인 후 조깅을 하다가 주로를 이탈하거나, 구덩이에 빠져 발목을 삐거나 하는 것들이 이 경우에 해당될 수 있다.

(2) 근 긴장의 증가

높은 스트레스는 근육을 긴장시켜 정상적인 조정력을 발휘할 수 없도록 하여 부상의 가능성을 높인다는 이론이다. 예를 들어, 체조선수가 긴장을 많이 하면 필요한 이상으로 근육이 긴장하게 되어 결국은 수행 중에 철봉에서 떨어질 수 있다는 것이다. 축구선수도 지나치게 긴장하면 땅을 차거나 헛발질을 하여 부상을 당할 수 있다. 따라서 최근에 가족 혹은 개인적인 문제가 있는 어떤 선수가 있다면 지도자는 선수의 행동을 주의 깊게 관찰해야 할 것이다. 이때는 운동 강도를 완화하고, 스트레스 완화 전략을 훈련 시 적용해야 할 것이다.

(3) 지도자의 태도

■ 몸을 희생하라는 강요

"죽을 각오로 하든지 아니면 집에 가라", "고통 없이 얻는 것 없다", "싸우다 죽자" 등은 지도자들이 흔히 사용하는 구호들이다. 만약 어떤 접촉 스포츠 선수가 팀 플레이에 자신의 몸을 희생하는데 대해 계속 칭찬을 듣는다면 그는 더욱 용감해 질 것이고 언젠가는 큰 부상으로 연결될 것이다. 이것은 플레이의 무리한 과감성을 강조하는 주문이 아니고, 현명한 플레이를 강조하는 뜻임을 알아야 한다. 즉, 무조건 "통증을 느껴야 훈련효과를 거둔다, "훈련양은 많을수록 좋다" 등의 믿음을 이제는 버려야 한다는 것이다. 지도자는 선수에게 훈련 후에 오는 정상적인 불편함과 과 훈련으로 인한 부상의 통증을 구별할 수 있도록 가르치는 것도 매우 중요하다.

■ 승리지상 주의

지도자가 의도적이든 아니든 선수들의 건강보다는 승리가 더 중요하다는 태도를 보이면 문제가 발생한다. 그럴 경우 선수가 자기 팀에 어떤 공헌을 할 수 없다고 느낄 때 그 심리적 상처는 매우 크다. 따라서 지도자의 바람직한 태도는 "몸에 이상이 있으면 즉시 말해라. 승리보다는 너의 건강이 중요하다"라고 말하는 것이다. 선수들이 지도자로부터 신뢰와 사랑을 느끼면 부상 중에도 더 열심히 하는 예가 이 경우에 해당된다.

2. 부상에 의한 심리적 반응

부상으로 인한 선수의 충격은 부상의 종류와 정도, 스포츠가 선수의 인생에 차지하는 비중, 주위의 반응 등 여러 요인들에 의해 결정된다. 같은 부상을 두고 어떤 선수들은 재앙이라고 생각하는 반면, 어떤 선수들은 재도약을 위한 좋은 휴식기라고 생각하기도 한다. 따라서 부상에 따른 각 개인들의 다양한 반응을 예측하기는 쉬운 일이 아니다. 그러나 부정적 심리상태는 부상 후 재활과정을 늦추고, 경기력을 저하시키며, 정서장애를 동반시켜 선수에게 있어 극단적인 상황을 야기할 수도 있으므로 지도자들의 절대적인 주의가 요구된다. 스포츠심리학자들은 선수들이 부상을 당한 후 다음과 같은 전형적인 심리적 반응들이 나타난다고 하였다.

1) 비통한 반응

선수들은 자신의 부상에 대해 힘든 정신적 고통을 느낀다. 특히 선수생활을 마감해야 하는 정도의 치명적 부상을 당했을 때 이러한 반응은 더욱 심각하다. 그것은 주로 다섯 단계, 즉 거부, 분노, 타협(bargaining), 우울, 수용(acceptance)의 과정을 거치면서 나타날 수 있다. 처음에는 자신이 당한 사고를 믿지 않으려다가 차츰 그 실체에 대해서 분노를 느낀다. 그러다가 부상이 빨리 완쾌되면 더욱 열심히 연습하고 주위 사람들에게도 잘 하겠다는 마음속의 다짐 등으로 위안을 삼는데 그것이 곧 타협에 해당한다. 치료가 생각보다 느리고 장래에 대한 불안으로 우울증을 경험하다가 마침내 현실을 수용하고 재활에 초점을 맞추게 되는 것이다. 대부분의 부상 선수들이 그러한 과정을 거치지만 그 속도와 강도는 각기 다르다. 각 단계들이 선수들에게 주는 비중 또한 다를 수 있다. 부상으로 인한 정서장애는 일반적으로 선수들이 회복하고 있다는 느낌을 가질 때 정상으로 돌아온다.

2) 정체감 상실

부상당한 선수들은 자신의 정체감에 위기를 느낄 수 있다. 자신의 꿈을 성취하지 못하고 운동을 그만두어야 할지도 모르는 자아상실감은 심한 우울증으로 발전될 수 있다. 이러한 심리적 고통의 정도는 장래성이 뛰어난 젊은 선수의 경우에 더욱 심각하다. 대부분의 선수들은 부상으로 인해 운동을 못하게 될 때

마치 나이가 들어 직장을 떠나는 것처럼 인생의 중요한 대전환으로 간주한다. 부상선수의 정체감 상실이 강할수록 치료와 재활에 필요한 선수의 대처능력이 약해진다. 대학, 실업, 프로를 가릴 것 없이 많은 선수들이 운동생활을 마감해야 하는 심각한 부상에 우울 증세를 나타내며, 알코올과 마약에 중독되는 경우를 자주 본다.

3) 고립과 고독

부상 선수들은 팀과 함께 연습이나 활동이 불가능하고, 그로 인하여 사회적 후원 또한 받기가 어려우므로 고립과 고독을 느낀다. 부상 선수들은 코치와 팀 동료들에게 피해를 끼쳤다는 죄의식으로 스스로 자기 팀과의 접촉을 피할 수도 있다. 자기 팀의 연습이나 시합을 벤치에서 바라볼 때는 무기력한 자신의 처지에 대해 더욱 고통스럽게 느낄 수 있다. 일부 팀 동료들은 부상 선수를 어떻게 대해야 할지도 모르고, 더 심하게는 부상당한 선수를 아예 무시할 수도 있다. 게다가 부상 선수는 자유시간이 급격히 증가하여 혼자만의 공간에 의미 없이 있거나 불필요한 과거를 회상하는 데 많은 시간을 보낸다. 따라서 부상선수들에게 있어 팀 동료들과의 교제활동은 매우 중요하다. 부상으로 인해 선수가 훈련에 참가 할 수 없을 경우에 경기분석, 기록(일지) 작성, 연습코치, 선수 스카우트 등의 일에 관여시켜 팀 활동에 참여하도록 유도하는 것이 바람직하다.

4) 공포와 불안

부상 선수들은 장래에 대한 불안과 감소된 사회적 지지에 직면하게 된다. 대부분의 선수들은 자신에게 갑자기 일어난 사고에 대해 대처할 능력이 있는지 의심하기 시작한다. 일상생활의 변화, 부상의 고통, 불확실한 장래 등 모든 것이 불안과 공포를 초래할 수 있다. 정말 회복할 수 있을까. 다시 부상을 당하면 어떡할까. 다시 주전 자리를 차지할 수 있을까. 만약 영원히 운동할 수 없으면 어떡할까. 대부분의 경우 이러한 부정적인 생각들은 치료와 재활치료에 나쁜 영향을 미친다. 회복이 덜된 상태에서 연습을 지나치게 하거나 정식코스의 재활 프로그램을 외면하고 지름길을 택하려는 행동은 바로 불안과 공포 때문이다. 재활과정이 길면 길수록 공포와 불안은 더욱 증가할 것이다. 회복속도가 느리면 용기를 잃고 절망할 수 있으므로 상담(counseling) 시에는 부상 선수들에게 할 수 있다는 자신감을 심어 주는 것이 최우선 목표가 된다.

5) 자신감 상실

부상 후 신체적 컨디션이 떨어지고 연습과 경기를 못하게 되면 선수들은 급격히 자신감을 잃게 된다. 자신감이 낮아지면 즉시 동기도 감소되거나 없어진다. 그것을 만회하는데 조급하여 신체적, 정신적으로 준비가 덜 된 상태로 경기에 돌아오는 경우 부가적인 부상을 입기도 한다.

6) 경기력 후퇴

부상 선수들은 갑자기 당한 신체적, 심리적 변화와 함께 대개의 경우 자신의 경기기술에 대해 믿음을 상실한다. 흔히 그것을 인정하지 않고 극한 상황까지 밀고 나가 다시 부상을 당하기도 한다. 이런 선수들은 부상한 부위를 과보호하거나, 시합에 있어 지나치게 몸을 사린 나머지 과거의 자발적이고 과감한 플레이를 잊어버린다. 그것은 바로 경기력 후퇴로 나타나고 다시 자신감을 저하시키므로 더 심각한 스트레스와 좌절을 경험할 수 있다. 이러한 과정의 종착역은 바로 재 부상, 영구적인 경기력 후퇴, 경기에 임할 욕구와 동기마저 사라지게 하는 심각한 정서장애가 될 수 있다.

3. 재활과정 중의 경고 신호

스포츠지도자는 재활과정에 있는 선수가 정상적으로 회복하는지 세심히 관찰하지 않으면 회복기간이 길어지든지 증세를 더욱 악화시킬 수 있다. 선수와 긴밀한 관계를 유지하면 회복과정에서 나타나는 문제점들을 파악하여 대처할 수가 있다. 임상적 경험에 의해 보고된 경고 신호들은 다음과 같다.

- 분노, 우울, 혼동, 무감정의 증세
- 언제 다시 운동할 수 있는지에 대한 지나친 질문
- "컨디션이 좋다", "부상은 별거 아니다" 등의 말로 현실을 거부함
- 과거의 운동경험에 대해 과장과 허풍
- 작은 일에 깊은 상처를 받음
- 팀에 공헌하지 못한 데 대해 죄책감 표현
- 동료, 지도자, 친구, 가족, 치료사를 기피하는 행동
- 급격한 정서와 행동의 변화

4. 재활과 회복과정을 설명하는 이론적 모델

부상 후 재활에 영향을 미치는 요인들을 규명하기 위한 노력들이 스포츠심리학자들에 의해 오랫동안 지속되어 왔다. 그 결과 두 가지 이론적 모델이 제시되었다.

1) 생물·심리·사회학적 모델

선수부상에 영향을 미치는 요인보다는 주로 재활과정과 결과에 영향을 미치는 요인을 의학적 관점에서 이해하려는 보다 통합적인 모델이 Brewer와 그의 동료들(1998)에 의해 개발되었다. (그림 12-2)를 보면 부상의 성격, 사회인구 변인, 생물학적 변인, 심리학적 변인, 사회학적 변인들은 재활효과에 통합적으로 영향을 미친다는 것이다. 부상의 종류, 원인, 정도, 위치, 부상경험은 생물학적 요인뿐만 아니라 심리학적, 사회학적 요인들에도 영향을 미친다. 연

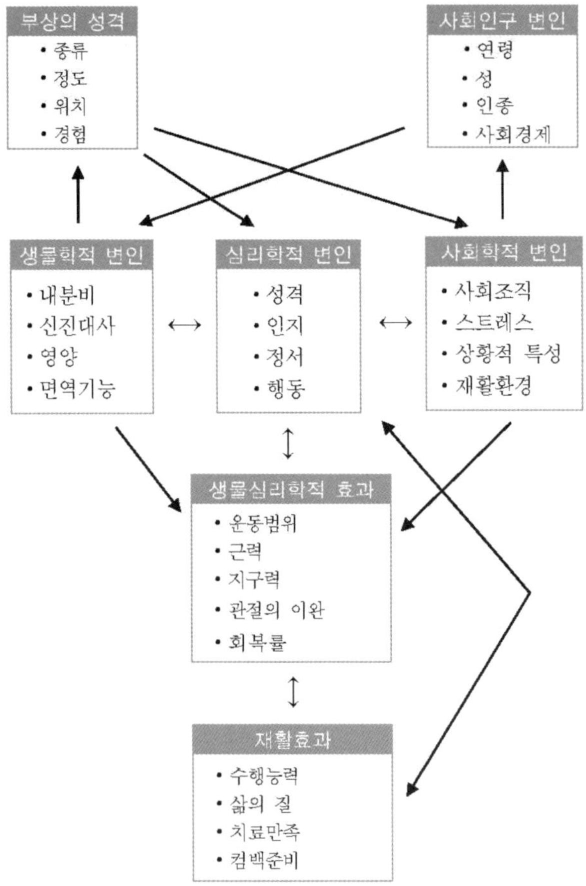

그림 12-2. 선수부상과 재활과정에 대한 모델

령, 성(gender), 인종, 사회적·경제적 지위 등의 사회 인구학적 변인도 생물학적, 심리학적, 사회학적 변인들에 영향을 미치고 있다. 심리학적 요인은 중앙에서 생물학적 요인 및 사회학적 요인과 상호 의존적인 관계를 유지하고 있다. 또한 심리적 요인은 생물심리학적 변화를 거쳐 밑으로 재활효과에까지 영향을 미치지만 그들과 서로 밀접한 관계를 가지고 있다는 것을 알 수 있다.

2) 심리학적 모델

생물·심리·사회학적 모델이 비록 통합적이긴 하지만 어떤 심리요인들이 구체적으로 회복과 재활과정에 영향을 미치는지를 자세히 설명을 하기에는 한계를 가지고 있었다. 그 대안으로 심리학적 모델이 제기되었고, 단계적 모델과 인지적 평가 모델로 나누어 설명되었다.

■ 단계적 모델

단계(stage)적 모델은 부상에 의한 심리적 반응들이 일련의 단계를 거치며 나타난다는 개념에 입각하여 제기되었다. 즉, 선수는 자신의 부상을 사실로 인정하기 전에 거부, 분노, 타협, 우울 등의 단계적 반응을 거칠 수 있다. 이 때 선수의 회복은 그러한 단계의 수와 내용에 따라 다르다는 것이다. 단계적 모델은 후속 연구들에 의해 지속 되었으며, 그러한 단계는 개인과 상황에 의해서 다르게 나타난다는 것이 일반적인 견해이다. 한 연구에서는 부상으로 인한 반응들은 시간과 함께 회복되므로 시간이 중요한 변인이라고 하였다.

■ 인지적 평가 모델

인지적 평가 모델은 스트레스와 대처이론을 바탕으로 부상에 의한 심리적 반응을 결정하는데 있어서 인지(cognition)가 중추적 역할을 한다는 관점에서 시작되었다. 부상에 의한 심리적 반응은 사전부상(preinjury)변인(성격, 스트레스 경험, 대처수단, 치료)과 사후부상(postinjury)변인에 의해 결정되는데, 부상과 재활과정에 대한 인지적 평가가 정서반응, 행동반응, 회복효과에 영향을 미친다는 것이다. 이 때 개인적 요인(부상성격, 개인차)과 상황적 요인(스포츠 종목, 사회적·물리적 환경)이 인지적 평가에 영향을 미친다. 여러 연구에서 이 모델의 타당성이 입증된 바 있다.

5. 부상 치료와 회복을 위한 심리적 전략

부상의 경중에 관계없이 회복과 재활치료를 위해서는 반드시 심리적인 대처와 전략을 마련하는 것이 중요하다. 부상 선수를 위한 심리적 전략은 부상에 의해 일어난 반응들을 이해하는 것으로부터 시작된다고 할 수 있다. 그것들을 이해한 후 다음의 심리적 절차와 테크닉을 활용하면 재활과정을 더욱 촉진시킬 수 있다. 연구들에 의하면 부상을 회복하는데 물리치료와 함께 심리적 전략을 함께 사용하면 더욱 효과가 크다고 한다.

1) 부상 선수와 친밀감을 형성한다.

선수들이 부상을 당하면 흔히 불신, 좌절, 분노, 혼동, 취약성의 행동을 드러낸다. 따라서 부상선수와 친밀 관계를 형성하기가 쉽지 않다. 그러나 부상선수의 입장에서 그를 이해하고 진실로 후원하고 있음을 보여 주어야 한다. 특히 이것은 선수가 부상을 당한 후 오랜 시간이 지속되어 사람들로부터 잊혀지고 있다는 느낌을 가질 때 매우 중요하다. 단지 회복을 지나치게 낙관하지 않도록 주의할 필요가 있다. 대신 긍정적이어야 하고 팀 전체가 선수의 회복과 재활과정에 많은 관심을 가지고 있음을 주지시켜야 한다.

2) 부상과 회복 과정을 이해시킨다.

처음 부상을 경험하는 선수에게는 회복 과정에서 일어날 수 있는 일에 대해 알려주는 것이 중요하다. 예를 들어 부상의 종류와 상태를 설명해 준다거나, "3개월 정도는 경기에 임할 수 없으나 1개월 후에는 통증도 사라지고 가벼운 활동도 가능하다" 등의 정보를 제공할 수 있다. 의학적 치료과정과 그에 따른 가능한 부작용에 대해서도 이해시킨다. 아울러 재활에 필요한 운동종류, 운동기간, 운동강도, 운동빈도 등에 대한 구체적 정보를 줄 수도 있다.

3) 심리적 대처기술을 지도한다.

재활에 필요한 심리적 전략은 목표설정, 긍정적 사고, 심상훈련, 이완훈련 등이 있다.

■ 목표설정

목표설정의 방법에는 주당 훈련횟수, 관절의 운동범위, 근력, 심폐지구력 등이 있다. 동기수준이 높은 선수들은 재활에 필요한 이상으로 운동하여 재부상을 당할 수 있다. 따라서 설정한 목표를 계획한 대로 잘 따르고, 어느 날 컨디션이 좋다고 해서 무리하게 운동하지 않는 것이 중요하다. 목표성취에 흔히 등장하는 방해 요소로 지식부족, 기술부족, 적극성 부족, 사회적 지지부족이 있는데 이들을 제거하는 노력을 사전에 기울여야 한다.

■ 긍정적 사고

긍정적 사고는 부상으로 감소된 자신감을 되찾는 데 중요하다. 선수들이 "부상에서 회복이 불가능하다"와 같은 부정적 생각을 버리게 해야 한다. 할 수 있다는 긍정적이고 현실적인 사고를 가질 수 있도록 도와준다.

■ 심상훈련

부상 선수는 자신의 경기 기술을 유지하고 시합으로의 복귀를 촉진하기 위해 시합에 임한 자신의 모습을 떠올리며 정신적 연습(mental practice)을 한다. 혹은 부상 부위의 붕대를 제거하거나 손상된 근육조직이 재생되는 장면을 상상할 수도 있다.

■ 이완훈련

이완훈련은 심한 부상 후 통증과 스트레스를 완화시키는 데 필요하다. 그 외 긴장을 낮추고 수면을 촉진하는 기술로도 사용될 수 있다.

참고문헌

정현도(2010). 고등학교 태권도 선수들의 부상에 관한 조사 연구. **한국체육교육학회지**, 15(2), 295-310.

Anderson, M.B., & Williams, J.M. (1988). A model of stress and athletic injury: Prediction and prevention. *Journal of Sport and Exercise Psychology, 10,* 294-306.

Brewer, B.W. (1998). Psychology of Sport Injury Rehabilitation. In R.N. Singer, H.A. Hausenblas, and C.M. Janelle (Eds.). Handbook of Sport Psychology (pp.787-809).

Petitpas, A., & Steven, J.D. (1995). Caring for injured athletes. In Shane M. Murphy(Eds), *Sport Psychology Interventions* (pp.255-281). Human Kinetics: Champaign IL.

Singer, R.N., Hausenblas, H.A., & Janelle, C.M. (1998). *Handbook of Sport Psychology.* John Wiley & Sons, Inc: New York.

Tracey, J. (2003). The Emotional Response to the Injury and Rehabilitation Process. *Journal of Applied Sport Psychology, 15*(4), 279-293.

Udry, E., & Andersen M. B. (2002). Athletic injury and sport behavior. In: Horn TS, ed. *Advances in Sport Psychology.* 2nd ed. Champaign, IL: Human Kinetics, pp 529-553.

Weinberg, R.S., & Gould, D. (1995). Psychology and Athletic Injuries. Foundation of Sport and Exercise Psychology (Eds. 399-413). Human Kinetics, Champaign IL.

제13장

운동과 심리적 건강

‘건강한 신체에 건전한 정신이 깃든다.’ 운동은 고대 그리스시대부터 정신건강을 증진시키는 중요한 수단으로 인식되어져 왔다. 운동을 통한 근력증강이나 심폐기능 강화 같은 생리적 효과에 비하여 심리적 효과는 직접적으로 외형적인 변화를 관찰할 수 없는 것이 사실이다. 그러나 운동과 심리적 건강의 관계가 유의하다는 연구 결과들이 축적되어 왔고, 때로는 과학적 데이터보다 중요한 사람들의 경험과 인식이 그 관계를 뒷받침하고 있다. 뿐만 아니라 운동 후 나타나는 그 어떤 체격이나 체력의 발달도 정신건강을 제외하면 큰 의미가 없음을 감안할 때 운동이 심리적 건강에 미치는 효과는 매우 중요하다. 특히 신체적 비 활동은 심리적 장애와 관련이 있고, 운동은 신경 퇴화를 늦추어 성인들의 정서장애와 인지기능 저하를 예방하는 효과가 있다는 사실이 일관되게 밝혀지고 있다. 이 장에서는 운동이 불안, 우울증, 성격, 인지기능, 기분(mood) 등의 심리적 건강에 미치는 영향과 가설적 원인들에 대해서 알아본다.

제13장

운동과 심리적 건강

고혈압, 심장병, 당뇨병 같은 신체적 건강에 미친 운동효과는 의료인이나 일반인들로부터 오래 전부터 인정되어 왔다. 1980대 초에 시작된 신체활동과 정신건강의 관계에 대한 연구들은 운동이 심리적 건강에 긍정적 영향을 미치는 반면 신체적 비 활동은 심리적 장애와 관련이 있음을 밝혀 왔다(Dishman 등, 2004; O'Brien, 2010). 특히 운동은 신경 퇴화를 늦추어 성인들의 정서질환과 인지기능 저하를 예방하는 효과가 있고, 운동 그 자체가 스트레스지만 적당한 강도로 수행되면 건강에 해로운 스트레스의 영향을 감소시킬 수 있다고 하였다(Deslandes 등, 2009). 핀란드의 한 횡단연구는 규칙적 신체활동이 긴장, 우울, 분노 수준의 감소와 관련이 있다는 결과도 발표한 바 있다(Hassmen 등, 2000).

현대사회에서 가장 흔히 문제가 되는 정신건강은 불안과 우울증이다. Dishman 등(2004)은 미국인들의 약 25%가 불안, 약 20%가 우울증으로 인해 정신건강을 위협받고 있다고 하였다. 세계보건기구(WHO)는 세계 여성의 10~25%, 남성의 5~12%가 우울증 환자이며, 2020년이 되면 우울증은 심혈관질환에 이어 세계 제2위의 사망과 장애를 야기하는 질병이 될 것으로 예견되고 있다(Murray & Lopez, 1997). 우리나라에서도 국민의 약 8%가 우울증에 시

달리고 있어서 우울증은 현대인의 역병이라 할 수 있다(한국통계청, 2011). 현재 우리나라의 자살률은 경제협력개발기구(OECD) 국가 중 1위로서 특히 노인과 청소년들의 자살률이 급격히 증가하고 있는데 이것은 우울증에 의해 야기되는 경우가 많다.

불안과 우울증 같은 정서장애는 직접적인 사망원인 외에도 치명적인 뇌혈관 질환이나 심장병 같은 성인병과도 밀접한 관련이 있다. 과거에는 이러한 정서장애들을 치료하기 위하여 심리요법(psychotherapy)이나 약물요법(pharmacotherapy)이 일반적으로 사용되어 왔다. 최근에는 운동이 정신건강을 증진시킬 수 있다는 연구결과들에 따라 의사들에 의해서도 운동이 권장되고 있고, 실제로 운동에 참여하는 사람들도 늘어나고 있다. 신체활동과 정신건강은 거의 인과적 관계 수준에 이르렀다는 미국보건총감(Surgeon General)의 보고(USDHHS, 1996)에 이어 뒤이은 문헌이 운동은 불안과 우울증을 낮추고 활력을 높여 심리적 건강을 증진시킨다는 결론을 내린 바 있다(Landers & Arent, 2001). 최근의 역학적(epidemiological) 연구들 또한 신체활동 수준과 정신건강은 정상관의 관계가 있다는 결론을 내린 바 있다.

이처럼 신체활동과 심리적 효과에 관한 연구는 불안과 우울증의 감소, 성격의 변화, 인지기능의 향상 등 다양하게 수행되어 왔다. 이러한 운동 효과들을 양적으로 평가하기 위해서 최근에 메터분석(meta-analysis) 고찰을 많이 하고 있다. 이 접근은 관련된 선행 연구들의 측정단위를 표준화하여 효과크기(effect size)를 구함으로써 객관적 평가와 비교를 가능하게 한다. 주로 사용된 효과크기의 공식은 Hedges(Hedges & Olkin, 1985)의 g{(실험집단의 평균-통제집단의 평균)÷두 집단의 표준편차 평균}이다. 이 공식의 효과크기 단위는 표준편차로 표기되며, 일반적으로 0.2-0.3은 작은 효과, 0.4-0.7은 보통 효과, 0.8 이상은 큰 효과로 간주될 수 있다. 이 장에서는 운동의 심리적 효과에 관련된 메터분석 연구들을 중심으로 논의를 전개한다.

운동의 심리적 효과는 일회성 혹은 장기간 운동 후의 변화로 나누어 분석되어 왔다. 한 번의 운동 후에 나타나는 반응(response)을 일컬어 일회성(acute) 운동 효과라 하고, 장기간의 운동을 통하여 나타난 변화(change)나 적응

(adaptation)을 장기간(chronic) 운동 효과라 일컫는다. 일시적인 상태불안은 일회성 운동으로 감소가 가능하나, 특성불안과 우울증은 장기간 운동으로 감소 효과를 볼 수 있다. 운동을 통해 정신건강을 증진시키기 위해서는 적절한 운동 유형(type), 강도(intensity)와 지속시간(duration)이 필요하고, 빈도(frequency)와 기간(length) 또한 운동처방 시에 중요한 변수가 된다.

운동 후의 심리적 효과는 유산소운동(aerobic exercise)이나 무산소운동(anaerobic exercise)을 적용한 후 관찰되었다. 유산소운동은 걷기, 조깅, 수영, 자전거 타기와 같이 서서히 오래하여 일하는 근육에 산소를 공급해 주는 운동이며, 심폐기능을 강화하는 데 도움을 줄 수 있다. 그에 비해 무산소운동은 비교적 짧은 시간에 이루어지고 강도가 높아 산소를 공급할 여유가 없는 운동을 말하며 역도, 볼링, 야구공던지기 등이 여기에 속한다. 헬스장에서 근력을 증강하기 위해 사용되는 무게저항 운동의 대부분이 무산소운동이다. 지금까지 많은 연구들이 유산소운동을 처방하여 심리적 효과를 관찰하였고, 여건에 따라 무산소성 근력운동이나 요가(Yoga)도 심리적 건강과 긍정적 관련이 있는 것으로 나타났다.

1. 운동과 항불안

1) 일회성 운동과 항상태불안

많은 연구들이 일회성 운동은 상태불안을 감소시킬 수 있다는 주장을 해왔다. Long과 Haney(1988)는 유산소운동이 심리학 분야의 스트레스관리(점진적 이완)와 비슷한 수준의 항상태불안 효과가 있다고 하였다. Petruzello 등(1991)의 메터분석 효과크기에 따르면 무산소운동(-0.05)이 아닌 유산소운동(0.26) 후에 상태불안 감소효과가 나타난다고 했다. 그 이후 대부분의 후속연구들이 유산소운동의 상태불안 감소효과를 관찰했지만(Fochi & Hausenblas, 2001), 무산소운동이 저강도로 수행되면 상태불안을 낮출 수도 있다는 보고도 있었다(Focht & Koltyn, 1999).

상태불안 감소를 위한 가장 효과적인 일회성 운동강도는 최대운동능력 80% 이상(0.33)이었지만(Petruzello 등, 1991), 낮은 강도의 유산소운동도 상태불안 감소 효과가 있다는 연구도 있었다(Breus & O'Connor, 1998). Petruzello 등(1991)의 메터분석에서 가장 효율적인 운동지속 시간은 21-30분(0.41)으로 나타나 상태불안 감소를 위한 운동은 30분 이상 지속할 필요가 없음을 시사한다. 이것은 30분간의 유산소운동 후에 최고의 항상태불안 효과가 나타난다고 주장한 Jackson 등(2004)의 연구에서도 지지되었다. 한편 조용한 휴식이나 기분전환 같은 다른 항불안 요법들에 비해서 운동 후의 상태불안 감소 효과는 훨씬 장시간(4~6시간) 지속된다. 이것은 운동이 상태불안 감소는 물론 만성적 불안이 시작되는 것을 차단하는 역할도 할 수 있음을 의미하므로 그 임상적 가치는 높다.

2) 장기간 운동과 항특성불안

장기간 운동의 특성불안 감소 효과크기는 0.34이고, 유산소운동(0.36)과 달리 무산소운동(-0.16) 후에는 특성불안 감소효과가 나타나지 않았다(Petruzello 등, 1991). 10주간의 유산소운동(0.50)보다 16주 후에 가장 큰 효과(0.90)를 보임으로서 성격의 일부인 특성불안을 낮추기 위해서는 장기간의 운동이 필요함을 시사한다. 운동지속시간은 21~30분에서 0.41의 효과크기가 나타나고, 40분 이상일 때 0.42의 효과크기를 보여 특성불안 감소를 위한 유산소운동은 30분 이상 지속할 필요가 없다고 볼 수 있다.

특성불안 감소에 필요한 운동의 강도는 최대운동 능력의 70-79%에서 0.29, 80%이상에서 0.45의 효과크기가 나타나 적어도 70%이상이 적합하다는 결론을 얻었다. 그러나 Moses 등(1989)의 연구에서는 10주 동안 중강도(60%의 VO2max)로 운동한 집단은 특성불안이 감소되었고, 같은 기간에 높은 강도(70-75%의 VO2max)로 운동한 집단과 비 운동 집단에서는 감소가 일어나지 않았다(그림 13-1). 이것은 높은 강도의 운동은 체력을 증강시킬 수 있지만 불안 감소의 효과는 없었으므로 항불안 효과를 위해서 체력의 증가가 반드시 필수적이지 않음을 의미하고 있다.

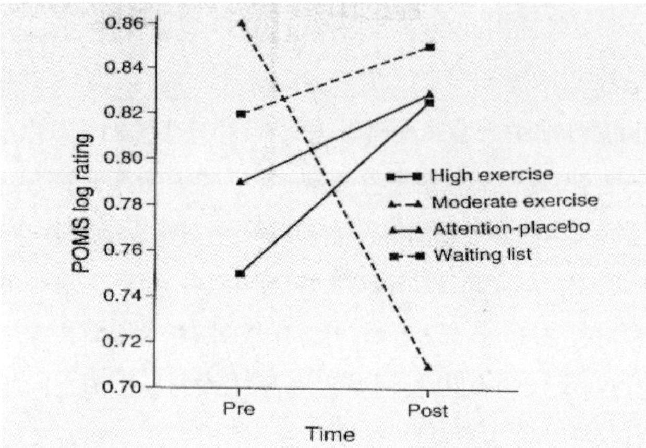

그림 13-1. 10주 운동 전, 후의 특성불안비교

국내의 연구들을 고찰한 결과 조사연구나 실험연구에 관계없이 운동의 불안 감소 효과가 보고되었다(김병준, 2006; 류호상, 2005). 운동의 항불안 효과를 고찰한 국내외 연구들의 결과들을 요약하면 다음과 같다.

- 운동 프로그램의 기간이 길수록 효과가 크다.
- 유산소운동의 강도는 최대운동능력의 30%-70%, 무산소운동은 30%-50%가 적합하다.
- 불안이 높은 사람에게 운동 효과가 크지만 낮은 사람에게도 효과는 나타난다.
- 항불안을 위한 가장 효과적인 운동지속시간은 30분이다.
- 운동의 항불안 효과는 근육의 이완과 관계가 있다.
- 운동의 항불안 효과는 운동 강도, 지속시간, 형태에 관계없이 일어날 수 있다.
- 운동의 항불안 효과는 성별, 체력수준, 불안수준, 건강상태, 연령에 관계없이 나타난다.

2. 운동과 항우울증

우울증을 다룬 80편의 논문들을 메터분석한 North, McCullagh & Tran (1990)은 운동의 항우울증 효과크기가 0.53임을 밝혔다. 중재변인간의 비교에서 4주 이하(0.11)보다 21-24주간의 운동 후(2.93) 가장 큰 효과크기가 나타났고, 다른 연령층보다 중년층에서 효과가 가장 높게 나타났다(0.74). 또한 장기간 운동의 항우울증 효과는 레저활동, 이완요법, 심리치료(0.34)보다 크게 나타났다. 그러나 이 효과크기(0.34)는 임상심리학(clinical psychology) 문헌에 나타난 심리치료의 효과크기 0.90(Smith, Glass & Miller, 1980)과 큰 차이를 보이므로 보다 객관적인 해석이 필요하다. 이 메터분석에서 운동과 심리치료를 병행할 때 항우울증 효과크기가 가장 크게 나타난 사실에 주목할 필요가 있다(0.81).

Craft와 Landers(1998)는 임상우울증 환자를 대상으로 장기간의 운동효과에 대한 연구들을 메터분석한 결과 0.72의 효과크기를 발견하였다. North 등(1990)의 연구결과와 유사하게 운동기간이 길수록 항우울증 효과가 크고(9주 이상에서 1.18), 약한 증상(0.34)보다는 심한 우울증 환자(0.88)에게서 더 큰 효과를 발견하였다. 그러나 운동형태(유산소 대 무산소)에 따라서는 효과크기에 차이가 없었다. 우울증 진단을 받은 환자들을 대상으로 장기간 운동의 처치효과를 본 14편의 논문들의 메터분석에서 1.10의 항우울증 효과크기가 나타났다(Lawlor & Hopker, 2001). 이 고찰연구는 환자의 우울증 수준이 높을수록 그리고 운동기간이 길수록 개선효과가 큼을 보여주었고, 운동형태에 따라서는 우울증 개선효과에 차이가 없음을 보고하였다. 보다 최근에 Stathopoulou 등(2006)은 우울증 환자를 대상으로 운동 효과를 관찰한 11개 논문들을 메터분석한 결과 1.39의 큰 효과크기를 제시하였다. 이들은 연구결과를 바탕으로 실제로 임상분야에서 우울증 치료 보조수단으로 운동을 권장하였고 구체적인 지침(guideline)을 제시하기도 하였다.

우울증 환자를 대상으로 실험한 논문들을 고찰한 Martinsen과 Stephens (1994)은 유산소운동이 항우울증 효과를 가진다고 하였고, 그 효과는 무산소운동, 심리치료, 명상과 비슷하다고 하였다. 우울증 환자들에게 16주간의 유산소운동을 처치한 후 약물요법(Zoloft)과 비슷한 치료효과를 관찰한 연구(Blumenthal 등, 1999)도 있었다. 가장 최근에 Carek, Laibstain & Carek(2011)은 운동이 우울증 치료수단이 될 수 있으므로 우울증상이 약할 때는 운동을 먼저 처방하고, 증상이 심할 때는 운동을 약물치료의 보조수단으로도 사용할 것을 권하였다. 운동이 우울증 약물보다 좋다고는 할 수 없지만 운동은 효과와 비용 측면에서 충분히 좋은 치료수단이 될 수 있다고 하였다.

운동의 항우울증 효과크기(0.53)는 심리치료(psychotherapy) 0.90(Smith, Glass & Miller, 1980)나 약물치료 1.51(Workman & Short, 1993)의 효과크기에 비해 낮다. 그러나 심리치료의 고비용과 약물치료에 따르는 두통이나 위장장애 같은 부작용(side effects)을 고려하면 그 임상적 가치는 높다. 특히 심리치료는 우울증상이 가벼운 경우에만 효과가 있고, 약물치료는 기간과 함께 복용량을 늘여야 하는데 줄이거나 멈추면 증상이 더욱 악화되는 문제를 가지고 있다(Tollefson, 1991). 따라서 운동은 우울증 예방과 치료를 위한 대체수단이나 보조수단이 될 수 있는 충분한 자격이 있다. 특히 우울증 환자들은 운동을 경험하면 치료효과를 높이 평가하는 경향이 있다는 연구가 Martinsen과 Medhus(1989)에 의해 보고된 바 있다. 이 연구에서 운동을 해본 외래환자들은 심리치료, 다른 환자와 교제, 간호사와의 접촉보다 유산소운동을 가장 효과적인 우울증 치료수단으로 여기고 있었다(그림 13-2).

운동의 항우울증 효과를 고찰한 연구결과들을 종합하면 다음과 같다.

- 운동의 항우울증 효과는 연령, 건강상태, 인종, 성별에 관계없이 나타난다.
- 운동의 항우울증 효과는 심리치료 효과와 비슷한 수준이다.
- 운동의 항우울증 효과는 적어도 9주 이상의 장기간 처치 후에 크게 나타난다.
- 유산소운동과 무산소운동 둘 다 항우울증 효과를 가지고 있다.
- 운동의 항우울증 효과는 체력수준에 관계없이 나타난다.

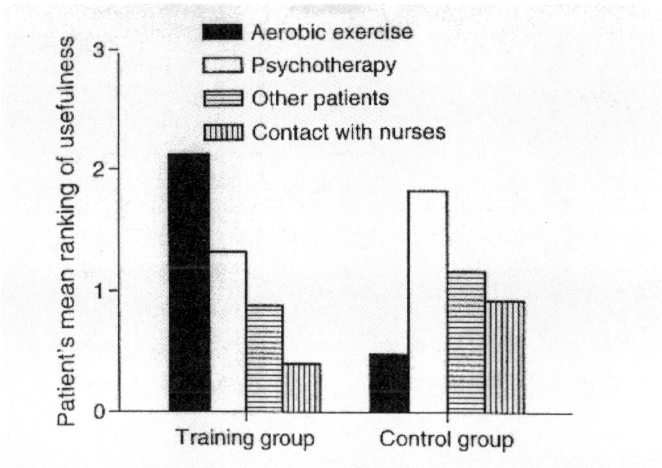

그림 13-2. 환자의 우울증 치료수단 평가

3. 운동의 정신건강 증진효과 기전

앞서 고찰한 바와 같이 과거의 문헌들이 운동과 정신건강은 긍정적인 상관관계가 있다는 결론을 내려왔다. 운동의 정신건강 증진효과를 설명하기 위해서 많은 기전들(mechanisms)이 제안되었으나 객관적이고 타당성 있는 증거로는 부족하여 향후에 더 많은 과학적 연구가 필요하다(Dishman, 1994). 지금까지 문헌에 나타난 운동의 정신건강 증진효과를 설명하는 가설들을 살펴보면 다음과 같다.

1) 심리학적 가설

(1) 업무 탈피

운동을 함으로서 일상 업무나 스트레스를 주는 일로부터 벗어나기 때문에 기분이 좋아진다는 설명으로 탈피(distraction)나 중지(time out)효과로 불린다.

Behrke와 Morgan(1978)은 운동, 명상(meditation), 조용한 휴식(quiet rest)을 비교한 실험연구에서 세 방법 모두에서 항우울증 효과를 관찰하였고, Wilson 등(1981)도 달리기, 체육수업, 점심식사 후의 상태불안을 비교한 결과 세 조건 모두에서 비슷한 수준의 불안감소를 관찰하여 이 이론을 지지한 바 있다. 가장 최근에 Breus와 O'Connor(1998)는 공부를 하며 운동한 집단에서는 불안감소 효과가 없고, 오직 운동만 한 집단에게서 불안감소를 발견함으로써 그 효과가 신체적 활동에 의해서보다 탈피효과에 의한 것이라는 결론을 내린 바 있다. 그러나 이 가설은 운동에 의한 불안감소가 다른 일반 방법들보다 효과가 크고 오래 지속된다는 사실을 고려할 때 타당성이 약해질 수 있다.

(2) 사교 활동

많은 연구들이 혼자서 운동할 때보다 다른 사람과 함께 운동할 때 심리적 효과가 크다고 밝혀왔다. 운동을 시작한 초기에는 사교활동(social interaction)의 효과가 크지만 경력이 오래되어 운동으로 내적 보상을 받기 시작하면 그 효과가 줄어들 수는 있다(North 등, 1990). 최근의 연구들이 혼자서 운동하는 것보다 그룹을 지어 운동하면 실천(adherence)율이 높아지므로 단체나 그룹으로 운동하는 것을 권장하고 있다.

(3) 증가된 자긍심

자긍심(self-esteem)은 인간이 자신에 대해 느끼는 가치이기 때문에 정신건강에 가장 핵심이 되는 요소다. 실제로 불안과 우울은 낮은 자긍심과 관련이 깊은 것으로 알려져 있다. 운동을 통하여 신체 이미지에 긍정적인 변화가 생기면 자기개념에 변화와 함께 자긍심이 증가하기 때문에 심리적 건강이 증진된다는 가설이다(Fox, 1997). 자신의 신체, 체력, 스포츠기술에 대해 사람들로부터 긍정적인 평가를 들으면 실질적인 체력의 향상이 없는데도 자긍심은 증가할 수 있다(Sonstroem, 1997).

운동을 통하여 증가된 통제감, 유능감, 효능감, 성취감, 자신감도 같은 맥락의 설명력을 갖고 있다. 이들 외에 운동의 유희적 속성(재미와 즐거움)이 운동의 정신건강 증진을 설명하는 이유로 거론된 바 있다.

2) 생리학적 가설

운동의 정신건강 증진에 대한 기전을 설명하기 위해 일부 심리학적 가설들이 제안되어 왔지만 한계가 있었다. 최근에는 그 이유에 대한 생리학적 설명들이 많은 관심을 끌고 있다. 우울증에 걸리면 여러 생리적 체계가 무너지고 운동은 그것들을 개선하는 효과가 있기 때문에 이 접근의 필요성과 잠재력은 매우 크다.

(1) 체온의 상승

운동 직후의 체온은 안정 시와 비교하여 높아지는데 이에 따라 뇌혈류가 증가되어 산소와 영양소의 공급이 원만해지면서 기분이 좋아진다는 가설이다. 이 때 근전도(EMG) 반응에서 근육이 이완되고, 뇌전도(EEG)의 대뇌피질 신경활동에 긴장이 없을 때 나타나는 알파(alpha) 활동이 증가한다. 이러한 불안감소 반응들은 사우나나 약간의 술을 마신 후에도 나타나므로 호소력이 있다. 실제로 Raglin과 Morgan(1985)은 운동을 하지 않고 뜨거운 물로 체온만 높인 후에도 심리검사에서 불안감소가 일어난다고 보고한 바 있다.

(2) 성활동의 증가

혈액순환과 밀접한 관련이 있는 남성들의 성활동은 신체활동과 정적인 상관관계가 있다(류호상과 김한철, 2002). 운동은 혈액순환을 촉진시키고 신진대사를 높여 뇌에서 성선자극 호르몬을 왕성하게 분비시키는 역할을 한다. 성활동은 인간의 기본 욕구이자 성인들의 정신건강과 삶의 질에 매우 중요한 요소가 아닐 수 없다.

(3) 엔돌핀 증가

통증 완화와 기분(mood) 상승에 관여하는 호르몬인 엔돌핀(endorphin)의 분비 증가가 운동 후 정신건강 증진 효과를 설명할 때 흔히 거론되었다. 그러나 지금까지 엔돌핀 분석이 팔이나 다리에서 채취한 혈액으로 이루어졌기 때문에 수용성 호르몬인 엔돌핀은 혈·뇌장벽(blood brain barrier)을 통과하지 못하므로 뇌에서 어떤 반응이 일어날 수 없다는 의문이 제기되기도 하였다. McArthur(1985)는 운동을 하면 혈·뇌장벽의 투과성(permeability)에 변화가 생겨 엔돌핀이 유입되고 궁극적으로 뇌에서 기분을 증강시킬 수 있다는 주장도 하였으나 아직 확인된 바는 없다. 그러나 운동과 엔돌핀 분비 사이에는 분명한 상관관계가 있는 만큼 간과할 수 없는 가설임에 틀림없다.

(4) 수면의 향상

전체 성인의 약 1/3이 일생동안에 불면증을 경험한다. 만성 불면증은 일의 생산력을 떨어뜨리고 정신병과 사망률까지 증가시킨다. 실제로 불안과 우울증 환자는 불면증의 증상을 갖고 있는 경우가 많다고 한다. 운동은 서파(slow wave)수면을 증가시켜 수면의 질을 높이고, 전체 수면시간도 증가시키는 효과를 가지고 있다(류호상 등, 2007). 또한 운동은 잠을 빨리 들게 하고, 수면 중에 깨는 빈도를 줄이기도 하는데 이러한 효과들이 정신건강에 매우 유익하다는 가설이다. 특히 Singh, Clements & Fiatarone(1997)은 10주간, 주당 3회의 무산소운동이 우울증 환자들의 수면장애를 감소시켰다고 하였다. 운동은 신체의 회복, 에너지 보호, 체온 상승, 멜라토닌(melatonin) 생성에 긍정적 변화를 가져와 수면을 촉진한다고 믿어지고 있다.

운동이 수면에 미친 영향에 대한 연구결과들 중에서 반드시 주목할 사실은 운동이 수면의 5단계인 급속안구운동수면(rapid eye movement sleep) 시간을 감소시킨다는 것이다(Youngstedt, O'Conner & Dishman, 1997). 우울증 환자는 정상인에 비해 급속안구운동수면 시간이 길다. 치료를 위해 약물요법이나 전기충격요법(elector-convulsive therapy) 후에는 급속안구운동수면 시간이 줄어들면서 우울증상도 호전되므로 임상분야에서는 인위적으로 급속안구운동수면 시간을 박탈하는 요법도 사용해 왔다. 따라서 운동 후 단잠을 취한 날은 몸이 상쾌하고 기분도 좋아지는 이유를 설명할 수 있는 하나의 증거가 될 수 있다.

(5) 신경전달물질의 증가

원인에 상관없이 우울증은 뇌에 있는 신경전달물질들(neurotransmitters)의 불균형과 관계가 있다. 신경전달물질은 기분, 즐거움, 합리적 사고를 통제하는 뇌세포들의 활동에 영향을 미치는 화학물질들이다. 우울증에 관련된 두 개의 주요한 신경전달물질인 노레피네프린(norepinephrine)과 세로토닌(serotonin)은 스트레스에 대처하기 위해 필요한 행동적(동기유발), 생리적(심박수, 혈압, 호르몬) 반응들을 자극하는 다른 세포들의 신경활동을 조절한다. 계속적으로 스트레스를 받으면 노레피네프린과 세로토닌을 만들고 분비하는 신경들이 필요한 만큼 빠르게 대처하는 능력을 잃게 된다. 치료약을 복용하면 이러한 신경세포들이 2~3주내에 정상적인 기능을 되찾도록 도와준다. 규칙적인 운동은 약물요법과 비슷한 작용을 통하여 그러한 기능장애를 예방하고 상실된 기능을 되찾게 도와준다는 가설이다.

장기간 운동을 하면 전두피질(frontal cortex)과 특히 변연계(limbic system)에 노레피네프린이나 세로토닌의 분비가 증가(정상화)됨으로써 우울증상을 낮출 수 있다. 변연계(그림 13-3)는 피질 아래에서 뇌간을 둘러싸고 있는 뇌구조(표시된 부분)인데 감정, 기억, 집중, 성욕 등의 원초적 정서를 담당한다. 심장박동, 혈류량, 혈압, 각성의 증가 같은 교감신경 활동에 관여하는 노레피네프린이 부족하면 에너지, 흥미, 동기 등에 감소가 나타날 수 있고, 부교감신경 활동에 관련된 세로토닌은 변연계에서 인간의 정서안정에 관여하며 부족하면 불안이나 우울증이 발생한다.

이 가설은 Ransford(1982)에 의해 처음 제안되었고 신경과학(neuroscience)적 접근을 선호하는 연구자들의 많은 관심을 불러일으켰다. 최근에 지적 활동이 아닌 신체적 운동이 뇌를 좋게 한다와 같은 맥락의 과학적 사실이 많이 밝혀지고 있다. 특히 운동을 통해 분비되는 뇌 성장인자(Brain-Derived Neurotrophic Factor;

BDNF)는 신경세포의 생성과 성장을 돕고 신경전달물질의 분비를 촉진시키는 역할을 한다. 이 인자는 스트레스, 우울증, 또는 운동부족이 있을 때는 더 이상 분비되지 않는다.

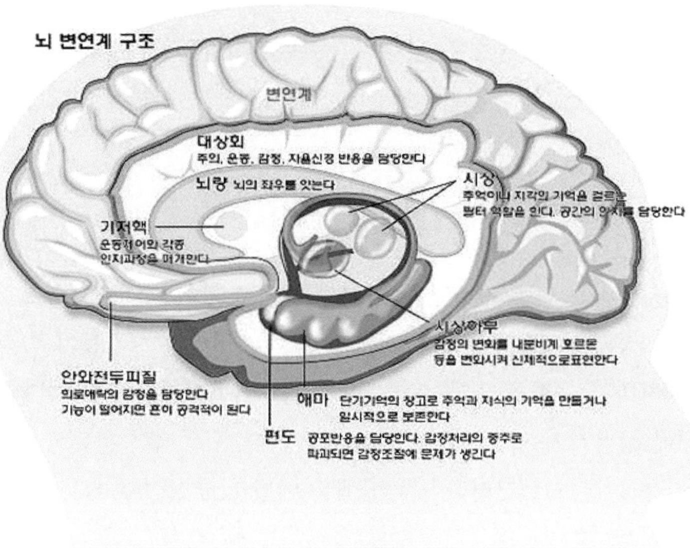

그림 13-3. 변연계의 구조와 역할

(6) 생리적 강건

장기간의 운동은 여러 생리적 기능들을 강화시키고 이것이 심리적 안정으로 연결된다는 설명이다. 운동도 몸의 생리적 균형을 무너뜨리므로 하나의 스트레스인데 장기간 운동을 하면 적응이 일어나 다른 스트레스에 대처하는 속도가 빠르고 교감신경계의 반응도 적다. 또한 스트레스가 사라지면 빠르게 정상 수준으로 회복되는데 이것을 두고 Diensbier(1989)는 생리적 강건(physiological toughness)이라고 하였다. 체내의 모든 기관들이 뇌의 통제를 받아 움직이고, 반대로 심리적 스트레스에 대처하기 위해 체내 호르몬은 물론 심장과 같은 기관들이 활동을 높여 적극적으로 대처하는 심리와 생리 사이의 밀접한 관련을 감안할 때 이 가설은 충분한 설득력을 갖고 있다. 이는 마음을 잘 다스리면 위장병이나 고혈압 같은 신체적 질병을 치료할 수 있듯이, 역으로 신체가 적절히 개발되면 정신건강을 향상시킬 수 있다는 Folkins와 Sime(1981)의 주장과도 일치한다.

이와 같은 생리학적 가설들은 잠재력이 큰 반면 그 연구는 아직 미성숙 단계에 있으므로 장래에 더 많은 연구가 필요하다. 어떠한 작용으로 운동이 정신건강을 증진시키는지 현재로선 명확한 해답이 없다. 단지 하나가 아닌 여러 요인들이 서로 상호작용을 하여 효과를 일으킨다고 보는 관점이 바람직하다. 장래에 양전자방사단층촬영(positive emission tomography: PET)과 자기공명영상법(magnetic resonance imaging: MRI)을 이용하여 운동 후의 대뇌활동을 직접 관찰해 보면 좀 더 명확한 답을 얻을 수 있을 것이다.

4. 운동과 성격 변화

Ismail과 Young(1973)은 운동으로 성인들의 체력수준이 향상됨에 따라 그들의 자신감, 통제감, 만족감이 증가되었다고 주장한 바 있다. 관련 선행연구들을 고찰한 논문에서 McDonald와 Hodgdon(1991)은 운동이 참가자들의 만족감, 지능, 안정성을 높였다고 밝혔다. 그 후 환자들을 대상으로 한 연구들에서도 운동 후 성격에 다양한 변화가 관찰되었다.

신체활동이나 운동은 참가자들의 자기개념, 자긍심, 자기효능감과 관련이 있을 수 있다(Fox, 1997). 이러한 자기 자신과 능력에 대한 개념들은 상호관련이 있지만 다르고 자신의 모습을 그대로 반영하기 때문에 우리의 삶에 있어서 제일 중요하기도 하다. 운동으로 인한 신체의 변화는 신체이미지와 함께 자기개념과 자긍심을 증가시킨다. 고찰연구를 통해서 Sonstroem과 Morgan(1989)은 운동을 하면 자긍심(자기존중감)이 유의하게 향상되는데 이 때 자긍심이 낮은 사람들이 운동으로 더 큰 효과를 얻을 수 있음을 관찰하였다. 그 이후 Sonstroem(1997)은 운동참가 후에 실질적인 체력의 증가 없이 자긍심이 높아질 수 있음을 발견했는데 이러한 결과는 운동 참가자가 향상되고 있다는 선입견이나 다른 프로그램 요인들의 영향으로 추론되었다. 운동에 의한 자긍심의 긍정적 변화는 체력수준에 관계없이 자긍심이 낮은 사람, 성인여성, 대학생, 비만아동, 중학생, 초등학생, 비활동적 소녀, 남성 재활인 모두에게서 나타났다.

중년 여성을 대상으로 한 Hardcastler와 Tayler의 연구(2005)에서 운동으로 증가된 자긍심의 효과는 최소 1년간 유지될 수 있다고 하였다. 이러한 효과는 참가자가 실질적 자기개념뿐만 아니라 성취감, 소속감, 사교활동을 포함하는 자신의 정체성에 긍정적 변화를 느끼기 때문이라고 하였다. 60세 이상을 대상으로 한 종단연구에서도 신체활동이나 운동은 참가자들의 유능감, 만족감, 자긍심을 높인다고 하였다(Opdenacker 등, 2009). 특히 여성들의 경우에 자신의 신체 이미지는 자긍심을 예측하는데 있어서 매우 중요한 변인으로 작용한다(Levy & Ebbeck, 2005). 한편 McDonald와 Hodgdon(1991)은 메터분석을 통하여 30세 이하에서 0.55, 30~60세에서 0.57, 60세 이상에서 0.61의 효과크기를 구하여 연령대에 관계없이 운동은 자긍심을 향상시킬 수 있다고 하였다. 113개 논문을 고찰한 한 Schneider 등(2008)은 규칙적 운동과 자긍심은 긍정적이고 일관된 상관관계를 보인다는 최종 결론을 내렸다.

Gruber(1986)는 아동들을 대상으로 운동의 자긍심 향상에 관련된 논문들을 메터분석하여 0.41의 효과크기를 구하였다. 자긍심 향상에 필요한 운동기간은 5~8주(0.37)나 9주 이상(0.43)에 비해서 4주 이하에서 0.45의 효과크기를 보여 4주간의 운동으로 아동의 자긍심은 거의 최고 수준에 도달할 수 있음을 시사하였다. 운동형태에서는 스포츠기술을 익히는 것(0.40) 보다 유산소운동을 할 때(0.89) 효과가 큰 것으로 나타났다. 연구대상자에서는 정상아동들(0.34)에 비해서 장애아동들(0.57)에게서 더 큰 효과가 나타났다. 마지막으로 초등학교에서 아동의 자기개념과 자긍심을 높이는데 체육활동만큼 좋은 프로그램이 없다는 사실을 강조하였다.

그러나 일부 연구들은 운동과 자기개념 사이에 긍정적 관계를 입증하지 못하기도 하였다. 예를 들어 Fox(2000)는 79편의 선행논문들을 고찰한 결과, 운동으로 신체적 자기개념의 향상을 관찰한 연구는 많지만 자긍심이 향상되었다고 보고한 연구는 50% 수준이라고 하였다. 이처럼 불일치한 결과는 다른 운동 형태나 환경 조건에서 야기된 것일 수도 있다. 자기개념은 당연히 다차원적이고 운동 자체보다는 사교활동 같은 다른 요인들에 의해 더 큰 영향을 받을 수 있다. 특히 신체적 자기개념은 스포츠유능감, 신체 컨디션, 신체 매력, 신체 근력 등의 여러 요인들에 의해서 영향을 받는다고 했다. 이 연구에서 나타난 주요 결과들을 요약하면 다음과 같다.

- 운동의 자긍심 증진 효과는 성별에 관계없이 나타난다.
- 정상인 보다 자긍심이 낮은 사람에게서 더 큰 운동효과가 나타난다.
- 운동형태에 관계없이 자긍심 향상 효과가 나타나지만 헬스트레이닝이 유산소운동보다 단기적으로 더 큰 효과가 있다.

긍정적 자기개념의 확립은 아동의 건강한 심리 발달과 성장에 확실히 중요하고, 운동은 아동이나 성인들이 자기개념을 높이는 중요한 수단이 될 수 있다. 따라서 자기개념과 자긍심을 높이기 위한 운동프로그램은 반드시 성공 경험, 신체 유능감, 목표 성취가 포함되어야 한다(Berger, Pargman & Weinberg, 2007). 운동으로 성인들의 자기개념이 향상되면 차후의 운동참여와 운동실천에도 긍정적 영향을 미칠 것이다.

5. 운동과 인지기능 향상

오래 전에 아동의 운동발달은 지능발달에 매우 중요하고, 학습능력은 체력 수준에 따라 다르다는 주장이 제기된 바 있다(Piaget, 1936). 이러한 주장을 입증하기 위해 1970년대부터 많은 연구들이 수행되어져 왔다. 연구결과들이 다소 불일치하긴 하지만 운동과 인지기능 간의 긍정적 관계를 지지하는 연구들이 보고되었다. 예를 들어, 한 질적 고찰연구가 운동의 인지기능 향상효과를 결론 짓지 못한 반면에 100편의 양적 연구를 고찰한 논문은 운동이 중등도의 인지기능 향상 효과를 가지고 있다는 결론을 내렸다(Chodzko-Zajko & Moore, 1994). 특히 일회성 운동보다 장기간 운동 프로그램 참여 후에 인지기능이 유의하게 향상됨을 관찰하였다. 보다 최근에 일회성 운동도 주의, 조정, 즉각 정보 이용 등의 단기기억에 관련된 인지기능은 높일 수 있다는 사실이 관찰되었다(Sibley & Beilock, 2007). 그러나 이 효과는 오직 단기기억 능력이 약한 사람들에게만 나타나 운동과 인지기능의 관계를 규명할 때 개인차의 고려가 중요함을 의미하고 있다. 전체 업무를 관장하는 경영능력에 관련된 인지기능도 개인차에 의해서 영향을 받는다고 하였다(Etiner & Chang, 2009).

운동과 인지기능(cognitive function)의 관계를 다룬 200편 논문들의 메터분석(Etnier 등, 1997)에서 운동이 인지기능을 향상시키는 전체 효과크기는 0.25로 낮게 나타났다. 메터분석에 포함된 연구들이 측정한 인지기능은 기억력, 수학, 언어, 창의력, 학업성적. 지능(IQ), 반응시간, 지각능력 등이었다. 일회성 운동(0.16)에 비해 장기간 운동(0.33)의 효과가 높았고, 초등학생(0.36)이나 노인(0.19)에 비해 청소년(0.77)과 중장년층(1.02)에서 운동효과가 높게 나타났다. 장기간 운동이 아동들의 생리기능을 향상시키지만 인지기능에는 영향을 미치기 어렵다는 고찰연구(Tuckman, 1999)가 있었고 보다 최근의 메터분석(Sibley & Etnier, 2003)에서는 아동들도 운동을 통해서 인지기능을 향상시킬 수 있음이 발견되었다.

장기간 운동에 비해 미약하지만 일회성 운동도 성인들의 인지기능을 향상시킬 수 있다는 발견과 맥을 같이하여 일회성 유산소운동은 사람의 인지과정에 선택적으로 영향을 미치며 특히 반응속도와 정확도를 높임으로서 집중력과 문제해결 능력을 향상시킨다는 고찰연구(Tomporowski, 2003)도 있었다. 그러나 노인들을 대상으로 유산소운동의 처치효과를 본 연구들을 메터분석한 Colcombe와 Kramer(2003)는 운동으로 처리속도, 공간적 처리과정, 제어처리, 경영기능 모두가 향상됨을 발견하여 운동이 특정 인지기능에 선택적 효과를 가진다는 종래의 논란을 불식시켰다.

체육수업 활동이 다른 과목의 학업능력에 절대로 부정적 영향을 미치지 않으며, 운동에 의한 아동들의 인지기능은 오후보다 오전에 검사받을 때 현저하게 향상된다고 한 Raviv와 Low의 연구(1990)는 흥미롭다. 또한 초등학생의 산술능력에 관련된 인지기능은 20분보다 30-40분의 운동 후에 더 큰 향상을 보인다는 결과(McNaughten & Gabbard, 1993)도 주목할 만하다.

어떠한 이유로 운동이 인지기능 향상에 도움이 되는지에 대한 기전은 아직 명확히 규명되지 않았다. 우민정(2010)은 뇌과학적 증거에 관한 문헌고찰을 통해 다음의 다섯 가지 가설을 거론한 바 있다; 1) 신경세포 생성, 2) 신경영양인자 증가, 3) 혈관세포 생성, 4) 신경성인자 증가 및 세포사멸 감소, 5) 신경세포 생성. 운동과 인지기능의 관계를 고찰한 연구들의 결론은 다음과 같다.

- 운동은 인지기능 향상에 긍정적 영향을 미친다.
- 인지기능 향상 효과는 운동세션 당 30분 이상 지속할 때 효과가 크다.
- 근력과 심폐기능을 같이 향상시키는 목적의 복합운동이 인지기능 향상에 더 효과적인데 여성의 경우에 더 현저하다.
- 운동의 인지기능 향상 효과는 아동, 성인, 노인뿐만 아니라 인지장애를 가진 치매환자들에게도 나타난다.
- 유산소운동이 노화로 인한 뇌기능의 쇠퇴를 예방하고 복원할 수 있다.

6. 운동과 기분 변화

기분(mood)이란 긍정적이거나 부정적인 일시적 정서상태로 정의될 수 있다. 몇 시간이나 며칠 동안 지속되는 상기(elation), 행복, 슬픔이 기분의 예가 된다. 반면에 자신감이나 자긍심은 잘 변하지 않는 성격의 측면이 강하다. 스포츠심리학 분야에서 기분변화를 측정하기 위해 주로 사용된 검사지는 the Profile of Mood States(McNair, Lorr & Droppleman, 1971)인데 하위요인으로 긴장, 우울, 피로, 분노, 활력, 혼동이 포함되어 있다.

초기에는 일회성 운동 후에 기분의 변화가 일어난다는 일화적 연구들이 보고되었다. Thayer, Newman & McClain(1994)는 나쁜 기분을 바꾸는 가장 효과적인 수단은 운동이며, 자신에게 활력을 불어넣는 수단으로 운동을 제일 선호한다는 주장을 하였다. 최근의 한 연구에서 10분정도의 가벼운 운동 후에 심리가 긍정적 상태로 변화는 효과를 가질 수 있다고 하였다(Hansen, Stevens & Coast, 2001). 그러나 운동이 기분의 긍정적 변화에 관련이 있음을 알지만 여전히 인과적 해석을 내리기에는 증거들이 너무 부족한 상태이다. 또한 그러한 기분의 변화는 운동만 하면 오는 것이 아니고 운동의 형태, 강도, 지속시간, 빈도에 따라 달라질 수 있다는 사실에 주목해야 한다.

운동과 기분 변화에 대한 연구에서 간과할 수 없는 것이 절정경험(runner's high)이다. 활발한 운동, 특히 달리기 도중에 자신감이 생기고 힘과 스피드를 전혀 느끼지 못하며 기분이 극치에 달하여 아주 안락하게 되는 시점이 있는데 절정경험, 무아경지(euphoria), 완벽의 순간(glimpse of perfection), 완벽한 리듬, 들뜬 기분(exhilaration) 등으로 표현되어 왔다. Sachs(1984)에 따르면 이 절정을 경험하는 순간은 시간과 공간을 초월하여 무아지경에 이른다고 한다. 흥미롭게도 그 경험은 예상할 수 없고 고요하고 습기가 낮은 날 장거리 달리기(적어도 9.6km 이상) 중에 오며, 아무런 방해 없이 리듬을 가지고 지속적(적어도 30분 이상)으로 하는 달리기(running)에서 잘 나타날 수 있다고 했다.

Sachs(1984)의 연구에서 정기적으로 운동을 하는 조사대상자들 중 77%가 달리기 도중 절정경험을 한 적이 있고, 그것이 일어날 확률은 30%정도라고 반응하였다. 최근에 독일에서 수행된 한 예비연구에서 두 시간의 운동 중에 분비된 엔돌핀이 뇌(특히 변연계와 전두피질 지역)에 자극을 주어 절정경험이 발생한다고 하였다. 이것은 로맨틱한 사랑을 나누거나 음악을 들을 때 같은 뇌 지역에서 엔돌핀이 분비되어 무아경지에 이르는 것과 같다고 했다. 이 현상의 발생 원인은 아직 명확히 밝혀진 것이 없으나 분명히 운동에 의한 심리적 효과 중의 하나이며 사람들을 다시 운동의 장으로 불러오는 중요한 요소임에 틀림없다. 이 절정 경험은 스포츠심리학에서 Csikszentmihalyi(1975)가 주장한 최상수행(peak performance)과도 비슷한 맥락의 현상이라 볼 수 있다. 운동과 일시적인 기분의 변화를 다룬 연구들의 결과를 종합하면 다음과 같다.

- 운동하는 사람이 운동하지 않는 사람에 비해 보다 긍정적인 기분을 가진다.
- 달리기, 수영, 에어로빅댄스 등의 유산소운동이 무산소운동보다 기분증강 효과가 크다.
- 걷기와 같은 낮은 강도의 운동이 강한 강도의 운동보다 기분증강 효과가 크다.

7. 보조 치료수단으로서 운동

운동은 성인병을 예방하는 효과뿐만 아니라 정신건강에도 긍정적 영향을 미치는 것으로 밝혀져 왔다. 이제 정신건강 분야의 의사와 실무자들이 환자들에게 운동을 권하거나 처방하는 것은 더 이상 놀라운 사실이 아니다. Griest 등(1978)은 우울증 치료에 드는 비용에 있어서 유산소운동은 전통적 심리치료(psychotherapy)에 비해 4배 저렴하다고 주장하였다. 이처럼 보조 치료수단으로서 운동은 일반적 건강관리(health care)와 심리치료에 비해 저비용이고 시간절약 효과 때문에 더 많은 주목을 받았다. 실제로 운동은 정신건강 증진뿐만 아니라 체중, 심폐지구력, 혈압 등의 건강지표를 개선시키는 효과를 가지고 있기 때문에 임상분야에서 선호되었었다.

그러나 운동이 모든 심리적 문제나 정서장애를 치료하는데 사용되어서는 아니 된다. 심장병이나 고혈압 환자들을 위한 운동의 경우처럼 극심한 우울증이나 자살 가능성이 있는 사람들을 위한 운동은 극도의 주의가 필요하거나 사용이 제한되어야 한다. 또 다른 유념할 사항은 운동의 중도 포기율이 약 50% 수준이므로 운동효과를 위해서는 환자들이 규칙적으로 운동을 하고 실천도 높일 수 있도록 특별한 관심과 지원이 필요하다. 환자들이 건전한 운동습관을 통하여 질병이 없는 상태를 넘어 즐겁고 활력 있는 삶으로 나아갈 수 있도록 유도하는 것이 중요하다. 운동치료 수행 시 준수해야할 지침은 다음과 같다.

- 환자의 운동이력을 자세히 파악한다.
- 환자의 심리적 문제를 정확히 진단한다.
- 개인의 수준에 맞는 운동처방(운동지속, 운동강도, 운동빈도)을 한다.
- 가족과 친구들의 후원을 조장한다.
- 불규칙적 운동과 낮은 운동실천에 대비한 계획을 세운다.
- 실질적이고 효과적인 운동프로그램을 만든다.
- 단일보다는 복합적 중재가 효과적이므로 운동의 보조요법 사용을 권장한다.
- 운동실천을 높이는데 도움이 되는 다양한 신체활동을 포함한다.
- 운동치료는 심리와 스포츠과학 분야에서 연수와 실무를 경험한 후 공인된 기관의 자격증을 획득한 전문가에 의해서 이루어져야 한다.

참고문헌

김병준(2006). *운동심리학 이해와 활용.* 도서출판 무지개사.

류호상(2005). *스포츠심리학 핸드북.* 운동의 심리적 효과(697-724). 한국스포츠심리학회.

류호상, 김한철(2002). 기혼남성의 생활체육 참여와 성활동의 관계. *한국스포츠심리학회지, 13*(2), 25-37.

류호상, 정연택, 허용, 정혁(2007). 일회성 유산소운동 강도에 따른 성인남자의 수면질과 정서의 변화. *한국스포츠심리학회지, 18*(2), 45-57.

우민정(2010). 운동과 인지기능의 관계: 뇌과학적 증거에 관한 문헌고찰. *한국체육학회지, 49*(2), 133-146.

추연경, 손준호(2012). 16주간 복합운동 프로그램이 여성노인의 건강체력과 우울에 미치는 영향. 코칭능력개발지, *14*(3), 105-114.

한국통계청(2011). *사망원인별 사망률.* 사회통계국 인구동향과.

Behrke, M.S., & Morgan, W.P. (1978). Anxiety reduction following exercise and meditation. *Cognitive Therapy and Research, 2,* 323-334.

Berger, B.G, Pargman, D., & Weinberg, R.S. (2007). *Foundations of Exercise Psychology,* Morgantown, WV: Fitness Information Technology,

Blumenthal J.A., Babyak, M.A., Moore, K. A., Craighead, W.E., Herman, S., Khatri, P., Waugh, R., Napolitano, M.A., Forman, L.M., Appelbaum, M., Doraiswamy, P.M., Krishnan, K.R. (1999). Effects of exercise training on older patients with major depression. *Archival International Medicine,* 159(19), 2349-2356.

Breus, M.J., & O'Connor, P.J. (1998). Exercise-induced anxiolysis: s test of the "time out" hypothesis in high anxious females. *Medicine & Science in Sports & Exercise, 30,* 1107-1112.

Carek, P.J., Laibstain, S.E., & Carek, S.M. (2011). Exercise for the treatment of depression and anxiety. *International Journal of Psychiatry Medicine, 41(1),* 15-28.

Chodzko-Zajko, W., & Moore, K.A. (1994). Physical fitness and cognitive functioning in aging. *Exercise & Sport Sciences Reviews, 22,* 195-220.

Colcombe, S.J., & Kramer, A.G. (2003). Fitness effects on the cognitive function of older adults: a meta-analysis study. *Psychological Science, 14,* 125-130.

Craft, L.L., & Landers, D.M. (1998). The effect of exercise on clinical depression and depression resulting from mental illness: A meta-analysis. *Journal of Sport Exercise Psychology, 20,* 339-357.

Csikszentmihalyi, M. (1975). *Beyond boredom and anxiety.* San Francisco: Joseey-Bass.

Deslandes, A., Moraes, H., Ferreira, C., Veiga, H., Silveira, H., Mouta, R., Pompeu, F., Coutinho, E., & Laks, J. (2009). Exercise and mental health: Many reasons to move. *Neuropsychobiology, 59,* 191-198.

Diensbier, R.A.(1989). Arousal and physiological thoughness: implications for mental and physical health. *Psychological Review, 96,* 84-100.

Dishman, R.K. (1994). Biological Psychology, Exercise, and Stress. *Quest, 46,* 28-59.

Dishman, R.K., Washburn, R.A., & Heath, G.W. (2004). Physical Activity Epidemiology. Champaign, IL: Human Kinetics.

Etnier, J.L., & Chang, Y.K.(2009). The effect of physical activity on executive function: a brief commentary on definitions, measurement. *Journal Journal of Sport & Exercise Psychology, 31(4),* 469-483.

Etnier, J.L., Salazar, W., Landers, D.M., Petruzzello, S.J., Han, M., & Nowell, P. (1997). The influence of physical fitness and exercise upon cognition functioning: a meta-analysis. *Journal of Sport and Exercise Psychology, 19,* 249-277.

Fochi, B.C., & Hausenblas, H. (2001). Influence of quiet rest and acute aerobic exercise performed in a naturalistic environment on selected psychological responses. *Journal of Sport and Exercise Psychology, 23,* 108-121.

Focht, B.C., & Koltyn, K.F. (1999). Influence of resistance exercise of different intensities on state anxiety, mood, and blood pressure. *Medicine and Science in Sports and Exercise, 31,* 456-463.

Folkins, C.H., & Sime, W.E. (1981). Physical fitness training and mental health. *American Psychologist, 36,* 373-389.

Fox, K.R. (2000). Self-esteem, self-perceptions and exercise. *International Journal of Sport Psychology, 31,* 228-240.

Fox, K.R. (1997). The physical self: From motivation to well-being. Champaign, IL. Human Kinetics.

Griest, J.H., Klein, M.H., Eischens, R.R., & Faris, J.T. (1978). Running out of depression. *The Physician and Sports Medicine, 6,* 49-56.

Gruber, J.J. (1986). Physical activity and self-esteem development in children: a meta analysis. In G. Stull & H. Eckert (Eds.), *Effects of physical activity on children* (pp.30-48). Champaign, IL: Human Hassmen, P., Koivula, N., & Uutela, A. (2000). Physical Exercise and Psychological Well-Being: a Population Study in Finland. Preventive Medicine, 30(1), 17-25.

Hansen, C.J, Stevens, L.C., & Coast, J.R. (2001). Exercise duration and mood state: How much is enough to feel better? *Health Psychology, 20(4),* 267-275.

Hardcastler, S., & Tayler, A. (2005). Finding an exercise identity in older body: "It is redefining yourself and working out who you are." *Psychology of Sport and Exercise,* 173-188.

Hassmen, P., Kolvula, N., & Uutela, A. (2000). Physical exercise and psychological well-being: a population study in Finland. *Preventive Medicine, 30(1),* 17-25.

Hedges, L.V., & Olkin, I. (1985). *Statistical methods for meta-analysis.* Academic Press. New York, 1985. Kinetics. Preventive Medicine, *30(1),* 17-25.

Ismail, A.H. & Young, R.J. (1973). The effect of chronic exercise on the personality of middle-aged men using univariate and multivariate approaches. *Journal of Human Ergology, 2,* 45 - 54.

Jackson, A.W., Morrow, J.R., Hill, D.W., & Dishman, R.K. (2004). Physical activity for health and fitness. Mental health (pp.271- 292). Champaign, IL: Human Kinetics Publishers.

Landers, D.M., & Arent, S.M. (2001). Physical activity & mental health. In

R. Singer, H. Hausenblas, & C. Janelle (Eds.), *Handbook of sport psychology* (2nd ed., pp.740-765). New York: Wiley.

Lawlor, D.A., & Hopker, S.W. (2001). The effectiveness of exercise as an intervention in the management of depression: Systematic review and meta-regression analysis of randomized controlled trials. *British Medical Journal, 322,* 1-8.

Levy, S.S., & Ebbeck, V. (2005). The exercise and self-esteem model in adult women: The inclusion of physical acceptance. *Psychology of Sport and Exercise, 6,* 571-584.

Long, B.C. & Haney, C.J. (1988). Coping strategies for working women: Aerobic exercise and relaxation intervention. *Behavior Therapy, 19,* 75-83.

Martinsen, E.W., & Medhus, A. (1989). Adherence to exercise and patients' evaluation of physical exercise in a competitive treatment programme for depression. *Nordic Journal of Psychiatry, 43,* 411-415.

Martinsen, E.W., & Stephens, T. (1994). Exercise and mental health in clinical and free-living populations. In R.K. Dishman (Ed.), *Advances in Exercise Adherence.* Champaign, IL: Human Kinetics.

McArthur, J.W. (1985). Endorphins and exercise in females: possible connection with reproductive dysfunction. *Medicine and Science in Sports and Exercise, 17,* 82-33.

McDonald, D.G., & Hodgdon, J.A. (1991). Psychological effects of aerobic fitness training: Research and theory. New York: Spring-Verlag.

McNair, D., Lorr, M., & Droppleman, L. (1971). *The Profile of Mood States Manual.* San Diego: Education and Testing Service.

McNaughten, D. & Gabbard, C. (1993). Physical exercise and immediate mental performance of sixth-grade children. *Perceptual Motor Skills, 77(3),* 1155-1159.

Moses, J., Steptoe, A., Mathews, A., & Edwards, S. (1989). The effects of exercise training on mental well-being in the normal population: A controlled trial. *Psychosomatic Research, 33,* 47-61.

Murray, C.J. & Lopez, A.D. (1997). Global mortality, disability, and the contribution of risk factors: Global Burden of Disease Study. The Lancet, 349, 1436-1442.

North, T.C., McCullagh, P., & Vu Tran, Z. (1990). Effects of exercise on depression. *Exercise and Sport Science Review, 18,* 379-415.

O'Brien, K. (2010). Exercise for mental health. http://www.thinkmuscle.com/articles/obrien/exercise-for-mental-health.htm.

Opdenacker, J., Delecluse, C. & Boen, F. (2009). The longitudinal effects of a lifestyle physical activity intervention and a structured exercise intervention on physical self-perceptions and self-esteem in older adults. *Journal of Sport Exercise Psychology, 31(6),* 743-760.

Petruzello, S.J., Landers, D.M., Hatfield, B.D., Kubits, K. A., & Salazar, W. (1991). A meta-analysis on the anxiety reducing effects of acute and chronic exercise. *International Journal of Sports Medicine, 11(3),* 143-182.

Piaget, J. (1936). A theory of cognitive development: The control and construction of hierarchies of skills. *Psychological Review, 87(6),* 477-531

Raglin, J.S., & Morgan, W.P. (1985). Influence of vigorous exercise on mood state. *Behavior Therapist, 8,* 179-183.

Ransford, C.P. (1982). A role for amines in the antidepressant effect of exercise: A review. *Medicine and Science in Sport and Exercise, 14,* 1-14.

Raviv, S., & Low, M. (1990). Influences of physical activity on concentration among junior high-school students. *Perception and Motor Skill, 70,* 67-74.

Sachs, M.L. (1984). The runner's high. In M.L. Sachs, & G.W. Buffone (Eds.), *Running as therapy: An integrated approach* (pp.273-287). Lincolin: University of Nebraska Press.

Schneider, M., Dunton, G. F., Cooper, D. M. (2008). Physical activity and physical self-concept among sedentary adolescent females; An intervention study. *Psychology of Sport and Exercise, 9,* 1-14.

Sibley, B.A., & Beilock, J.L. (2007). Exercise and working memory: An individual differences investigation. *Journal of Sport & Exercise Psychology, 29,* 783-791.

Sibley, B.A., & Etnier, J.L. (2003). The relationship between physical activity and cognition in children: a meta-analysis. *Pediatric Exercise Science, 15,* 243-256.

Singh, N.A., Clements, K.M., & Fiatarone, M.A. (1997). A randomized controlled trial of the effect of exercise on sleep. *Sleep, 20,* 95-101.

Smith, M.L., Glass, G.V., & Miller, T.E. (1980). The benefits of Psychotherapy. Baltimore: Johns Hopkins University Press.

Sonstroem, R.J. (1997). Exercise and self-esteem. In R. L. Terjung (Ed.), *Exercise and Sport Science Reviews* (pp.123-125). Toronto: Collare.

Sonstroem, R.J., & Morgan, W.P. (1989). Exercise and self-esteem: Rationale and model. *Medicine and Science in Sport and Exercise, 21,* 329-337.

Stathopoulou, G., Powers, M.B., Berry, A.C., Smits, J.A., & Otto, M.C. (2006). Exercise Interventions for mental health: A quantitative and qualitative review. *Clinical Psychology: Science and Practice, 13(2),* 179-193.

Thayer, R.E., Newman, J.R., & McClain, T.M. (1994). Self-regulation of mood: Strategies for changing a bad mood, raising energy, and reducing tension. *Journal of Personality and Social Psychology, 67(5),* 910-925

Tollefson, G.D. (1991). Antidepressant treatment and side effect considerations. *Journal of Clinical Psychiatry, 52,* 4-13.

Tomporowski, P.D. (2003). Cognitive and behavioral responses to acute exercise in youths: A review. *Pediatric Exercise Science, 15,* 348-359.

Tuckman, B.W. (1999). The effects of exercise on children and adolescents. *In: Handbook of pediatric and adolescent health psychology,* A. J. Goreczny and M. Hersen (Eds.). Boston: Allyn and Bacon, pp.275-286.

U.S. Department of Health and Human Services (1996). Physical activity and health: A report of the Surgeon General. Atlanta, GA: U.S. Department of Health and Human Services. Center for Disease Control and Prevention, National Center for Chronic Disease Prevention and Health Promotion.

Wilson, V.E., Berger, B.G., & Bird, E.I. (1981). Effects of running on an exercise class. *Perceptual and Motor Skills, 53,* 472-474.

Workman, E.A., & Short, D.D. (1993). Atypical antidepressant versus imipramine in the treatment of major depression: A meta analysis. *Journal of Clinical Psychiatry, 54,* 5-12.

Youngstedt, S.D., O'Conner, P.J., & Dishman, R.K. (1997). The effects of acute exercise on sleep. A quantitative synthesis. *Sleep, 20,* 203-214.

제14장

운동실천

적당한 운동은 비만, 고혈압, 당뇨병, 심장병, 요통 같은 성인병의 위험을 줄이고, 불안과 우울증을 낮추어 정신건강에도 긍정적인 영향을 미친다. 이처럼 현대인들은 운동을 하면 건강이 증진될 수 있다고 믿으면서도 실제로 규칙적으로 운동하는 사람의 수는 많지 않다. 과거 미국에서는 1990년까지 성인의 60%, 청소년의 90%를 규칙적인 운동에 참여하도록 유도한다는 국가적 목표를 세운 적이 있다. 그러나 기간이 지나 조사한 결과 성인의 10%, 청소년의 65%만이 규칙적으로 운동하고 있는 것으로 나타났다. 더욱 실망스러운 것은 운동을 시작한 사람들의 약 50%가 6개월 내에 그만둔다(drop-out)는 것이다(Dishman, 1988). 우리나라도 과거에 비해 생활체육 시설과 인구는 증가하고 있지만 체계적이고 조직적으로 운영되는 프로그램이 부족하여 중도 탈락률이 높다고 볼 수 있다. 따라서 일반인들을 대상으로 운동의 효과를 설명하고, 운동방법에 대한 이해를 확대하여 운동실천(exercise adherence)을 높이는 방안을 강구해야 할 것이다. 이 장에서는 운동실천에 영향을 미치는 요인들을 분석하고 그것을 높이기 위한 구체적인 전략들에 대해 알아본다.

제14장
운동실천

1. 운동을 하는 이유

세계보건기구(WHO)의 발표(2007)에 따르면 전 세계의 성인들 중 약 67% 이상이 규칙적인 운동을 하지 않는 것으로 나타났다. 이는 아직까지 많은 사람들이 운동의 건강증진 효과에도 불구하고 규칙적인 운동에 참여하지 않고 있음을 밝히고 있다. 일반인들이 운동을 시작하도록 동기를 유발시키기는 첫 번째 방법은 운동의 건강증진 효과를 이해시키는 것이다. 운동의 효과로 다음의 것들이 자주 거론된다.

1) 체중 조절

몸이 뚱뚱해지면 쉽게 피로를 느끼고, 외모에도 문제가 생겨 심리적으로도 위축될 수 있다. 비만과 비신체활동은 각종 성인병, 특히 관상동맥심장병(coronary heart disease; CHD)의 가장 중요한 요인으로 작용한다. 식이요법이 도움을 줄 수 있지만 부작용이 따를 수 있다. 따라서 적당한 영양섭취와 함께 운동을 통한 체중조절이 가장 안전하고 확실한 방법이다.

2) 고혈압 감소

통계적으로 혈압은 수축기(systolic)에서 110mmHg, 이완기(diastolic)에서 70mmHg일 때 장수를 위해서 가장 이상적이라고 한다. 그리고 최대혈압이 150mmHg 이상이면 심장병에 걸릴 가능성이 두 배 높아진다고 한다. 연구들에 의하면 규칙적으로 운동을 하면 최대혈압과 최소혈압 둘 다를 낮출 수 있다고 한다.

3) 당뇨병 예방

운동을 하면 인슐린(insulin)의 예민도가 증가하고, 혈당을 컨트롤하는 능력이 향상되어 당뇨병의 예방과 치료에 유익하다.

4) 심장병 예방

장기간의 운동 후에는 심장이 커지고, 무거워지며, 두꺼워지는 변화를 통하여 튼튼해진다. 최대산소섭취량(Vo2max)이 증가하고 최대운동 후 안정시의 맥박으로 돌아오는 회복(recovery)속도도 빨라진다. 운동은 고혈지와 고혈당을 낮추고, 심장내벽의 동맥경화(atherosclerosis)를 방지하기 때문에 협심증이나 심근경색 등의 심장병에 걸릴 확률이 줄어든다.

5) 골다공증 예방

중년기를 넘어서면, 특히 여성들의 경우 뼈의 밀도와 무게가 감소하고 약해진다. 심한 경우 구멍이 생겨 작은 물리적 충격에도 뼈를 다치기 쉽다. 노인이 되면서 허리가 굽는 것도 골다공증의 하나라 볼 수 있다. 운동을 통하여 충격을 주면 뼈가 질기고 강해진다.

6) 면역 기능의 향상

적당한 운동을 지속하면 면역에 관련된 T세포와 자연살해(natural killer)세포의 활동을 강화하여 질병으로부터 몸을 보호하는 기능이 강화될 수 있다.

7) 불안과 우울증의 완화

현대는 복잡한 조직사회와 지나친 경쟁으로 정서장애로 고생하는 사람이 많다. 운동은 불안과 우울증을 완화시킬 수 있는 효과를 가지고 있다. 특히, 유산소운동과 무산소운동을 병행하는 복합운동의 경우 여성노인들의 우울 증세를 완화시킬 뿐만 아니라 인지기능과 생활만족에도 긍정적인 영향을 미치는 것으로 나타났다(손준호, 류호상, 2010).

8) 즐거움 증대

사람들이 운동을 계속하는 가장 큰 이유는 재미와 행복감 및 만족감을 느끼기 때문이다(Kimiecik, 2002; Titze, Stonegger, & Owen, 2005). 특히 청소년들은 재미가 없으면 운동에 참여하지 않는다. 따라서 운동의 유희적 속성은 운동실천에 매우 중요한 요소다. 그러나 사람들이 성숙해짐에 따라 스포츠와 신체활동상의 흥미는 성공을 위한 생산적이고 힘든 운동으로 바뀌어 가는 것 같다. Williams와 동료들(2006)은 개인에게 맞게 설정된 운동프로그램에 참여하는 것이 기본적으로 제시되는 운동프로그램에 비해 더욱 큰 재미를 느낄 수 있다고 보고하였다. 즉, 개인에게 알맞은 운동의 강도, 시간, 빈도, 종류가 운동실천을 유지하는데 긍정적인 영향을 미치는 것이다.

9) 자긍심 향상

운동은 자긍심과 자신감의 향상과 관련되어 있다(Buckworth & Dishman, 2002). 사람들은 어떤 것을 성취함으로써 만족감을 얻는다. 목표한 거리를 완주한 후에는 자신감이 증가할 것이며, 그러한 성취감과 자신감은 자신의 삶에 많은 도움이 된다.

10) 사회화 촉진

다른 사람들과 함께 운동을 하는 가운데 사귀게 되고 외로움을 면할 수 있다. 현대사회에서는 다른 사람들과 더불어 사는 능력과 기술이 필요하다. 또한 사람들과의 사교활동은 운동의 즐거움을 더해줄 수도 있다. 함께 운동을 하면 서로 간에 사회적 지지를 확보하여 개인의 참여의식을 높일 수 있을 것이다. 한 연구에 따르면 운동프로그램 참여자의 90%가 그룹을 지어 운동하고 싶어 한다고 한다(Willis & Campbell, 1992).

2. 운동을 하지 않는 이유

운동은 개인의 여가선용과 건강증진 측면에서 매우 유익함에도 불구하고 많은 사람들이 여러 가지 이유를 들어 운동을 하지 않는다. 왜 사람들이 운동을 하지 않는지를 이해해야 운동참여를 높이고 탈락률을 낮추는 전략을 세울 수 있다. 비운동자들이 가장 흔히 거론하는 네 가지의 이유들은 다음과 같다.

1) 시간 부족

운동을 하지 않는 이유로 가장 빈번히 등장하는 것은 바로 시간이 없거나 부족하다는 것이다. 그러나 그들의 생활을 자세히 관찰해 보면 TV시청이나 신문 읽기 등으로 소일하고 있는 경우가 많다. 실제로 동기가 부족한 사람들이 시간이 부족하다고 스스로를 합리화한다. 전문가들은 운동프로그램을 흥미롭고, 편리하고, 만족스러우며, 의미있게 만들 때 다른 여가활동보다 운동을 더욱 좋아하게 될 것이다.

2) 운동지식 부족

책, 신문, TV 등을 통해 전문가들이 계몽을 하고 있음에도 불구하고 많은 사람들은 아직 어떻게 운동을 시작해야 하는지를 모르고 있다. 운동효과는 물론 운동종류, 운동빈도, 운동시간, 운동강도에 대해서 이해시키는 노력이 필요하다. 운동효과는 즉각적으로 나타나지 않을 수 있음을 이해시키는 것도 중요하다.

3) 시설 부족

운동시설이 부적절하거나 주위에 없다는 이유가 여기에 속한다. 편리한 운동시설이 가까이 있고 우수한 장비들이 갖추어져 있으면 운동으로의 유인과 집착에 긍정적으로 작용하는 것이 사실이다. 그러나 운동은 간편한 차림에 맨손으로도 언제든지 가능함을 이해시켜야 한다. 좋은 트레이닝장, 수영장, 골프코스가 필연적인 것은 아니다.

4) 피로

바쁜 일정으로 피곤해서 운동을 못한다는 것이 또 하나의 흔한 구실이 된다. 그러나 일반적으로 피로는 신체적인 것보다 심리적으로 느끼는 경우가 많다. 적당한 운동은 긴장과 스트레스를 풀고 오히려 생활을 더욱 더 활기차게 할 수 있다. 운동에 재미를 느끼면 기대감으로 인해 힘든 일과를 보다 쉽게 보낼 수도 있을 것이다.

3. 운동실천에 영향을 미치는 요인

운동을 시작하는 것보다 중단하지 않고 계속하는 것이 훨씬 어렵다는 것은 명백한 사실이다. 따라서 생활체육 지도자의 입장에서 어떤 요인들이 운동실천에 영향을 미치는지 아는 것은 중요하다. 넓은 의미에서 그 결정인자는 네 가지 영역으로 나눌 수 있다.

1) 개인적 요인

■ 운동경력

과거 운동프로그램에 참여한 수준이 장래의 지속을 예측하는 데 중요하다. 6개월 동안 조직화된 운동 프로그램에 능동적이었던 사람은 보다 장기적인 1~2년의 운동 프로그램에서도 능동적인 경향을 보일 수 있다.

■ 운동지식

운동의 효과와 방법을 모르면 시작과 지속에 부정적 영향을 미친다. 한 실험에서 운동을 하는 이유를 책에서 알게 된 피험자들은 6개월 만에 통제집단과 같은 수준으로 되돌아갔다(Reid & Morgan, 1979). 또한 Williams(2008)의 연구에서도 개인의 신체특성과 체력수준에 맞게 운동을 하는 것이 높은 운동실천을 보인다고 하였다. 따라서 운동의 효과뿐만 아니라 강도, 시간, 종류, 빈도에 대한 지식은 운동을 실천하는데 도움을 줄 것이다.

■ 성격

운동 지속자와 중도 포기자 사이의 가장 큰 차이는 자아동기(self-motivation)에 있다. 따라서 자발적인 동기의 유무는 운동실천에 매우 밀접히 관련되어 있다(Dishman, 1981). 특히 자아동기 점수와 체지방을 함께 고려하면 장래의 운동실천을 80%까지 예측할 수 있다고 한다. 자기효능감(self-efficacy)도 운동행동에 영향을 미치는 주요한 결정요인이라고 한다. 자기효능감이 높은 사람은 낮은 사람과 비교하여 운동이 덜 힘들고 보다 긍정적인 기분을 느낀다고 했다(Rudolph & McAuley, 1996). 그 외에 A유형(Type A)의 성격이 B유형(Type B)의 성격보다 보다 높은 중도 탈락률을 보인다고 한다.

■ 비만(과체중)

비만은 낮은 운동실천율이나 높은 중도탈락과 관련이 있다(Massie & Shepard, 1971; Dishman & Gettman, 1980). 비만인들의 경우 재미나 즐거움 등의 내적동기보다는 체중감소, 외모관리 등의 외적동기들이 운동참여에 더 큰 영향을 미친다(김영호, 2008; Markland & Ingledew, 2007). 이러한 외적동기에 의한 운동참여는 자기 부과적 압박으로 작용하여 운동실천에 부정적 영향을 미칠 수 있다.

■ 연령

나이가 많을수록 운동실천에 부정적 영향을 미친다.

■ 교육

교육수준이 높을수록 운동실천에 긍정적 영향을 미친다.

■ 건강상태

자신의 건강이나 체력상태가 양호하지 못하다고 생각하면 운동을 실천할 가능성이 높다.

■ 정서장애

불안이나 우울 같은 정서장애가 있는 경우 운동실천에 부정적 영향을 미친다.

2) 상황적 요인

■ 사회적 지지

가족이나 동년배로부터의 후원은 운동집착을 촉진시킨다. 특히 배우자의 태도는 자신의 태도보다 더 많은 영향을 미칠 수 있다(Dishman 1988). 따라서 부부가 참여하는 프로그램을 개발하는 것은 바람직하다.

■ 시설

운동시설이 집이나 직장에 가까울수록 운동실천에 긍정적 영향을 미친다(Dishman, 1984). 시설에서 조명, 통풍, 운동기구의 형태와 수 등은 운동집착에 중요한 결정요인이다. 그 외 수영장, 스쿼시코트, 라커룸, 사우나, 라운지, 유아 보호시설, 주차장 등의 수준이 참여자들의 운동집착에 영향을 미친다. 이러한 시설들은 모두 안전하고, 청결하며, 편리하게 설계되고 관리되는 것이 중요하다.

■ 시간

시간이 없거나 부족하면 사람들은 운동을 쉽게 그만 두게 된다. 운동동기가 부족한 사람은 시간이 부족해서 운동을 하지 못한다고 스스로를 합리화한다

(Weinberg & Gould, 1995). 이것은 운동을 하지 않는 것에 대해 쉽게 이야기 할 수 있는 이유가 된다. 전문가들은 시간이 부족한 사람들을 위하여 시간적으로 적당한 운동 프로그램을 작성하려야 할 것이다.

■ 지역과 기후

지역과 기후차이에 의해서 신체활동이 영향을 받는다. 규칙적으로 운동을 하는 사람보다 게으른 사람들이 나쁜 기상 상태에 영향을 많이 받는다.

■ 비용

비용도 영향을 미치기는 하나 중성적이라 할 수 있다.

■ 개인 혹은 가족의 문제

개인적으로나 가족에게 어떤 문제가 생기면 운동실천에 매우 부정적 영향을 미친다.

3) 행동적 요인

■ 흡연

흡연자들은 운동 프로그램에 잘 참가하지도 않고, 중도에서 쉽게 탈락하는 경향이 높다(Gale, Eckhoff, Mogel, & Rodnick, 1984). 특히 높은 강도와 빈도의 운동 프로그램을 피하는 것처럼 보인다.

■ 직업과 소득

높은 직업과 소득은 운동실천에 긍정적 영향을 미친다. 전형적으로 육체노동자는 사무직보다 운동지속률이 낮다(Cox, 1984).

4) 운동프로그램적 요인

■ 운동강도

높은 강도의 운동실천에 부정적 영향을 미치므로 개인에 따른 적절한 운동강도가 필요하다. 가령 걷기를 하는 사람은 달리기를 하는 사람보다 중도 포기률이 낮다. 일반인을 위해서는 강도를 낮추고 운동시간을 늘이는 것이 좋다.

■ 집단 대 개인 프로그램

혼자보다 집단으로 운동하는 형태가 운동실천에 긍정적 영향을 미친다(Massie & Shepherd, 1971). 집단으로 운동하면 즐거움이 더 크고, 사회적 지지가 확보되며, 향상 정도를 비교할 수 있는 기회도 가진다. 어떤 사람은 특정 집단에 소속됨으로써 만족감도 느낀다.

■ 지도자의 자질

지혜롭고 호감을 주는 지도자는 참여자들의 출석률 유지에 긍정적 영향을 미친다. 우수한 지도자는 부족한 장비 같은 불충분한 조건을 극복할 수 있고, 자질이 부족한 지도자는 훌륭한 시설에도 불구하고 프로그램을 망칠 수 있다. 따라서 운동실천에 영향을 미치는 가장 중요한 요인의 하나로 평가될 수 있다.

■ 활동의 선택

운동종목을 참여자가 선택하는 것이 선택권이 없는 것보다 운동실천에 긍정적인 영향을 미친다.

4. 운동실천을 높이는 전략

생활체육이나 스포츠센터의 지도자들은 참여자들이 운동을 지속할 수 있도록 효과적인 전략을 개발해야 한다. 그동안 연구결과를 토대로 제안된 운동실천을 높이기 위한 전략에는 다음과 같은 것들이 있다.

1) 환경적 전략

음식이나 TV가 옆에 있으면 자극을 받듯이 운동을 촉진시킬 수 있는 환경을 제공하여 운동실천을 높인다는 전략이다.

■ 유인물 게시

예컨대 엘리베이터 앞에 건강을 위해 계단이용을 장려하는 그림이나 표어 같은 촉진물의 게시는 효과가 있다.

■ 서면 동의

운동프로그램에 성실히 참여하겠다고 약속한 사람들이 동의서 작성을 거부하는 사람들보다 출석률이 좋다.

■ 자율적 선택

참여자가 자율적으로 운동종목을 선택하는 것이 선택권이 없는 경우보다 운동실천률이 높다.

2) 강화적 전략

운동실천을 높이기 위해 어떤 자극이나 보상을 주면 효과적이다. 강화적 전략의 몇 가지 구체적 예는 다음과 같다.

■ 참여 보상

참여하여 일정한 목표에 도달한 사람들에게 돈, 셔츠, 쿠폰 등의 물질적 보상을 해주면 참가를 촉진시킬 수 있다.

■ 피드백(feedback)

각 개인에게 체지방, 혈압, 당뇨 등 건강에 관련된 검사수치와 정보를 제공해 주면 운동실천을 효과적으로 촉진할 수 있다. 운동하는 도중에 개개인에게 피드백을 제공하는 것은 마지막에 칭찬하는 것보다 더 효과적이다(Martin 등, 1984). 출석이 양호할 시 에어로빅 무용복을 선물로 받는 집단보다 체지방 측정치로 피드백을 받는 집단이 에어로빅 수업 출석률이 더 높다는 연구결과(류호상 등, 2002)도 있다.

■ 자아 보상

참여자 스스로가 세운 목표를 성취하는 가운데 자기 강화의 효과를 갖도록 한다.

3) 목표설정 전략

목표설정은 운동행동을 촉진하고 지속시키는 기법으로 사용될 수 있다. 이때 목표는 지도자보다는 참여자가 설정하고, 고정된 것보다는 융통성이 있으며, 거리보다는 시간에 근거하여 설정하면 효과적이다.

4) 인지적 전략

운동 시 자신의 호흡이나 근육의 느낌에 집중하기보다 외부의 환경에 주의를 두어 지루함과 피로를 줄이는 것이 운동지속을 높일 수 있다.

5) 의견수렴 전략

운동 프로그램을 구성할 때 집단 토의 등을 통해 참여자의 의견을 반영하면 운동실천을 높이는 데 도움이 된다.

6) 사회적 지지 전략

가족이나 친구의 태도는 참여자의 태도보다 운동지속에 더 큰 영향을 미칠 수 있다. 또한 집단으로 운동을 시키면 서로 간에 모델을 제공하고 자극도 주어 긍정적인 결과를 가져올 수 있다.

5. 운동실천을 높이기 위한 지침

운동과학 분야에서 일반인들에게 규칙적인 운동과 건강과의 긍정적 관계를 이해시키는 노력이 필수적이다. 그와 함께 우리나라도 국가적인 차원에서 청소년들의 70%, 성인들은 50%까지 규칙적으로 운동에 참여시킨다는 장래 목표를 설정할 필요가 있다. 운동시작과 지속을 위한 동기부여를 위해서는 지도자, 시설, 프로그램이 삼위일체가 되어야 한다. 운동실천을 높이기 위한 지침들을 정리하면 다음과 같다.

1) 즐거운 운동이 되도록 계획한다.

재미있고 만족을 줄 수 있는 프로그램을 개발해야 장기간 운동을 지속할 것이다. 특히 달리기, 수영, 사이클, 스쿼시, 테니스 등의 다양한 활동을 제공하는 것도 중요하다. 여러 활동을 경험하면 지루함을 방지하고 교차훈련(cross training)의 효과를 제공하여 여러 부위의 근육이나 관절을 자극함으로써 건강을 증진하는 데도 유리하다.

2) 운동처방을 적절히 한다.

처음 운동을 시작한 사람에게 대략 6-12주 동안에는 운동습관을 길러주고 유지하는데 중점을 둔다. 지도자가 참여자에게 급격한 진전을 요구하는 것은 바람직하지 않다. 지나친 강도의 운동은 부상의 위험이 있고, 운동 중의 고통은 운동실천에 부정적 영향을 미치므로 적당한 수준을 유지하는 것이 중요하다. 일반인을 위한 적당한 운동처방은 주당 3-4번, 20-30분의 지속시간, 최대심박수의 50-80%의 강도가 권장되고 있다.

3) 집단으로 운동하도록 조장한다.

혼자서도 운동할 수는 있지만 운동 초보자들이 스스로 장기간 운동을 지속하려면 높은 동기가 필요하다. 따라서 친구나 동호인 조직을 통해 집단을 이루어 운동을 하면 게으름을 방지하고, 사교의 기회도 생겨 즐거움이 커질 수 있다.

4) 운동일지를 쓰도록 한다.

일지를 기록하면 자신의 운동진도를 파악하고 동기를 조성시키는 피드백 역할을 한다. 또한 운동량과 체력수준의 변화를 평가하고 차기 운동처방을 위한 자료로도 활용한다.

5) 보상을 한다.

잘한 부분에 대해서 격려나, 칭찬, 보상을 하면 참여자의 동기를 높일 수 있다. 특히 운동을 시작한 초기에는 어느 정도의 외적 보상이 필요하다. 운동진행에 따라 참여도를 평가하여 T셔츠, 상패, 무료회원권 등을 주면 효과적이다.

6) 운동하기에 편리한 장소를 찾게 한다.

운동장소가 고객이 쉽게 접근할 수 있고 편리해야 한다. 장소가 가깝고 셔틀버스와 탁아시설 등이 제공되면 운동집착을 높일 것이다.

7) 음악을 이용한다.

음악은 사람들로 하여금 운동의 욕구를 느끼게 하고, 즐겁게 운동을 지속할 수 있게 하는 촉진제의 역할을 한다.

참고문헌

김영호(2008). 체지방량에 따른 청소년들의 신체활동 수준과 지각된 이득 및 장애 요인. **한국스포츠심리학회지**, 19(4), 73-86.

류호상, 현정희, 변재철, 김한철(2002). 강화방법이 중년여성의 운동지속 및 건강에 미치는 영향. **한국스포츠심리학회지**, 13(3), 65-75.

손준호, 류호상(2010). 장기간 복합운동 참여에 따른 여성노인의 인지기능과 우울. **한국스포츠심리학회지**, 21(4), 183-195.

Buckworth, J., & Dishman, R.K. (2002). *Exercise psychology.* Champaign, IL: Human Kinetics.

Cox, M.H. (1984). Fitness and lifestyle programs for business and industry: problems in recruitment and retention. *Journal of Cardiac Rehabilitation, 4,* 136-142.

Cox, R.H. (1998). *Sport Psychology: concept and application.* S. Louis, Missouri: WCB/McGraw-Hill.

Dishman, R.K. (1981). Biologic influences on exercise adherence. *Research Quarterly for Exercise and Sport, 52,* 143-159.

Dishman, R.K. (1984). Advances in exercise adherence. Champion, IL: Human Kinetics.

Dishman, R.K. (1988). *Exercise adherence: Its impact on public health. Champaign,* IL: Human Kinetics.

Dishman, R.K., & Gettman, L.R. (1980). Psychobiologic influences on exercise adherence. *Journal of Sport Psychology, 2,* 295-310.

Gale, J.B., Eckhoff, W.T., Mogel, S.F., & Rodnick, J.E. (1984). Factors related to adherence skills to an exercise program for healthy adults. *Medicine and Science in Sports and Exercise, 16(6),* 544-549.

Kimiecik, J. (2002). *The intrinsic exerciser: Discovering the joy of exercise.* Boston: Houghton Mifflin.

Markland, D.A., & Ungledew, D.K. (2007). The relationship between body mass and body image and relative autonomy for exercise among adolescent males and females. *Psychology of Sport and Exercise, 8,* 836-853.

Martin, J., Dubbert, P.M., Katell, A.D., Thompson, J.K., Raczynski, J.R., Lake, M., Smith, P.O., Webster, J.S., Sikora, T., & Cohen, R.E. (1984). The behavioral control of exercise in sedentary adults: Studies 1 through 6. *Journal of Consulting and Clinical Psychology, 52,* 795-811.

Massie, J.F., & Shephard, R.J. (1971). Physiological and psychological effects of training. *Medicine and Science in Sports and Exercise, 3*(3), 110-117.

Massie, J.F., & Shepherd, R.J. (1971). Physiological and psychological effects of training. *Medicine and Science in Sports, 3,* 110-117.

Reid, E.L., & Morgan, W.P. (1979). Exercise prescription: A clinical trial. *American Journal of Public Health, 69,* 591-595.

Rudolph, D.L., & McAuley, E. (1996). Self-efficacy and perception of effort: A reciprocal relationship. *Journal of Sport & Exercise Psychology, 18,* 216-223.

Titze, S., Stonegger, W., & Owen, N. (2005). Prospective study of individual, social, and environmental predictors of physical activity: Women's leisure running. *Psychology of Sport and Exercise, 6,* 363-376.

Weinberg, R.S., & Gould, D. (1995). *Foundations of sport and exercise psychology.* Champaign, IL: Human Kinetics.

WHO (2007). Physical inactivity: a leading cause of disease and disability warns WHO. Retrieved March 22, 2007, From http://www.who.int/mediacentre/releases/Release23/en

Williams, D., Papandonatos, G., Napolitano, M., Lewis, B., Whitley, J., & Marcus, B. (2006). Perceived enjoyment moderates the efficacy of an individually tailored physical activity interventon. *Journal of Sport and Exercise Psychology, 28,* 300-309.

Williams, D.M. (2007). Piloting a self-paced exercise program among previously sedentary women. *Journal of Women's Health, 16,* 1101.

Williams, D.M. (2008). Exercise, affect and adherence: An intergrated model and a case for self-paced exercise. *Journal of Sport and Exercise Psychology,* 30, 471-496.

Willis, J.D., & Campbell, L.F. (1992). *Exercise Psychology.* Champaign, IL: Human Kinetics.